AP Spanish Language

Mc Graw Hill

FIVE STEPS TO A 5

AP Spanish Language

2008-2009

Dennis Lavoie

McGRAW-HILL

New York   Chicago   San Francisco   Lisbon   London   Madrid
Mexico City   Milan   New Delhi   San Juan   Seoul   Singapore   Sydney   Toronto

Series editor was Grace Freedson, and the project editor was Don Reis.
Series design by Jane Tenenbaum.
Printed and bound by Quebecor/Dubuque.

McGraw-Hill books are available at special quantity discounts to use as premiums and sales promotions, or for use in corporate training programs. To contact a representative, please visit the Contact Us pages at www.mhprofessional.com.

CONTENTS

STEP 5 Build Your Test-Taking Confidence, 207

Welcome to the AP Spanish Language review book. If you let yourself, you will learn a lot from this book. It contains the major concepts and ideas to which you were exposed over the past year in your AP Spanish class, as well as the concepts that you have been working with since you started your study of the Spanish language.

There are many books on the market that contain the same information as is in this book. However, I have approached the material a bit differently. Rather than providing you with endless "drill and kill" types of activities in isolation, to review the thousands of grammatical concepts you have studied over the past four to five years, I am giving you the opportunity to practice with questions just like those you will find on the various parts of the AP Spanish Language Examination. And, instead of giving you a simple answer key, I have tried to provide you with a brief and easily understood explanation of each answer given.

Both the design and content of this new edition have been extensively revised. About 80% of the material in *5 Steps to a 5: AP Spanish Language* is completely new. The explanations, which are given in simple terms, are derived from my own analysis as well as from observations that my own students have made with regard to the various types of questions.

There is definitely a lot to learn and review to prepare you for the AP exam; remember how long you have been studying the Spanish language! Also remember that a course that might lead to college credit has to be tough. I am not going to say that you do not need to study to do well on this exam; you actually need to prepare quite a bit. This book will walk you through step-by-step, section-by-section, and question type-by-question type. As you practice and correct your errors, you may wish to make notes based on the explanations given. Be sure to try to use as many of the study tips as possible provided at the beginning of each chapter. These tips come from my many years of experience as both a teacher and a student. They also come from students just like you who have taken this examination over the years. Be sure to take the three practice tests. Do not take them just to see how you will do; take them also to see what types of questions you particularly need to practice. Do the practice essays that I have included to be well prepared for the essays on test day. Also, get used to the format of the essays as well as the types of test questions you will encounter on the examination.

Now it's time to begin! First, take the diagnostic test in Step 2. After taking it, look through the answers and explanations to see where you stand before you dive into the practice-review process. Be sure to look carefully at the hints at the beginning of each chapter; these will help you become more comfortable and successful at answering the types of questions you will be asked. Finally, you might want to consider forming a study group with some friends. Working together is more fun, and it *sometimes* helps to discuss out loud possible answers to the questions. **¡Buena suerte!**

ABOUT THE AUTHOR

DENNIS LAVOIE has taught AP Language and other college-level courses at Fairport High School in Fairport, New York, a suburb of Rochester, New York, for 30 years. He has worked with the College Board's Pacesetter Spanish program from 1993 to 2002 as a trainer, writer, and member of the test development and teacher certification committees. He has also presented workshops and taught at summer institutes at the local, state, and national levels on Pacesetter Spanish and Advanced Placement Spanish Language. Mr. Lavoie has served on the NAEP (National Assessment of Educational Programs) Foreign Languages Standing Committee and also on its item-writing committee. He has been a mentor teacher in the Fairport Central School District and a cooperating teacher with college foreign language teacher training programs.

After earning his bachelor's degree from Saint John Fisher College (Rochester, New York) and his master's degree from Middlebury College (Vermont), Mr. Lavoie received his C.A.S. from the State University College at Brockport (Brockport, New York) in Public Administration. He also holds professional certification in French and is a certified trainer in 4MAT Lesson Development and Smart Board technology. In December, 2007 Mr. Lavoie received his certificate in World Languages Other than English (WLOE) from the National Board of Professional Teaching Standards (NBPTS). In addition, he has studied at the Universities of Madrid, Granada, Santiago de Compostela, and Salamanca, and l'Université Catholique de l'Ouest (Angers, France).

ACKNOWLEDGMENTS

I would like to thank those who made this book possible: my wife, Allegra Beahan-Lavoie; my parents, Jim and Mary, for always believing in and supporting me; Grace Freedson and Grace Freedson's Publishing Network for giving me this opportunity; Don Reis, my editor, for his insights and kind guiding hand. I would also like to thank the reviewers, for their insights and professionalism, and Rita Soto and Marie Metzger, who introduced me to the language and culture of the Hispanic world. Finally, I would like to thank my colleagues, students, and administrators at Fairport Central School for their friendship, understanding, and all they have taught me, especially Patricia Impson, Kathleen Newcomb, Edward Wackerle, David Paddock, Elaine Damelio, Bob Reiter, Lyman Cook, Gary DeBolt, and Bill Cala. I would also like to thank Andrea Ferscey, Nancy Anderson, David Baum, June Phillips, Mimi Met and all with whom I have worked and learned through various curriculum and test development projects. Special thanks too to Alice Matalić without whose help, careful eye, wisdom, and encouragement this book would not have been possible. In addition, may thanks to Michael Kaseman math instructor extraordinaire, for his help with the guides to scoring. And last, but certainly not least, José Diaz who made this foray into my professional growth possible.

INTRODUCTION: THE FIVE-STEP PROGRAM

The Basics

Not too long ago, you agreed to enroll in AP Spanish Language. Maybe the allure of becoming fluent in Spanish was just too much to resist, or maybe a respected teacher encouraged you to challenge yourself and you took the bait. Either way, you find yourself here, flipping through a book that promises to help you culminate this enriching experience with the highest of honors, a 5 in AP Spanish Language. Can it be done without this book? Sure—there are many excellent teachers of Spanish out there who teach, coax, and cajole their students into a 5 every year. But I am here to tell you that, for the majority of students in your shoes, the Comprehensive Review and Practice Exams in this book will make it much easier for you to achieve that goal.

Introducing the 5-Step Preparation Program

This book is organized as a 5-step program to prepare you for success on the exams. These steps are designed to provide you with the skills and strategies vital to taking the exam and the practice that can lead you to that perfect 5. Each of the five steps will provide you with the opportunity to get closer and closer to that prize trophy 5. Here are the 5 steps.

Step 1: Set Up Your Study Program

In this step you'll read a brief overview of the AP Spanish Language exam, including the number and types of questions that will be used to test your level of achievement in Spanish. You will also follow a process to help determine which of the following preparation programs is right for you:

- Full school year: September through May

- One semester: January through May
- Basic training: Six weeks prior to the exam.

Step 2: Determine Your Test Readiness

In this step you'll take a diagnostic exam in Spanish. This pre-test should give you an idea of how prepared you are to take the real exam. It will also help you identify your weaknesses before you begin to study for the real exam.

- Go through the diagnostic exam step-by-step and question-by-question to build your confidence level.
- Review the correct answers and explanations to gauge where you are and to determine what you need to work on.

Step 3: Develop Strategies for Success

In this step you'll learn strategies that will help you do your best on the multiple choice and free response sections of the exam.

- Learn how to read multiple-choice questions.
- Learn how to answer multiple-choice questions, including whether or not to guess.
- Learn how to plan and write effective free-response essays.

Step 4: Review the Knowledge and Strategies You Need to Score High

In this step you'll review the knowledge and learn the strategies that will help you do your best on the exam. These strategies cover various types of reading and listening, as well as written and oral presentation. This step, which takes up the bulk of this book, contains:

- Short dialogue and short narrative practice
- Longer listening practice
- Listening scripts for short dialogues, short narratives, and longer passages with answers highlighted in the text
- Reading comprehension practice with answers and explanations
- Answers and explanations for longer passages
- Paragraph completion with and without root words given
- Informal writing
- Formal writing
- Informal speaking
- Formal speaking.

Step 5: Build Your Test-Taking Confidence

In this step you'll simulated your preparation by testing yourself on practice exams. I have provided you with <u>two</u> complete exams, solutions, and (sometimes more importantly) how to avoid common mistakes. Once again, the second edition of this book is updated to reflect more accurately the types of questions tested on recent AP exams. Be aware that these practice exams are *not* reproduced questions from actual AP Spanish Language exams, but they mirror the types of questions you will see on the actual exam.

Finally, at the back of this book you'll find additional resources to aid your preparation. These include:

- A list of words to help you write and speak more fluently
- Common errors English speakers make in Spanish
- Common verbal expressions
- Spanish verbs that require prepositions; verbs that require prepositions in English but not in Spanish; and common prepositional phrases
- Expressions for convincing, persuading, giving information, getting information, expressing preference, and expressing opinion
- Useful expressions for writing and for the new paragraph completion without root words
- A list of websites related to the AP Spanish Language exam.

The Graphics Used in this Book

To emphasize particular skills and strategies, we use several distinctive arrows throughout this book. An arrow in the margin will alert you that you need to pay particular attention to the accompanying text. We use these four arrows:

This icon indicates a very important concept or fact that you should not pass over.

This icon calls your attention to a strategy that you may want to try.

This icon alerts you to a tip that you might find useful.

This icon indicates a listening passage that someone should read aloud to you.

Throughout the book you will also find marginal notes, boxes, and starred areas. Pay close attention to these areas because they can provide tips, hints, strategies, and further explanations to help you reach your full potential.

FIVE STEPS TO A 5

AP Spanish Language

Set Up Your Study Program

What You Need to Know About the AP Spanish Language Exam

IN THIS CHAPTER

Summary: Learn how you will be tested, how the test is scored, and basic test-taking information.

Key Ideas
- ✪ Most colleges will award credit for a score of 4 or 5.
- ✪ Multiple-choice questions account for half of your final score.
- ✪ An additional third of a point is deducted for each wrong answer on multiple-choice questions.
- ✪ Free-response questions account for half of your final score.
- ✪ Your composite score on the two test sections is converted to a score on the 1–5 scale.

Background Information

The AP Spanish Language exam that you are taking was first offered by the College Board in 1956. In 1956 only 1,229 students took any AP examination. Since then, the number of students taking the test has grown rapidly and by 2006 the number of students taking the Spanish Language Exam alone had increased to 101,473.

Some Frequently Asked Questions about the AP Spanish Language Exams

Why Take the AP Spanish Language Exam?

Most of you take the AP Spanish Language exam because you are seeking college credit. The majority of colleges and universities regard a 4 or 5 as acceptable credit for their Spanish language course. A small number of schools will sometimes accept a 3 on the exam. This means you are one course closer to graduation before you even begin. Even if you do not score high enough to earn college credit, the fact that you elected to enroll in AP courses tells admission committees that you are a high achiever and serious about your education. In 2005, 71.4% of students taking the Spanish Language Exam scored a 3 or higher.

What Is the Format of the Exam?

The examination is divided into two sections: Section I (listening and reading) is multiple choice; Section II (writing and speaking) is free response. Listening and speaking are each worth 20 percent of the examination; reading and writing are each worth 30 percent of the total. If you complete Section I before time is called, you may go back and check any part of it that you wish. When time is called, you will turn in the booklet and have a short break. You will then move on to Section II and will not be able to look at Section I again.

The following table summarizes the format of the AP Spanish Language exam.

AP Spanish Language

SECTION I MULTIPLE CHOICE	NUMBER OF QUESTIONS	TIME LIMIT
A. *Listening comprehension:* Based on short taped dialogues, narratives, and two longer selections (approximately 5 minutes each), which may be interviews, cultural communications, or broadcasts.	30–35	30–35 minutes
B. *Reading comprehension:* Several passages followed by multiple-choice items.	30–35	40-50 minutes

Total time for Section I: Approximately 85 minutes

SECTION II FREE RESPONSE	NUMBER OF QUESTIONS	TIME LIMIT*
A. *Writing* 1. One cloze paragraph with several blanks in which you must write the correct form of the indicated word.	10 blanks	7-8 minutes
2. Two cloze passages *without* the root words in which you must supply the most appropriate word.	10 blanks	8 minutes
3. Informal writing: responding to an email, a letter, or a post card.	1 prompt	10 minutes

*Note. times are approximate because English instructions will be dropped from the master recordings of the exam in May, 2008. Total time for part II will run approximately 10 minutes less overall.

SECTION II FREE RESPONSE	NUMBER OF QUESTIONS	TIME LIMIT
4. Formal writing: document-based writing, which involves reading two texts, listening to a related passage, and using three sources to respond to a question.	1 prompt	Approximately 55 minutes (about 10 minutes for reading and listening, about 5 minutes for planning, and about 40 minutes for writing your response)
	Total time for Part A	Approximately 80 minutes
B. *Speaking* 1. One informal speaking situation based on a role-playing situation. You will read an outline of the simulated conversation and hear some background information.	5-6 prompts	20 seconds to respond to each prompt
2. One formal oral presentation. You will read one document and listen to one recording, which you must refer to in your responses.	Prepare an oral presentation based on the sources.	2 minutes
	Total time for Part B	2 minutes Approximately 20 minutes

Total time for Section II: Approximately 100 minutes

Who Writes the AP Spanish Exam?

Development of each AP exam is a multi-year effort that involves many education and testing professionals and students. At the heart of the effort is the AP Spanish Development Committee, a group of college and high school Spanish teachers who are typically asked to serve for three years. Their job is to ensure that the annual AP Spanish examination reflects what is being taught and studied in college-level Spanish language classes at high schools.

The committee and other college professors create a large pool of multiple-choice questions. These questions are then pre-tested with college students enrolled in third-year Spanish courses for accuracy, appropriateness, clarity, and assurance that there is only one possible answer.

The free-response essay questions, formal and informal, that make up Section II go through a similar process of creation, modification, pre-testing, and final refinement so that the questions and are at an appropriate level of difficulty and clarity.

At the conclusion of each AP reading and scoring of exams, the exam itself and the results are thoroughly evaluated by the committee and by ETS. In this way, the College Board can use the results to make suggestions for course development in high schools and to plan future exams.

Who Grades My AP Spanish Exam?

Every June a group of Spanish teachers gather for a week to assign grades to your hard work. Each of these "Faculty Consultants" spends a day or so getting trained on one question and one question only. Because each reader becomes an expert on that question, and because each exam book is anonymous, this process provides a very consistent and unbiased scoring of that question. During a typical day of grading, a random sample of each reader's scores is selected and cross-checked by other experienced "Table Leaders" to insure that consistency is maintained throughout the day and the week. Each reader's scores on a given question are also statistically analyzed to make sure that they are not giving scores that are significantly higher or lower than the mean scores given by other readers of that question. All measures are taken to maintain consistency and fairness for your benefit.

Will My Exam Remain Anonymous?

Absolutely. Even if your high school teacher happens to randomly read your booklet, there is virtually no way he or she will know it is you. To the reader, each student is a number and to the computer, each student is a bar code.

What about that Permission Box on the Back?

The College Board uses some exams to help train high school teachers so that they can help the next generation of Spanish language students avoid common mistakes. If you check this box, you simply give permission to use your exam in this way. Even if you give permission, your anonymity is still maintained.

How Is My Multiple-Choice Exam Scored?

The multiple-choice section of each exam is 60 to 70 questions and is worth half of your final score. Your answer sheet is run through the computer, which adds up your correct responses and subtracts a fraction for each incorrect response. The number of wrong answers is multiplied by 0.33 and subtracted from the number of correct answers. The resulting score is then multiplied by statistically determined factors for the two different question types (listening and reading comprehension). The two numbers are then added and rounded to the nearest whole number. This sum becomes the weighted score for Section I.

How Is My Free-Response Exam Scored?

Your performance on the free-response section is worth half of your final score. For the paragraph completion with root words given and paragraph completion without root words given, the total number of correct answers out of 20 is multiplied by a statistically determined factor. It should be noted that the scoring of this part is extremely precise. If a word is misspelled, or if an accent has been omitted or added where it is not needed, full credit is withheld for that question. Also, do not use capital letters where they are not needed. (Writing or printing with all capitals, or starting a word with a capital where it is not needed, will not receive any credit!) The essay is scored on a scale of 0-5, with 5 being the highest possible score. This score is multiplied by 4.500. The 0-5 scale is a rubric. A sample rubric is provided at the end of Chapters 9 and 10.

Informal and formal speaking are also graded on a scale of 0-5, Then, that score is multiplied by 2.000. The 0-5 scale is a rubric. A sample rubric appears at the end of Chapters 11 and 12.

The two oral sections are evaluated in the same manner as the essays.

How Is My Final Grade Determined and What Does It Mean?

The weighted scores from Sections I and II are added together and rounded to the nearest whole number, (Remember that each section is 50 percent of the examination.) This is the composite score.

The table below gives you a very rough example of a conversion, and as you complete the practice exams, you may use this to give yourself a hypothetical grade. Keep in mind that the conversion changes slightly every year to adjust for the difficulty of the questions. You should receive your grade in early July.

Spanish Language

COMPOSITE SCORE RANGE	AP GRADE	INTERPRETATION
134–180	5	Extremely Well Qualified for College Credit
114–133	4	Well Qualified
86–113	3	Qualified
63–85	2	Possibly Qualified
0–62	1	No Recommendation

How Do I Register and How Much Does It Cost?

You do not have to enroll in the AP course to register for and complete the AP exam. When in doubt, the best source of information is the College Board's website: www.collegeboard.com.

The fee for taking the Spanish Language exams is $83 for each exam. Students who demonstrate financial need may receive a $22 refund to help offset the cost of testing. In addition, for each fee-reduced exam, schools forgo their $8 rebate, so the final fee for these students is $53 per exam. Finally, most states offer exam subsidies to cover all or part of the cost. You can learn more about fee reductions and subsidies from the coordinator of your AP program, or by checking specific information on the official website: www.collegeboard.com.

There are also several optional fees that must be paid if you want your scores rushed to you or if you wish to receive multiple grade reports.

The coordinator of the AP program at your school will inform you where and when you will take the exam. If you live in a small community, your exam may not be administered at your school, so be sure to get this information.

What Should I Bring to the Exam?

On exam day, it is a good idea to bring the following items:

- Several pencils and an eraser that doesn't leave smudges
- Black or blue colored pens for the free-response section
- A watch so that you can monitor your time. You never know if the exam room will, or will not, have a clock on the wall. Make sure you turn off the beep that goes off on the hour
- Your school code
- Your photo identification and social security number
- Tissues.

What Should I NOT Bring to the Exam?

It's probably a good idea to leave the following items at home:

- A cell phone, beeper, PDA, or walkie-talkie
- Books, a dictionary, study notes, flash cards, highlighting pens, correction fluid, a ruler, or any other office supplies
- Portable music of any kind. No CD players, MP3 players, or iPods
- Clothing with any Spanish on it.

CHAPTER 2

How to Plan Your Time

IN THIS CHAPTER

Summary: The right preparation plan for you depends on your study habits and the amount of time you have before the test.

Key Idea

✪ Choose the study plan that's right for you.

Three Approaches to Preparing for AP Exams

What kind of preparation program for the AP exam is right for you? Should you carefully follow every step, or are there perhaps some steps you can bypass? That depends not only on how much time you have, but also on what kind of student you are. No one knows your study habits, likes, and dislikes better than you do. So you are the only one who can decide which approach you want and/or need to adopt. This chapter presents three possible study plans, labeled A, B, and C. Look at the brief profiles below. They should help you determine which of these three plans is right for you.

You're a full-school-year prep student if:

1. You are the kind of person who likes to plan for a vacation or the prom a year in advance.
2. You're always early for appointments.
3. You like detailed planning and everything in its place.
4. You feel that you must be thoroughly prepared.

5. You hate surprises.
6. You have been studying Spanish for 4 years or less.

If you fit this profile, consider **Plan A**.

You're a one-semester prep student if:

1. You begin to plan for your vacation or the prom four to five months before the event.
2. You are willing to plan ahead to feel comfortable in stressful situations, but are okay with skipping some details.
3. You feel more comfortable when you know what to expect, but a surprise or two is okay.
4. You're always on time for appointments.
5. You've been studying Spanish for 4 to 5 years.

If you fit this profile, consider **Plan B**.

You're a 6-week prep student if:

1. You accept or find a date for the prom a week before the big day.
2. You work best under pressure and tight deadlines.
3. You feel very confident with the skills and background you've learned in your AP Spanish Language class.
4. You decided late in the year to take the exam.
5. You like surprises.
6. You feel okay if you arrive 10–15 minutes late for an appointment.
7. You've been studying Spanish for 6 or more years.
8. You are a heritage or native speaker of Spanish.

If you fit this profile, consider **Plan C**.

Overview of The Three Different Study Plans

MONTH	PLAN A: FULL SCHOOL YEAR	PLAN B: ONE SEMESTER	PLAN C: 6 WEEKS
September	*Diagnostic Test* *Chapter 5*: Short dialogues 1–6 Short narratives 1–3 Longer listening 1–2 *Chapter 10*: Formal writing 1	—	—
October	*Chapter 6*: Reading comprehension 1–10 *Chapter 5*: Short narratives 4–6 *Chapter 10*: Formal writing 2	—	—
November	*Chapter 7*: Paragraph completion with root words 1–10 *Chapter 5*: Longer listening 3–4 *Chapter 10*: Formal writing 3	—	—

MONTH	PLAN A: FULL SCHOOL YEAR	PLAN B: ONE SEMESTER	PLAN C: 6 WEEKS
December	*Chapter 8*: Paragraph completion root words 1–10 *Chapter 5*: Short dialogues 7–10 *Chapter 5*: Formal writing 4–9		—
January	*Chapter 9*: Informal writing 1–10 *Chapter 5*: Short narratives 7–10 *Chapter 10*: Formal writing 6 *Practice Exam* 1	*Diagnostic Test* *Chapter 5*: Short dialogues 1–3 Short narratives 1–3 Longer listening 1–2 *Chapter 6*: Reading comprehension 1–6 *Chapter 5*: Short dialogues 4–6 *Chapter 10*: Formal writing 1–3	—
February	*Chapter 11*: Informal speaking 1–10 *Chapter 5:* Longer listening 5–6 *Chapter 10:* Formal writing 7	*Chapter 6:* Reading comprehension 7–10 Longer listening 3–4 *Chapter 4:* Short narratives 4–6 *Chapter 7:* Paragraph completion with root words 1–6 *Chapter 8:* Paragraph completion without root words 1–5 *Chapter 10:* Formal writing 4–6	—
March	*Chapter 12:* Formal oral presentation 5 *Chapter 8:* Formal writing 8–9	*Chapter 7:* Paragraph comprehension with root words 7–10 *Chapter 8:* Paragraph completion without root words 6—10 *Practice Exam 1* *Chapter 5:* Short dialogues 7–10 *Chapter 10:* Formal writing 7–9	

MONTH	PLAN A: FULL SCHOOL YEAR	PLAN B: ONE SEMESTER	PLAN C: 6 WEEKS
April-May 10	*Chapter 12*: Formal oral presentation 7–10 *Chapter 10*: Formal writing 10 *Practice Exam 2*	*Chapter 5*: Short narratives 7–10 *Chapter 11*: Simulated dialogues 1–5 *Chapter 10*: Formal writing 10 *Chapter 9*: Informal writing 1–3 *Chapter 12*: Formal oral presentation 1–5 *Chapter 11*: Simulated dialogues 6–10 *Chapter 9*: Informal writing 4–6 *Chapter 12*: Formal oral presentation 6–10 *Chapter 5*: Longer listening 5–6 *Chapter 9*: Informal writing 7–10 *Practice Exam 2*	**Week 1:** *Diagnostic Test* *Chapter 5* *Chapter 9*: Informal writing 1–2 *Chapter 10*: Formal writing 1–2 *Chapter 11*: Informal speaking 1–2 **Week 2:** *Chapter 6*: Reading comprehension *Chapter 9*: Informal writing 3–4 *Chapter 10*: Formal writing 3–4 *Chapter 11*: Informal speaking 3–4 **Week 3:** *Chapter 7*: Paragraph completion with root words 1–10 *Chapter 9*: Informal writing 5–6 *Chapter 10*: Formal writing 5–6 *Chapter 11*: Informal speaking 5–6 *Practice Exam 1* **Week 4:** *Chapter 8*: Paragraph completion without root words 1–10 *Chapter 9*: Informal writing 7–8 *Chapter 10*: Formal writing 7–8 *Chapter 11*: Informal speaking 7–8 **Week 5:** *Chapter 9*: Informal writing 9–10 *Chapter 10*: Formal writing 9–10 *Chapter 11*: Informal speaking 9–10 *Chapter 12*: Formal oral presentation 1–5 **Week 6:** *Chapter 12*: Formal oral presentation 6–10 *Practice Exam 2*

Calendar for Each Plan

Plan A: You Have a Full School Year to Prepare

SEPTEMBER (Check off the activities as you complete them.)
— Take the Diagnostic Exams
— Week 1: Short dialogues 1–3 (Ch. 5)
— Week 2: Short narratives 1–3 (Ch.5)
— Week 3: Longer listening 1–2 (Ch.5)
— Week 4: Short dialogues 4–6 (Ch. 5)
    Also: Formal writing 1 (Ch. 10)

OCTOBER
— Week 1: Reading comprehension 1–3 (Ch. 6)
— Week 2: Reading comprehension 4–6 (Ch. 6)
— Week 3: Reading comprehension 7–8 (Ch. 6)
— Week 4: Reading comprehension 9–10 (Ch. 6)
    Also: Short narratives 4–6 (Ch. 5); Formal writing 2 (Ch. 5)

NOVEMBER
— Week 1: Paragraph comprehension *with* root words 1–3 (Ch. 7)
— Week 2: Paragraph comprehension *with* root words 4–6 (Ch. 7)
— Week 3: Paragraph comprehension *with* root words 7–8 (Ch. 7)
— Week 4: Paragraph comprehension *with* root words 9–10 (Ch. 7)
    Also: Longer listening 3–4 (Ch. 5)

DECEMBER
— Week 1: Paragraph completion *without* root words 1–3 (Ch. 8)
— Week 2: Paragraph completion *without* root words 4–6 (Ch. 8)
— Week 3: Paragraph completion *without* root words 7–8 (Ch. 8)
— Week 4: Paragraph completion *without* root words 9–10 (Ch. 8)
    Also: Short dialogues 7–10 (Ch. 5); Formal writing 4–5 (Ch. 10)

JANUARY
— Week 1: Informal writing 1–3 (Ch. 9)
— Week 2: Informal writing 4–6 (Ch. 9)
— Week 3: Informal writing 7–8 (Ch. 9)
— Week 4: Informal writing 9–10 (Ch. 9)
    Also: Short narratives 7–10 (Ch. 5); Formal writing 6 (Ch. 10)
    Take Practice Exam 1

FEBRUARY
— Week 1: Informal speaking 1–3 (Ch. 11)
— Week 2: Informal speaking 4–6 (Ch. 11)
— Week 3: Informal speaking 7–8 (Ch. 11)
— Week 4: Informal speaking 9–10 (Ch. 11)
    Also: Longer dialogues 5–6 (Ch. 5; Formal writing 7 (Ch. 10)

MARCH
— Formal oral presentation 1–2 (Ch. 12)
— Formal oral presentation 3 (Ch. 12)
— Formal oral presentation 4–5 (Ch. 12)
— Formal oral presentation 6 (Ch. 12)
— Also: Formal writing 8–9 (Ch. 10)

APRIL–MAY
— Formal oral presentation 7 (Ch. 12)
— Formal oral presentation 8 (Ch. 12)
— Formal oral presentation 9 (Ch. 12)
— Formal oral presentation 10 (Ch. 12)
— Also: Formal writing 10 (Ch. 10)
    Take Practice Exams 2
    Get a good night's sleep before the exam.

GOOD LUCK ON THE TEST!!

Plan A: Each month, beginning in September, concentrate on one area of the exam and one type of question. Each month after September, remember to go back and review one activity type from the prior month. As you practice, it is a good idea to use a separate piece of paper, instead of writing your answers in the book, so that you can go back and redo the exercises.

In addition, for each month of the plan, you should write one to three of the essays and have a friend, parent, tutor, or teacher critique your work. In February, March, and April, you should time your essay writing, giving yourself only 45 minutes (5 minutes to outline and 40 minutes to write)—after having spent 7 minutes reading the first source and listening to the second source.

You should look at the vocabularies provided in the Appendix of this book (the connecting word list; the common mistakes list; the list of common verbal expressions; the list of expressions for convincing/persuading, giving/receiving information, and expressing feelings; the list of verbs and verbal expressions requiring prepositions; and the useful expressions for paragraph completion without root words). Divide the number of words in each list by the number of weeks between the beginning of school and the exam, and take that many words from each list to study each week. Make flash cards to hang on your bathroom mirror, bedroom mirror, or bedroom door, where you can take a quick look at them a couple of times each day. You might wish to record them to listen to on the way to school.

Plan B: You Have One Semester to Prepare

JANUARY
— Take the Diagnostic Test
— Week 1: Short dialogues 1–3 (Ch. 5)
— Week 2: Short narratives 1–3 (Ch. 5)
— Also: Longer listening 1–2 (Ch. 5)
— Week 3: Reading comprehension 1–3 (Ch. 6)
— Week 4: Reading comprehension 4–6 (Ch. 6)
  Also: Short dialogues 4–6 (Ch. 4)

FEBRUARY
— Week 1: Reading comprehension 7–10 (Ch. 6)
— Week 2: Paragraph completion *with* root words 1–3 (Ch. 7)
— Week 3: Paragraph completion *with* root words 4–6 (Ch. 7)
— Week 4: Short narratives 4–6 (Ch. 4)
  Also: Longer listening 3–4 (Ch. 6); Formal writing 4–6 (Ch. 10)

MARCH
— Week 1: Paragraph completion *with* root words 7–10 (Ch. 7)
— Week 2: Paragraph completion *without* root words 6–10 (Ch. 8)
— Take Practice Exam 1
— Week 3: Short dialogues 7–10 (Ch. 4)
— Week 4: Formal writing 1–9 (Ch. 10)
  Also: Short dialogues 7–10 (Ch. 4); Formal writing 7–9 (Ch. 10)

APRIL
— Week 1: Short narratives 7–10 (Ch. 5)
— Week 2: Simulated dialogues 1–5 (Ch. 11)
— Also: Formal writing 10 (Ch.10); Informal writing 1–3 (Ch. 9)
— Week 3: Formal oral presentation 6–10 (Ch. 12)
— Week 4: Simulated dialogues 6–10
  Also: Informal writing 4–6 (Ch. 9)

MAY
— Formal oral presentation 6–10 (Ch. 12)
— Longer listening 5–6 (Ch. 5)
— Informal writing 7–10 (Ch. 9)
— Take Practice Exam 2
  Get a good night's sleep before the exam.

GOOD LUCK ON THE TEST!!

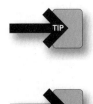

Plan B: Starting in January, you have 16 to 17 weeks to prepare. Every 2 weeks, concentrate on one area of the examination and one type of question. Every 2 weeks, starting the end of January, remember to go back and practice one activity type from the prior month.

In addition, for each month of the plan, you should write one to two of the essays and have a friend, parent, tutor, or teacher critique your work. In February, March, and April, you should time your essay writing, giving yourself only 45 minutes (5 minutes to outline and 40 minutes to write). After having spent 7 minutes reading the first source and listening to the second sources.

You should look at the vocabularies provided in the Appendix of this book (the connecting word list; the common mistakes list; the section on verbal expressions; the list of expressions for convincing/persuading, giving/receiving information, and expressing feelings; the list of verbs and verbal expressions requiring prepositions, and the useful expressions for paragraph completion without root words). Divide the number of words in each list by the number of weeks between the beginning of January and the examination and take that many words from each list to study each week. Make flash cards to hang on your bathroom mirror, bedroom mirror, or bedroom door where you can take a quick look at them a couple of times a day. You might wish to record them to listen to on the way to school.

Plan C: You Have Six Weeks to Prepare

WEEK 1
— Take the Diagnostic Test
— Chapter 6: Reading comprehension
— Chapter 9: Informal writing 1–2
— Chapter 10: Formal writing 1–2
— Chapter 11: Informal speaking 1–2

WEEK 2
— Chapter 7: Paragraph completion *with* root words
— Chapter 9: Informal writing 3–4
— Chapter 10: Formal writing 3–4
— Chapter 11: Informal speaking 3–4

WEEK 3
— Chapter 9: Informal writing 5–6
— Chapter 10: Formal writing 5–6
— Chapter 11: Informal speaking 5–6
— Take Practice Exam 1

WEEK 4
— Chapter 8: Paragraph completion *without* root words
— Chapter 9: Informal writing 7–8
— Chapter 10: Formal writing 7–8
— Chapter 11: Informal oral presentation 7–8

WEEK 5
— Chapter 9: Informal writing 9–10
— Chapter 10: Formal writing 9–10
— Chapter 11: Informal speaking 9–10
— Chapter 12: Formal oral presentation 1–5

WEEK 6
— Chapter 12 Formal oral presentation 6–10
— Take Practice Exam 2
    Get a good night's sleep before the exam.

GOOD LUCK ON THE TEST!!

In addition, for each week of the plan, you should write one to two of the essays and have a friend, parent, tutor, or teacher critique your work. You should time your essay writing, giving yourself only 45 minutes (5 minutes to outline and 40 minutes to write).

You should look at the vocabularies provided in the Appendix of this book (the connecting word list; the common mistakes list; the section on verbal expressions; the list of expressions for convincing/persuading, giving/receiving information, and expressing feelings; the list of verbs and verbal expressions requiring prepositions; and the useful expressions for paragraph completion without root words). Divide the number of words in each list by six and take that many words from each list to study each week. Make flash cards to hang on your bathroom mirror, bedroom mirror, or bedroom door where you can take a quick look at them a couple of times a day. You might wish to record them to listen to on the way to school.

STEP **2**

Determine Your Test Readiness

CHAPTER **3** Take a Diagnostic Exam

CHAPTER 3

Take a Diagnostic Exam

IN THIS CHAPTER

Summary: This exam is intended to give you an idea of where you currently stand with your preparation in Spanish. It is shorter than the real thing in that there is only one short dialogue (listening comprehension), one short narrative (listening comprehension) and one longer reading passage (reading comprehension). The questions have been written to approximate the coverage of material that you will see on the AP exam and are similar to the practice questions that you will see in the chapters that follow. Once you are done with the exam, check your work against the given answers, which are grouped and labeled to indicate where you can find the corresponding material in the book. I also provide you with a way to convert your score to a rough AP score.

Key Ideas

✪ Practice the kind of multiple-choice questions you will be asked on the real exam.
✪ Answer questions that approximate the type of material you will need to handle on the real exam.
✪ Check your work against the given answers.
✪ Determine your areas of strength and weakness.
✪ Earmark the pages that you must give special attention.

Diagnostic Exam

SECTION I
LISTENING AND READING

For this section of the examination, you will have 30 to 35 minutes for listening and 60 to 70 minutes for the reading passages. Section I counts for 50 percent of your grade (20 percent for listening and 30 percent for reading).

Section I, Part A
Listening Comprehension

In this part of the examination, you will hear a short dialogue, a short narrative, and then a longer dialogue and a longer narrative each lasting about 5 minutes. You will be asked questions about each listening passage. For the short dialogue and the short narrative, the questions will be read to you, but they will not appear in your test booklet. You will see only the answer choices for each question. For the longer dialogue and longer narrative, both the questions and the answer choices will be printed in your test booklet. The total time allowed for this part of the examination is 30 to 35 minutes. Listening comprehension will count for 20 percent of your total grade.

For this part of the examination, you will need to have a Spanish-speaking friend, parent, teacher, or tutor read each passage to you once and each question once. Scripts for the passages and questions can be found on starting on page 33. Mark your answers by circling the letter of your choice.

- In the moments before the speaker starts, try to glance through the *answers* for the short dialogue or short narrative to get an idea of what you should listen for.
- While the narrator is speaking, give your full attention to what is being said.
- Listen carefully as the narrator reads the *questions*; remember that the *questions* are not printed in your test booklet.
- As with any multiple-choice test, if the answer does not come to you, try to eliminate some of the others as wrong. This increases your chances of choosing the right answer.
- Remember that on Section I you should not make random guesses. If you have no idea, leave the question blank. As a correction for guessing, 33 percent extra is taken off for incorrect answers.
- If you have a particularly difficult time with this part of the test, you should be sure to practice Chapter 5 very carefully, taking notes from the scripts after each practice.
- Once you have completed this portion of the diagnostic test, you may wish to read over the scripts and make a list of words that you did not know. Look these up, make flash cards for them, and review them during the months leading up to the examination.
- You may wish to use separate sheets of paper so that way you can later come back to this test and do it again to check your progress.

Possible Answers for Short Dialogue

1. (A) en un supermercado
   (B) en un almacén
   (C) en una carnicería
   (D) en una botánica

2. (A) A la señora no le gusta la falda.
   (B) A la señora le queda muy estrecha la blusa.
   (C) A la señora no le va muy bien el color.
   (D) La señora prefiere tener el dinero.

3. (A) que no puede devolver el regalo.
   (B) que no puede decírselo a su marido.
   (C) que no quiere recibir un crédito.
   (D) que no hay nada que le interese ahora en la tienda.

4. (A) Porque ella no tiene el recibo.
   (B) Porque no está en el paquete original.
   (C) Porque está manchada.
   (D) Porque se pagó por cheque.

5. (A) la dependiente decidió permitirle
   devolver el regalo.
   (B) la dependiente le ofreció un crédito para
   usar más tarde.
   (C) la señora decidió quedarse con el regalo
   porque se lo había regalado su marido.
   (D) la dependiente le devolvió el dinero
   en efectivo.

Possible Answers for Short Narrative

1. (A) de la fiesta que celebra el santo.
   (B) del día que se celebra en vez del
   cumpleaños de la persona.
   (C) del bautizo en la iglesia Católica.
   (D) de una tradición que ya no existe.

2. (A) sólo celebrar el día en que nació el bebé.
   (B) sólo celebrar el día del nombre del santo
   de que recibió el bebé su nombre.
   (C) ponerle al bebé el nombre de un santo.
   (D) no celebrar más el día del santo.

3. (A) en países que han tenido una gran
   influencia de la iglesia Católica.
   (B) sólo en los países latinoamericanos.
   (C) sólo en España.
   (D) por todas partes.

4. (A) esta costumbre ya no existe.
   (B) esta costumbre se ha extendido a otras
   culturas.
   (C) esta costumbre sigue tan popular
   como antes.
   (D) esta costumbre sigue en algunas
   partes junto a la celebración del
   cumpleaños.

In this next section, you will hear a longer dialogue selection that will be about 5 minutes long. In the space below, you may take notes in English or Spanish; these will not be graded. At the end of the passage, you will turn the page and answer the multiple-choice questions based on what you have heard.

Notes on Longer Dialogue:

Possible Answers for Longer Dialogue

1. ¿De qué hablan las dos personas?
   (A) de sus planes para el verano
   (B) del trabajo que tienen
   (C) de sus planes para el futuro
   (D) de la dificultad en encontrar trabajo hoy día

2. ¿Qué es la UNAM?
   (A) Es una universidad.
   (B) Es una compañía.
   (C) Es un plan de estudios.
   (D) Es una discoteca.

3. ¿Para qué ha decidido el chico ir a los Estados Unidos?
   (A) para buscar trabajo
   (B) para estudiar
   (C) para casarse
   (D) para pasar unas vacaciones

4. ¿Qué es la informática?
   (A) Es una compañía que da información sobre trabajos disponibles.
   (B) Es una revista sobre computadoras.
   (C) Es un plan de estudios.
   (D) Es el estudio de las computadoras y el manejo de información electrónica.

5. ¿Por qué estudia el chico la materia que estudia?
   (A) Quiere trabajar en un banco.
   (B) Quiere trabajar de profesor.
   (C) Quiere trabajar con computadoras.
   (D) Quiere trabajar en un laboratorio.

6. ¿Por qué dice la chica que habrá oportunidades para ellos?
   (A) Han recibido muy buenas notas en el colegio.
   (B) Hay muchas oportunidades para los que trabajan con computadoras.
   (C) Siempre hay trabajo para los que tienen determinación y talento.
   (D) Hay vuelos muy baratos durante estas vacaciones.

7. ¿Por qué tiene prisa la chica?
   (A) Tiene que visitar a un pariente suyo.
   (B) Tiene que ir a clase.
   (C) Tiene que ir al trabajo.
   (D) Tiene que ir a casa.

In this next section, you will hear a longer narrative selection that will be about 5 minutes long. In the space below, you may take notes in English or Spanish; these will not be graded. At the end of the passage, you will turn the page and answer the multiple-choice questions based on what you have heard.

Notes on Longer Narrative:

Possible Answers for Longer Narrative

1. La historia de Don Juan originalmente fue una historia de...
   (A) Tirso de Molina.
   (B) Alejandro Dumas.
   (C) las crónicas de Sevilla.
   (D) Molière.

2. El "donjuanismo" es...
   (A) cuando un hombre maltrata a varias mujeres siempre diciéndoles que las quiere por motivos no muy nobles.
   (B) cuando alguien hace algo raro o idealista.
   (C) cuando alguien se muestra leal, fiel y honrado.
   (D) cuando alguien es soñador, idealista y romántico.

3. ...es el símbolo de soñadores, idealistas y románticos.
   (A) Don Juan
   (B) Don Quijote
   (C) El Cid
   (D) Don Giovanni

4. El personaje literario que existió en realidad fue...
   (A) Don Juan.
   (B) Don Quijote.
   (C) El Cid.
   (D) Don Giovanni.

5. El actor de cine que llevó al personaje de Don Quijote a la pantalla fue...
   (A) Charlton Heston.
   (B) Sofia Loren.
   (C) Antonio Banderas.
   (D) Peter O'Toole.

6. De lo que escuchaste en esta conferencia, se puede decir...
   (A) que los autores españoles han contribuido a la literatura mundial.
   (B) que la literatura de la Edad Media contribuyó mucho a la literatura española.
   (C) que los autores españoles han contribuido poco a la literatura mundial.
   (D) que la literatura española ha servido sólo de guiones para películas de Hollywood.

Section I, Part B
Reading Comprehension

In this section of the test you will need to read some passages and answer some multiple-choice questions about their content. On this diagnostic test give yourself 6 minutes to do this reading. If you finish before the 6 minutes is up, you may go back and look over your work in part A.

- Set a timer for 6 minutes.
- Look at the questions first.
- Read through once and underline or asterisk with your pen or pencil where you think the answers are found.
- Reread the questions.
- Reread the passage and answer the questions.

≪El Mensajero de San Martín≫ Galería Hispánica, McGraw-Hill © 1979, 1971, 1965. Used with permission.

El general don José de San Martín leía unas cartas en su despacho. Terminada la lectura, se volvió para llamar a un muchacho de unos dieciséis años que esperaba de pie junto a la puerta.

—Voy a encargarte una misión difícil y honrosa. Te conozco bien; tu padre y tres hermanos tuyos están en mi ejército y sé que deseas servir a la patria. ¿Estás resuelto a servirme?

—Sí, mi general, sí – contestó el muchacho.

—Debes saber que en caso de ser descubierto te fusilarán – continuó el general.

—Ya lo sé, mi general.

—Entonces, ¿estás resuelto?

—Sí, mi general, sí.

—Muy bien. Quiero enviarte a Chile con una carta que no debe caer en manos del enemigo. ¿Has entendido, Miguel?

—Perfectamente, mi general – respondió el muchacho. Dos días después, Miguel pasaba la cordillera de los Andes en compañía de unos arrieros.

Llegó a Santiago de Chile; halló al abogado Rodríguez, le entregó la carta y recibió la respuesta, que guardó en su cinturón secreto.

—Mucho cuidado con esta carta – le dijo también el patriota chileno. —Eres realmente muy joven; pero debes ser inteligente y buen patriota.

Miguel volvió a ponerse en camino lleno de orgullo. Había hecho el viaje sin dificultades, pero tuvo que pasar por un pueblo cerca del cual se hallaba una fuerza realista al mando del coronel Ordóñez.

Alrededor se extendía el hermoso paisaje chileno. Miguel se sintió impresionado por aquel cuadro mágico; mas algo inesperado vino a distraer su atención.

Dos soldados, a quienes pareció sospechoso ese muchacho que viajaba solo y en dirección a las sierras, se dirigieron hacia él a galope. En la sorpresa del primer momento, Miguel cometió la imprudencia de huir.

—¡Hola! – gritó uno de los soldados sujetándole el caballo por las riendas. —¿Quién eres y adónde vas?

Miguel contestó humildemente que era chileno, que se llamaba Juan Gómez y que iba a la hacienda de sus padres.

Lo llevaron sin embargo a una tienda de campaña donde se hallaba, en compañía de varios oficiales, el coronel Ordóñez.

1. ¿Cómo es que el general lo conoce bien a Miguel?
   (A) Ya conoce miembros de su familia.
   (B) Es su padre.
   (C) Es su secretario.
   (D) Lo ha conocido por 16 años.

2. ¿Qué le pasará al chico si es descubierto?
   (A) Lo arrestarán
   (B) Lo mandarán a Chile.
   (C) Lo denunciarán a su padre.
   (D) Lo matarán.

3. ¿Cómo estaba Miguel ante su misión?
   (A) miedoso
   (B) resignado
   (C) dispuesto
   (D) emocionado

4. ¿Por qué estaba orgulloso el joven?
   (A) Porque no tuvo problemas.
   (B) Porque conoció a Rodríguez.
   (C) Porque conoció al coronel Ordóñez.
   (D) Porque llevó a cabo su misión.

5. ¿Por qué sospechaban los soldados de Miguel?
   (A) Porque viajaba de noche.
   (B) Porque viajaba en dirección de las montañas.
   (C) Porque viajaba con dos arrieros.
   (D) Porque era joven.

6. ¿Qué error hizo Miguel entonces?
   (A) Se echó a correr.
   (B) Se le dejó caer a la carta que llevaba.
   (C) Ignoró a los soldados.
   (D) Estaba distraído.

7. Cuando los soldados lo interrogaron, Miguel…
   (A) cooperó.
   (B) les mintió.
   (C) no les contestó.
   (D) les dio sólo su nombre.

8. ¿Los soldados entonces…
   (A) lo llevaron a sus padres.
   (B) lo soltaron.
   (C) lo llevaron a su jefe.
   (D) lo metieron en una tienda de campaña.

9. ¿Por qué se llama el cuento ≪El mensajero de San Martín≫?
   (A) Porque Miguel era un correo de San Martín.
   (B) Porque Miguel le llevó mensajes al Coronel Ordóñez en secreto.
   (C) Porque el arresto de Miguel serviría de ejemplo a otros que ayudaran a San Martín.
   (D) Porque Miguel era un ángel en realidad.

SECTION II
FREE RESPONSE
WRITTEN EXPRESSION AND SPEAKING

You are given approximately a total of 1 hour and 30 minutes to do Section II of the examination (7 minutes for the paragraph completion with root word, 8 minutes for the paragraph completion without root word, 10 minutes for the informal writing, approximately 55 minutes for the formal writing, approximately 10 minutes for the informal speaking simulated conversation, and finally approximately 10 minutes for the formal oral presentation).

Section II, Part A
Written Expression: Paragraph Completion with Root Words

In this part of the examination, you will need to read a paragraph in which various words have been omitted. For each blank, there is a word given (noun, verb, adjective, adverb, and so on). You need to fill in the blank with the correct form of the given word. In some cases no change will be needed. If that is the case, be sure to still rewrite the word on the line. You are given seven minutes for this section. If you finish early, go to the next section.

- Read the entire selection first *before* you try to fill in the blanks.
- Look to see what tense the passage is narrated in (present, past, future, and so on).
- When dealing with adjectives, is the modified noun masculine, feminine, singular or plural? If you do not know, look for words before or after that might give you a clue.
- Only capitalize the first letter of a word if it starts a sentence.
- Never write all in capital letters, you will be given no credit.
- Even if no change is needed, be sure to rewrite the word on the blank. (Do not just write "same" or "lo mismo".)

≪Un encuentro con Moctezuma≫ por Hernán Cortés, *El Tesoro Hispánico,* ©1968 by McGraw-Hill. Used with permission.

Yo me (1) luego tras ellos, muy acompañado de muchas personas que (2) de mucha importancia, como después pareció serlo; y todavía seguía el camino por la costa de (3) gran laguna. A una legua de la habitación de donde partí, vi dentro de (4), no muy lejos, una ciudad pequeña que podría ser hasta de mil o dos mil vecinos, toda armada sobre (5) agua, sin (6) para ella ninguna entrada, y muy torreada, según lo que de fuera parecía. Otra legua adelante entramos por una carretera tan ancha como una lanza jineta, por la laguna adentro, de dos tercios de legua, y por ella fuimos a dar a (7) ciudad, la más hermosa aunque (8) que hasta entonces habíamos (9), así de muy bien obradas casas y torres como de la buena orden que en el fundamento de ella había, por ser armada toda sobre agua.

En esta ciudad, que (10) hasta de dos mil vecinos, nos recibieron muy bien y nos dieron muy bien de comer. Allí me vinieron a hablar el señor y las personas principales de ella, y me rogaron que me (11) allí a dormir. Aquellas personas que conmigo iban de Moctezuma me (12) que no parase, sino que me fuese a otra ciudad que está a tres leguas de allí, que se dice Iztapalapa, que es de un hermano de Moctezuma; y así lo hice. La salida de esta ciudad donde comimos,

(13) nombre al presente no me ocurre a la memoria, es por otra calada que tira una legua grande hasta llegar a la tierra firme.

Llegado a esta ciudad de Iztapalapa, me salió a recibir algo fuera de ella el señor, y otro de una gran ciudad que está cerca de ella, que será obra de tres leguas, que se llama Coyoacán, y otros muchos señores que allí me estaban (14); me dieron hasta tres o cuatro mil castellanos y algunas esclavas y ropa, y me hicieron muy (15) recibimiento.

1. _____ (partir)
2. _____ (parecer)
3. _____ (aquel)

4. _____ (él)
5. _____ (el)
6. _____ (haber)
7. _____ (uno)
8. _____ (pequeño)
9. _____ (ver)
10. _____ (ser)
11. _____ (quedar)
12. _____ (decir)
13. _____ (cuyo)
14. _____ (esperar)
15. _____ (bueno)

Section II, Part A
Written Expression: Paragraph Completion without Root Words

In this part of the examination, you will need to read a paragraph in which various words have been omitted. For each blank, write an appropriate word to complete the passage correctly, logically and grammatically. The word may be a function word, preposition, helping verb, present perfect, conjunction, demonstrative pronoun, part of a set expression, article, relative pronoun, etc. Only ONE word in Spanish should be inserted. You must spell and accent the word correctly. You are given eight minutes for this section. If you finish early, go to the next section.

- Read the entire selection first *before* you try to fill in the blanks.
- Look to see what tense the passage is narrated in (present, past, future, and so on).
- When dealing with adjectives, is the modified noun masculine, feminine, singular or plural? If you do not know, look for words before or after that might give you a clue.
- Only capitalize the first letter of a word if it starts a sentence.
- Never write all in capital letters, you will be given no credit.
- Even if no change is needed, be sure to rewrite the word on the blank. (Do not just write "same" or "lo mismo".)

≪Consulta a un representante≫ por Lina Traslaviña, University of Nebraska at Omaha, The Next Step Magazine, Latino edition 2007, 86 W. Main Street, Victor, New York, 14564 http://www.nextStepmag.com. Used with permission.

P: Siempre oí decir (1) la educación superior es costosa. Mi familia no tiene mucho dinero. ¿Puedo considerar la posibilidad de conseguir la educación superior en el futuro?

R: ¡Claro (2) sí! La educación superior puede ser parte de tu futuro. Pensar que es extremadamente costosa, es sólo un mito.

Los costos varían según la institución, por lo (3), es importante que investigues y hagas comparaciones. Considera el precio (4) hora de crédito, luego multiplícalo por la cantidad de créditos (5) vas a tomar. Agrega cargos y libros a la fórmula, y (6) será el ⟨⟨precio⟩⟩ que pagarás por tu educación superior.

Muchos de los folletos contienen esta información, por lo tanto, dedica tiempo a leer el material. También es importante tener en (7) otros gastos, como por (8) el seguro del auto, el alquiler, la comida, etcétera, que varían (9) la situación de cada persona.

En (10) caso, existe la posibilidad de obtener ayuda financiera del gobierno (para (11) que reúnan los requisitos exigidos) y de organizaciones comunitarias. Debes involucrarte activamente (12) obtener dicha asistencia. Consulta a todos los que conozcas acerca de obtener becas. Nunca se sabe, aquella tía con (13) nunca hablas puede tener información (14) del tema.

Si te encuentras con compañeros de la secundaria, pregúntales acerca de las becas que obtuvieron. Pídele a tu familia que consulte en el trabajo. Otra (15) de información puede ser el consejero escolar de la secundaria, así también las mismas instituciones educativas en las que estás averiguando.

Algunas becas se otorgan a (16) de calificaciones, servicio comunitario o necesidad económica. Recuerda que todos los que te rodean necesitan dinero para pagar el costo de su educación superior, por lo tanto, concéntrate en fortalecer los dos primeros aspectos. Nunca es tarde para comenzar, o para mejorar tus calificaciones subiendo de C a B. No debes desalentarte, pero no esperes hasta el (17) momento.

Invertir en una educación superior es la mejor decisión que puedes tomar. ¡A (18) de otras inversiones, ésta no disminuirá su valor con el tiempo! El esfuerzo de tu familia será recompensado exponencialmente. ¡Sigue adelante, comienza a llenar eso formularios de inscripción!

1. _____	10. _____
2. _____	11. _____
3. _____	12. _____
4. _____	13. _____
5. _____	14. _____
6. _____	15. _____
7. _____	16. _____
8. _____	17. _____
9. _____	18. _____

Section II, Part A
Written Expression: Informal Writing

In this part of the examination, you will need to write an email message, a letter, a journal entry, or a postcard. You are given ten minutes to read the prompt and write your response. If you finish early, go to the next section.

- Read the prompt carefully to see what type of message you need to write (e-mail, letter, journal entry, postcard).
- Decide in what tense to write the passage (present, past, future, and so on).
- Remember that this is an INFORMAL piece of writing.
- Keep in mind the TYPE of communication (a letter is different from an e-mail, a postcard is different from a journal entry).
- Do not forget the salutation (Querido(a), Muy amigo(a) mío(a).
- Do not forget an appropriate closing (Un abrazo de, Un abrazo fuerte de, Recibe un abrazo fuerte de, Con cariño).
- As this is an informal piece of writing, be sure to use the familiar forms of verbs, pronouns and possessive adjectives, etc.

Escribe una carta breve. Imagina que el periódico de tu escuela ha pedido a sus lectores nominaciones para «la persona del año» de tu colegio. Escríbele al editor y

- nomina a una persona
- explica por qué esta persona es digna de tal honor
- explica como él/ella te ha influenciado
- despídete.

Section II, Part A
Written Expression: Formal Writing

In this part of the examination, you will need to write an essay based on three prompts, two printed and one audio. You will have 10 minutes to read the print material. Then you will hear the audio material on which you should take notes. After you have heard the audio prompt, you will have 5 minutes to organize your thoughts. Then you will have 40 minutes to write your essay.

- Read the prompt carefully to see what your essay topic will be about.
- Decide in what tense to write the passage (present, past, future, and so on).
- While reading the two printed prompts, you may wish to underline key ideas.
- Be sure to take notes while you listen to the audio prompt.
- You must CITE all three sources appropriately in your essay.
- Higher scores are awarded to essays in which you compare and contrast the information provided. Lower scores are awarded for just simply restating or summarizing the sources.
- Be sure to look over the rubric at the end of Chapter 9, page 131 to see how you will be rated.

La corrida de toros...¿espectáculo cultural o cruel?
Fuente N° 1

Fuente: Ésta se informó en parte de la página Web ¿?don Quijote, http://www.donquijote.org/ culture/spain/bullfight/

La corrida de toros, una tradición milenaria

Muchas veces, cuando se piensa en España, se piensa en la corrida de toros: un deporte, la lucha eterna entre el hombre y la bestia y una metáfora por la vida.

Los orígenes de este espectáculo se han perdido a través de los siglos, pero lo curioso es que un deporte tan asociado con España en realidad no tiene sus comienzos en la península. Se cree que la corrida tiene sus orígenes en la isla de Creta y en Grecia donde existió un culto al toro bravo, el tipo de toro que se usa todavía en la corrida. Su imagen se ve en urnas primitivas de estas culturas, existen también cuentos de la Biblia en que se ofrecen toros como sacrificios a Dios. En la península misma arqueólogos han encontrado objetos que llevan la figura del toro y hasta una cabeza hecha de bronce de la edad de bronce.

En las culturas antiguas españolas el toro tenía una gran importancia también, tanto para los celtas como para los íberos. En las afueras de Numancia hay un templo celtíbero donde ellos sacrificaban toros a sus dioses – probablemente un precursor de la plaza de toros moderna.

Aunque el culto al toro es muy antiguo, fue durante la época romana cuando se convirtió en espectáculo. Se dice que Julio César fue el primero en autorizar las corridas y hasta él mismo lidió en una.

La corrida moderna se evolucionó desde los tiempos de los romanos de una lucha por caballo con lanzas, de la aristocracia, a un espectáculo con varias etapas y personas que hacen papeles distintos. En una corrida moderna hay tres toreros que luchan en contra de seis toros, dos toros por torero. Los picadores entran después del toro para picar su cuello.

Después entran los banderilleros con sus banderillas, unas flechas decoradas que meten en el cuello del toro. Finalmente entra el matador que se mete en una especie de baile con el toro hasta cansarlo suficientemente para matarlo con la espada. Cada etapa del espectáculo se llama un tercio.

En su apogeo había grandes celebridades como el Cordobés y Manolote, tan celebrados en su época como actores y cantantes de hoy día. En tiempos más recientes la corrida se ha convertido en un espectáculo turístico mientras muchos españoles la han dejado por el fútbol. A pesar de todo, todavía sigue siendo popular entre los campesinos que tratan de reunir suficiente dinero para comprar su entrada por lo menos una vez al mes. Si vas una vez a una corrida, cómprate una entrada para las andanadas, las butacas más arriba en la plaza. Allí es donde se sientan los aficionados viejos que vienen del campo cuando tienen dinero para una entrada y por el costo de una bebida estos hombres te explicarán todo que se ve en el redondel y hasta te harán una crítica de cada toro, matador y juez.

Fuente N° 2

Fuente: Ésta se informó en parte de la página Web BBC News, http://news.bbc.co.uk/ 2/hi/europe/3605225.stm

Barcelona vota a favor de eliminar la corrida de toros

En abril de 2004 el consejo municipal de Barcelona votó por abolir la corrida de toros en Barcelona. Tan controvertida fue esta decisión que el voto tuvo lugar por votación secreta. Hasta el momento actual el voto no se ha hecho ley porque primero el gobierno regional necesita aprobarla pero el voto si que es simbólico. Durante las últimas décadas, más y más españoles han querido eliminar la fiesta brava por ser cruel. La gente joven ya no acude a la plaza de toros sino que van al estadio para seguir paso a paso a sus héroes futbolistas dejando la corrida para los turistas y la gente mayor. Sólo en los pueblos pequeños todavía tiene cierta importancia la corrida.

Antes de que España entrara en el Mercado Común Europeo el primero de enero 1985, había mucho debate entre los miembros sobre la cuestión de la corrida de toros. Hasta el representante del Reino Unido insistió en que España dejara la práctica antes de ser permitida entrar en la organización. El representante español respondió a esta idea diciendo que cuando el Reino Unido eliminara la caza del zorro España eliminaría la corrida de toros. A pesar de eso, España entró en el Mercado Común y continuaban las corridas. En 2005 el Reino Unido sí eliminó la caza del zorro. Más recientemente el Partido Socialista del Parlamento Europeo ha insistido en que la corrida sea eliminada en España, Portugal y el sur de Francia por ser bárbara e inhumana.

Nadie sabe donde se va a parar el debate pero parece que con el voto en Barcelona la corrida podría desaparecerse por completo algún día.

Fuente N° 3
Fuente: una entrevista sobre el tema de la corrida de toros.

Section II, Part B
Speaking: Informal Speaking (Simulated Conversation)

In this part of the examination, you will need to participate in a simulated conversation. The situation will be a role-playing simulated telephone conversation. You will have 30 seconds to read the outline of the conversation. Then you will listen to a telephone message after which you will have one minute to read the outline of the conversation again. After one minute, the telephone call will begin. Be sure to follow the outline. Each time it is your turn to speak, you will have 20 seconds in which to respond. You should participate as fully and appropriately as possible. You will need to have a parent, friend, teacher, or tutor to read the message and then the recorded portions of the conversation.

- Be sure to have a timer.
- Read the prompt line and conversation outline carefully to see what the conversation will be about.
- Decide in what tense(s) you might need to respond (present, past, future, and so on).
- While reading the prompt and conversation outline you may wish to jot down some verbs, nouns, etc. that you may wish to use.
- While you listen to each line of the dialogue, try to pick out words, expressions or phrases that you might be able to use. BE CAREFUL though, to not just restate what you have heard!).
- Higher scores are awarded for conversations in which complex structures and rich vocabulary are used.
- Be sure to look over the rubric at the end of Chapter 10, page 160 to see how you will be rated.

Imagina que recibes un mensaje telefónico de tu amiga, Juana, quien te pide que la llames por teléfono. Escucha el mensaje.

(a) El mensaje [You will hear the message on the recording. Escucharás el mensaje en la grabación.]

(B) La conversación [The shaded lines reflect what you will hear on the recording. Las líneas en gris reflejan lo que escucharás en la grabación.]

Juana: • *[El teléfono suena.] Contesta el teléfono.*

Tú: • *Salúdala.*
    • *Explícale por qué tú la has llamado.*

Juana: • *Te explica por qué te había llamado.*

Tú • *Responde a la pregunta.*

Juana: • *Continúa la conversación.*

Tú: • *Expresa tu reacción.*

Juana: • *Continúa la conversación.*

Tú: • *Contesta su pregunta.*
    • *Invítala a ir contigo.*

Juana: • *Continúa la conversación.*

Tú: • *Expresa tu opinión.*

Juana: • *Continúa la conversación.*

Tú: • *Expresa tu opinión.*
    • *Despídete de Juana.*

Section II, Part B
Speaking: Oral Presentation (Integrated Skills)

In this part of the examination, you will need to make a two-minute formal presentation to your class. You will be given a question that will be the topic of your presentation. This question is based on the accompanying printed article and radio report. You will have 5 minutes to read the printed article. Then you will listen to a radio report. You should take notes on the radio report as you listen. After hearing the radio report, you will have 2 minutes to plan your answer and 2 minutes to record it. Your presentation should be as complete and appropriate to the topic as possible. You will need to have a parent, friend, teacher, or tutor to read the radio report to you.

- Be sure to have a timer.
- Read the question and article carefully.
- Underline key ideas/information in the printed article.
- Take notes on the radio report.
- Decide what tense(s) you might need to use (present, past, future, and so on).
- While you listen, try to pick out words, expressions or phrases that you might be able to use. (BE CAREFUL, though, to not just restate what you have heard!).
- Higher scores are awarded for conversations in which complex structures and rich vocabulary are used.
- Higher scores are awarded also for presentations in which information is compared and contrasted, as opposed to just a mere restatement or synthesis of the information.
- Be sure to look over the rubric at the end of Chapter 10, page 160 to see how you will be rated.

Imagina que tienes que dar una presentación formal ante una clase de español.
El artículo impreso describe la Sagrada Familia de Antonio Gaudí en Barcelona; la monografía de radio describe el Museo Guggenheim de Frank Gehry en Bilbao.

Fuente N° 1

Fuente: Ésta se informó en parte de la página Web ‹Great Buildings Online›, http://www.greatbuildings.com/architects/Antoni_Gaudi.html y "tourist guide barcelona", http://www.barcelona-tourist-guide.com/sp/gaudi/sagrada-familia.html

La Sagrada Familia de Antonio Gaudí

Quizá el edificio más conocido y renombrado del arquitecto español, Antonio Gaudí, es la Sagrada Familia, una iglesia comenzada en 1882 que sigue hasta hoy sin terminar. Su estilo ha sido caracterizado como la versión española del Arte Nuevo mientras otros lo clasifican como expresionismo. Al ver la iglesia se puede ver elementos góticos pero sin las líneas rectas y la formalidad tradicionales de la arquitectura gótica. Las torres, que se encuentran por todo el edificio, parecen como si fueran candelas que arden encabezadas con una llama en forma de una cruz y la piedra tallada como la cera que gotea. Las líneas no son rectas como las son en la arquitectura gótica sino que ondulan. Algunos dicen que el diseño imita la naturaleza, o sea que es naturalista, en que las formas son muy orgánicas.

Antonio Gaudí trabajó en la Sagrada Familia, y hasta vivió en el sótano de ella, de 1882 hasta 1926 cuando fue atropellado trágicamente por un tranvía. Ahora hay mucha controversia en cuanto a las tentativas de terminar la construcción comenzada por Gaudí. Los arquitectos modernos tienen que interpretar las intenciones originales de Gaudí usando en algunos casos materiales de construcción que él mismo no hubiera usado y para algunos se puede ver fácilmente donde Gaudí terminó y sus seguidores comenzaron. De todos modos, la Sagrada Familia sigue como símbolo de Barcelona y testamento a la creatividad de Antonio Gaudí.

Fuente Nº 3

El museo Guggenheim de Bilbao

Fuente: Ésta se informó de la página Web ≪Guggenheim Bilbao Museum≫ http://www.bm30.es/proyectos/guggy_uk.html y http://www.guggenheim-bilbao.es/ingles/edificio/contenido.htm

Listening Scripts, Answers, and Explanations

Section I, Part A
Listening Comprehension

Within the scripts for the listening passages, the answers are in **boldface** and follow the question number in parentheses.

Script for Short Dialogue

Dependiente: Buenos días, señora, ¿En qué puedo servirle?

Cliente: Pues, mi marido me regaló esta blusa para nuestro aniversario y no me sienta bien. (#2) **Normalmente llevo colores más claros.**

Dependiente: Pues, si usted. tiene el recibo, puedo devolverle el dinero; si no, usted puede seleccionar algo diferente por el mismo precio.

Cliente: Bueno, como fue regalo, claro que no tengo el recibo.

Dependiente: ¿Por qué no busca usted algo diferente que le guste más?

Cliente: Ya he buscado pero (#3) **no hay nada que anhele en este momento.** ¿No tiene remedio?

Dependiente: (#4) **Sin el recibo, no puedo devolverle el dinero.** Pero hay otra opción. (#5) **Puedo darle un crédito por el precio total de la blusa** que usted podrá usar cuandoquiera durante el próximo año.

Cliente: Perfecto. Vengo cada mes a esta tienda y seguramente podré encontrar algo más tarde.

Dependiente: Muy bien, señora. Espere usted un momento, por favor. Voy por el libro de recibos.

Cliente: Gracias, señora. usted ha sido muy amable.

Dependiente: Para servirle, señora.

Questions and Answers

1. ¿Dónde tiene lugar esta conversación?
   (B) en un almacén

2. ¿Cuál es el problema con el regalo?
   (C) A la señora no le va muy bien el color.

3. El problema para la señora ahora es...
   (D) que no hay nada que le interese ahora en la tienda.

4. ¿Por qué no puede devolverle el dinero la dependiente a la señora?
   (A) Porque ella no tiene el recibo.

5. El problema se soluciona cuando...
   (B) la dependiente le ofreció un crédito para usar más tarde.

Script for Short Narrative

≪Feliz día de tu santo≫ se oía no hace mucho tiempo en los países hispanos, donde (#1) **era la costumbre de celebrar el día del santo en vez de celebrar el día en que la persona nació.** El día del santo tiene que ver con el nombre que la persona recibió cuando fue bautizado de bebé en la iglesia Católica. (#2) **Los católicos tienen la costumbre de ponerles nombres de santos a sus hijos;** entonces, en vez de celebrar el día del nacimiento del bebé, se celebraba el día de fiesta del santo por quien el bebé había recibido su nombre. (#3) **Como la iglesia Católica era muy fuerte en muchos países hispanos, era una tradición muy normal. También en países donde ha habido una influencia fuerte de la iglesia Católica, como en el sur de Alemania,** se celebra lo que llaman ≪el día del nombre≫. Ahora es muy común celebrar el cumpleaños de la persona el día en que nació, pero todavía hay algunas personas s que siguen con la costumbre de celebrar el cumpleaños el día del santo. En tiendas donde se venden tarjetas, todavía se puede ver al lado de las tarjetas de cumpleaños, tarjetas para el santo.

(#4) **Hasta en algunas familias se celebran las dos ocasiones;** ¡qué suerte tener dos días para celebrar el nacimiento de una persona!

Questions and Answers

1. Cuando se habla del día de tu santo, se habla...
   (B) del día en que se celebra en vez del cumpleaños de la persona.

2. Los católicos tienen la costumbre de...
   (C) ponerle al bebé el nombre de un santo.

3. Ésta es una costumbre que se encuentra...
   (A) en países que han tenido una gran influencia de la iglesia Católica.

4. Ahora se puede decir que...
   (D) esta costumbre sigue en algunas partes junto a la celebración del cumpleaños.

Script for Longer Dialogue

Chico: Es increíble que nos graduemos en sólo una semana. (#1) **¿Qué harás el año que viene?**

Chica: Pienso asistir a la UNAM.

Chico: ¿La UNAM?

Chica: (#2) Sí, **la Universidad Nacional Autónoma de México en la Ciudad de México.**

Chico: ¡Fantástico! Yo voy a los Estados Unidos (#3) **para estudiar** en la Universidad de California en Los Ángeles.

Chica: ¿Por qué vas tan lejos?

Chico: Tengo familia allí y puedo quedarme con ellos. ¿Y qué estudiarás?

Chica: (#4) **Informática; me fascinan las computadoras.** ¿Y tú?

Chico: Yo pienso estudiar matemáticas; (#5) **quiero hacerme profesor algún día.**

Chica: ¿De veras? Creo que serás un buen profesor; siempre te ha gustado trabajar con los niños y necesitamos profesores hoy cada vez más.

Chico: Sí, me parece que habrá trabajos cuando me gradúe.

Chica: Yo también pienso que hay muchas oportunidades en el trabajo con computadoras.

Chico: Es verdad que el mundo depende de las computadoras hoy. Estoy seguro que habrá muchas oportunidades muy interesantes.

Chica: (#6) **La verdad es que siempre hay trabajo para los que tienen talento y determinación, y nosotros sí lo tenemos.**

Chico: ¡Por eso tendremos éxito!

Chica: ¿Qué hora será?

Chico: Déjame ver... Son las dos y media.

Chica: ¡No me digas! (#7) **Debía de haber estado en casa de mi abuela hace media hora.** Chao, Juan, tengo que ir.

Chico: Hasta mañana, Lucía.

Questions and Answers

1. ¿De qué hablan las dos personas?
   (C) de sus planes para el futuro

2. ¿Qué es la UNAM?
   (A) Es una universidad.

3. ¿Para qué ha decidido el chico ir a los Estados Unidos?
   (B) para estudiar

4. ¿Qué es la *informática*?
   (D) Es el estudio de las computadoras y el manejo de información electrónica.

5. ¿Por qué estudia el chico la materia que estudia?
   (B) Quiere trabajar de profesor.

6. ¿Por qué dice la chica que habrá oportunidades para ellos?
   (C) Siempre hay trabajos para los que tienen determinación y talento.

7. ¿Por qué tiene prisa la chica?
   (A) Tiene que visitar a un pariente suyo.

Script for Longer Narrative

Gracias a la literatura española, todo el mundo occidental goza de algunos de los grandes personajes literarios. Al mencionar nombres tales como Don Juan, Don Quijote y El Cid, casi todo el mundo reconoce los arquetipos literarios que estos personajes representan.

(#1) ***Don Juan* fue originalmente una historia de las crónicas de Sevilla.** Tirso de Molina captó esta historia en su obra *El burlador de Sevilla* sobre un hombre que hizo una apuesta con un amigo para ver cuál de los dos podría burlarse de más muchachas en el espacio de un año. Esta historia ha pasado al mundo de la ópera en Don Giovanni, y ha sido interpretada por Molière, Pushkin, Mériméé, Dumas, Mozart y Strauss. Además, se han hecho muchas películas sobre el personaje de Don Juan. Tan conocido es que su nombre aun se ha convertido en un adjetivo, (#2) **≪donjuanesco≫, para describir a una persona que maltrata a las mujeres con el pretexto de amarlas sin tener otra intención más honorable, y un sustantivo, ≪el donjuanismo≫,** para describir este fenómeno.

Otro arquetipo literario de la literatura española es el Ingenioso (#3) **Don Quijote de la Mancha, el gran soñador, idealista y romántico.** Este personaje, creado por Miguel de Cervantes Saavedra, ha captado la imaginación de lectores por más de cuatro siglos con sus luchas contra molinos de viento y su campaña para mejorar el mundo. En los años sesenta, Hollywood lo llevó a la pantalla con Sofia Loren en el papel de su amada Dulcinea y (#5) **Peter O'Toole en el papel de Don Quijote.** Hay una adaptación para Broadway que todavía se representa en teatros por todo el mundo. También el nombre de este personaje ha pasado a ser parte del vocabulario de algunos idiomas como el adjetivo ≪quijotesco≫, en inglés *quixotic,* para describir algo raro o demasiado idealista.

(#4) **El Cid, personaje real y fantástico,** de la Edad Media, es otro personaje bien reconocido de la tradición literaria española. Este hombre, que existió en realidad, representa la fidelidad, lealtad y honra de un caballero, traicionado y calumniado por personas envidiosas, que luchó para restaurar su honra y la de su familia. Este poema épico fue contado por Hollywood también en los sesenta con Charlton Heston en el papel de El Cid.

España siempre ha tenido una gran tradición literaria desde los tiempos de los romanos, y sigue manteniendo esta tradición hasta nuestros días. Entonces se puede decir que (#6) **su producción literaria es una de las más fecundas del mundo literario y ha contribuido a la cultura mundial.**

Questions and Answers

1. La historia de Don Juan originalmente fue una historia de...
   (C) las crónicas de Sevilla.

2. El ≪donjuanismo≫ es...
   (A) cuando un hombre maltrata a varias mujeres siempre diciéndoles que las quiere por motivos no muy nobles.

3. Es el símbolo de soñadores, idealistas y románticos.
   (B) Don Quijote

4. El personaje literario que existió en realidad fue...
   (C) El Cid.

5. El actor de cine que llevó al... personaje de Don Quijote a la pantalla fue...
   (D) Peter O'Toole.

6. De lo que escuchaste en esta conferencia, se puede decir...
   (A) que los autores españoles han contribuido a la literature mundial.

If you had a great deal of difficulty doing this activity, you should spend extra time on the exercises in Chapter 1.

Script of Formal Writing
Fuente N° 3

Entrevistador: Buenas tardes radioyentes. Les hablo Juan Ruiz desde la capital española. La pregunta de hoy es sobre la llamada fiesta nacional, la corrida de toros.

Entrevistador: Perdone Sr., ¿Le puedo hacer una pregunta?

Hombre 1: Sí señor, ¿qué le gustaría saber?

Entrevistador: ¿Es que usted ha asistido a una corrida de toros recientemente?

Hombre 1: A ver…no muy recientemente. Hace como veinte años.

Entrevistador: ¿Y qué opinas de la corrida en general?

Hombre 1: Pues, yo sé que es una tradición cultural de España, pero a mí no me gusta tanto.

Entrevistador: ¿Por qué?

Hombre 1: Para mí es muy violento. La última vez que fui fue con un amigo mío norteamericano que quería verla. Yo hubiera preferido asistir al partido de Real Madrid en contra de Barcelona.

Entrevistador: Ha habido mucha discusión en las últimas décadas sobre eliminar la corrida por ser cruel, ¿qué opina usted?

Hombre 1: Para mí, creo que puede ser el momento de hacerlo. De verdad se ha convertido en un espectáculo en su mayor parte para turistas. Ha perdido su importancia cultural para el español moderno.

Entrevistador: Muchas gracias señor.

Entrevistador: Perdone, le importa se le hago unas preguntas.

Entrevistador: ¿Qué opinas de la corrida de toros?

Hombre 2: Pues, hombre, a mí me gusta. Siempre y cuando pueda, yo vengo a la ciudad para asistir a una. Como vivo en el campo no puedo asistir con frecuencia pero sí me gusta venir cuando tenga el tiempo y el dinero para la entrada.

Entrevistador: ¿Y por qué le gusta tanto?

Hombre 2: Bueno…es que de verdad es un deporte y un arte. El hombre en contra del animal luchando hasta la muerte. Cada persona, picador, banderillero y matador necesita grandes destrezas y mucha precisión.

Entrevistador: Entonces, ¿qué piensas del voto que se realizó en Barcelona?

Hombre 2: ¡Es una estupidez! ¿Cómo es que ellos pueden votar en contra de sus raíces culturales? No tiene sentido. Ni tiene sentido que otros países quieren obligarnos a dejar la corrida. Ningún otro país tiene el derecho de imponer sus creencias en otro.

Entrevistador: Muchas gracias por compartir sus opiniones con nosotros hoy. Éste ha sido "La Pregunta del Día" de radio nacional. Yo soy Juan Ruiz.

Script for Informal Speaking (Simulated Conversation)

Narrador: Ahora tienes treinta segundos para leer el bosquejo de la conversación. (30 seconds)

Narrador: Imagina que recibes un mensaje telefónico de tu amiga, Juana, quien te pide que te llame por teléfono.

Mensaje de
Juana: Hola, soy Juana. ¿Puedes llamarme cuanto antes? Quiero hablarte sobre la fiesta el sábado.

Narrador: Ahora tienes un minuto para leer de nuevo el bosquejo de la conversación.

                (1 minute)

                Ahora empezará la llamada.

Juana: [Telephone rings twice and is answered] ¿Aló?

TONE: (20 seconds) TONE

Juana: ¡Gracias por llamarme! Quería hablarte sobre la fiesta en casa de María el sábado. ¿Qué piensas llevar?

TONE: (20 seconds) TONE

Juana: Sí, me parece muy bien. Yo pienso llevar un vestido verde claro que compré ayer. ¿Crees que sea demasiado formal?

TONE: (20 seconds) TONE

Juana: Bueno, gracias. Mira, ¿cómo irás a la fiesta y con quién?

TONE: (20 seconds) TONE

Juana: Muchas gracias, pero vengo con Juan Pablo. ¿Qué te parece?

TONE: (20 seconds) TONE

Juana: Bueno, te veo en la fiesta el sábado. Creo que será muy divertido.

TONE: (20 seconds) TONE

Script of Formal Oral Presentation (Integrated Skills)

El 19 de octubre 1997 se abrió el Museo Guggenheim Bilbao. Este museo, inaugurado por el gobierno vasco, la Fundación Guggenheim y el rey español Juan Carlos I, en poco tiempo se ha convertido en el símbolo de esta ciudad vasca. El museo, diseñado por el arquitecto norteamericano Frank O. Gehry, alberga arte moderno del siglo XX de América y Europa. Fue creado con la intención de ser un centro internacional para el arte moderno y contemporáneo.

Algunos han dicho que el edificio, hecho de vidrio y titanio, parece como si fuera una flor metálica. En realidad, el museo es una serie de edificios que se conectan, cada uno con su enfoque particular. Las paredes de titanio tienen una textura parecida a las escamas de un pez.

Este proyecto fue concebido entre 1991 y 1992 como parte de un programa de revitalización para la ciudad de Bilbao. Se clasifica el edificio como modernismo expresionista. Es decir que es un edificio de estilo moderno pero expresionista en que se propone «la intensidad de la expresión sincera aun a costa del equilibrio formal». (Diccionario de la Real Academia Española). Mientras que tiene el propósito de ser un museo de arte moderno, es en su escénica una obra de arte sí misma.

Había mucha discusión alrededor de su diseño y construcción como el comité escogió a un arquitecto ni español ni vasco para realizar el proyecto. Pero, a pesar de eso, la ciudad de Bilbao y sus ciudadanos son muy orgullosos de su museo que ahora simboliza la revitalización de su ciudad, una ciudad siglo veinte y uno.

Section I, Part B
Reading Comprehension
Answers and Explanations

El general don José de San Martín leía unas cartas en su despacho. Terminada la lectura, se volvió para llamar a un muchacho de unos dieciséis años que esperaba de pie junto a la puerta.

—Voy a encargarte una misión difícil y honrosa. (#1)**Te conozco bien; tu padre y tres hermanos tuyos están en mi ejército** y sé que deseas servir a la patria. ¿Estás resuelto a servirme?

—Sí, mi general, sí – contestó el muchacho.

—(#2) **Debes saber que en caso de ser descubierto te fusilarán** – continuó el general.

—Ya lo sé, mi general.

—Entonces, (#3) **¿estás resuelto?**

—**Sí, mi general, sí**.

—Muy bien. (#9) **Quiero enviarte a Chile con una carta** que no debe caer en manos del enemigo. ¿Has entendido, Miguel?

—Perfectamente, mi general – respondió el muchacho. Dos días después, Miguel pasaba la cordillera de los Andes en compañía de unos arrieros.

Llegó a Santiago de Chile; halló al abogado Rodríguez, le entregó la carta y recibió la respuesta, que guardó en su cinturón secreto.

—Mucho cuidado con esta carta – le dijo también el patriota chileno. —Eres realmente muy joven; pero debes ser inteligente y buen patriota.

(#4) **Miguel volvió a ponerse en camino lleno de orgullo. Había hecho el viaje sin dificultades**, pero tuvo que pasar por un pueblo cerca del cual se hallaba una fuerza realista al mando del coronel Ordóñez.

Alrededor se extendía el hermoso paisaje chileno. Miguel se sintió impresionado por aquel cuadro mágico; mas algo inesperado vino a distraer su atención.

Dos soldados, (#5) **a quienes pareció sospechoso ese muchacho que viajaba solo y en dirección a las sierras**, se dirigieron hacia él a galope. En la sorpresa del primer momento, (#6) **Miguel cometió la imprudencia de huir.**

—¡Hola! – gritó uno de los soldados sujetándole el caballo por las riendas. —¿Quién eres y adónde vas?

(#7) **Miguel contestó humildemente que era chileno, que se llamaba Juan Gómez y que iba a la hacienda de sus padres.**

(#8) **Lo llevaron sin embargo a una tienda de campaña donde se hallaba, en compañía de varios oficiales, el coronel Ordóñez.**

1. ¿Cómo es que el general lo conoce bien a Miguel?
   (A) Ya conoce a miembros de su familia.

2. ¿Qué le pasará al chico si es descubierto?
   (D) Lo matarán.

3. ¿Cómo estaba Miguel ante su misión?
   (C) dispuesto

4. ¿Por qué estaba orgulloso el joven?
   (A) Porque no tuvo problemas.

5. ¿Por qué sospechaban los soldados de Miguel?
   (B) Porque viajaba en dirección de las montañas.

6. ¿Qué error hizo Miguel entonces?
   (A) Se echó a correr.

7. Cuando los soldados lo interrogaron, Miguel…
   (B) les mintió.

8. ¿Los soldados entonces…
   (C) lo llevaron a su jefe.

9. ¿Por qué se llama el cuento «El mensajero de San Martín»?
   (A) Porque Miguel era un correo de San Martín.

Section II, Part A
Writing: Paragraph Completion with Root Words
Answers and Explanations

1. **partí:** The verb **partir** means *to leave*. Actions such as leaving are usually preterite. This passage is narrated, in part, in the past.
2. **parecían:** The verb **parecer** means *to appear*. In past description the imperfect tense is used (they seemed to be of great importance).
3. **aquella:** The demonstrative adjective, **aquella**, means *that*. It agrees in gender and number with the noun **laguna**, a feminine singular noun.
4. **ella:** **Ella**, here is used to mean *it*, is the object of the preposition **dentro de**, and refers back again to **laguna**, a feminine singular noun.
5. **el:** **Agua**, *water*, is a feminine noun, but in the singular the masculine pronoun is used for pronunciation. In the plural there is no problem as the "s" separates the two vowel sounds. Other words like **agua** are **hacha** (*ax*), **hada** (*fairy*), **alma** (*soul*), **ama** (*housewife*), and **águila** (*eagle*).
6. **haber:** **Haber** is used to show existence: *there is/are*, etc. The only form of a verb that can be used after a preposition in Spanish is the infinitive. In English the gerund is often used: "*having*"., **sin haber ninguna entrada…** (,*without there being any entrance…*).
7. **una:** **Ciudad**, *city*, is a feminine word. Words ending in –**dad**, -**tad**, -**tud**, -**umbre**, -**ción** and –**sión** are feminine.
8. **pequeña:** **Pequeña**, *small*, is an adjective and agrees here with **ciudad** which is feminine singular.
9. **visto:** **Visto**, *seen*, is the past participle of **ver**. After any form of the verb **haber**, to have, use the past participle, -**ado**, -**ido**, -**cho**, -**to**, and –**so**.
10. **será:** **Será** is the future of probability. Here Cortés is saying, "*In this city, that probably is two thousand inhabitants,…*" **Sería** could also be used as the conditional of probability, "*In this city, that probably was…*" As the idea "**hasta de dos mil**" is imprecise, the future or conditional of probability would be used. The present, *es*, or imperfect, *era*, could be used as well.
11. **quedara / quedase:** The imperfect subjunctive is required after the main clause, which expresses a desire, "**me rogaron que me quedara / quedase**", "*they begged that I stay*".
12. **dijeron:** **Decir** is an action and therefore would be expressed in the preterite as the narration is in the past and there is no indication of any repetition, … **me dijeron que no parase …**", "*…they told me not to stay …*".
13. **cuyo:** **Cuyo**, *whose*, is the relative possessive and agrees with the word that comes after it.
14. **esperando:** **Esperando**, waiting, is a gerund. After the verbs **estar**, **seguir**, **continuar** and verbs of motion such as **andar**, **caminar**, etc., use the gerund -**ando**, -**iendo**, -**yendo**, and -**endo**.
15. **buen:** **Bueno**, *good*, changes to **buen** before a masculine singular noun such as **recibimiento**.

Section II, Part A
Writing: Paragraph Completion without Root Words
Answers and Explanations

1. **que:** The relative pronoun, **que**, is used to link two clauses in Spanish. In English the relative pronoun "*that*" is optional, but not in Spanish: "*I always heard people say (that) advanced education is very expensive.*"
2. **que:** The expression for "*of course*" is **claro que sí**.

3. **cual / que:** After the preposition **por** used the relative pronoun **lo cual** or **lo que** when referring back to an action: "The costs vary according to the institution, *for that reason, it is important…*" [*for that reason = the costs vary*]

4. **por: Por** is used here to mean *per, per hour.*

5. **que:** The relative pronoun, **que**, is used to link two clauses in Spanish. In English the relative pronoun "*that*" is optional, but not in Spanish: "*…then multiply it by the amount of credits (that) you are going to take.*"

6. **éste / ése:** *This / That will be the price. This / That* are demonstrative pronouns, and therefore take an accent mark. It should be noted that, starting in 2007, the College Board will accept the pronoun with or without the accent.

7. **tener en cuenta:** The expression for "*to take into account*" is **tener en cuenta.**

8. **ejemplo:** The expression for "*for example*" is **por ejemplo.**

9. **según:** *according to*

10. **tal:** The expression for "*in such a case*" is **en tal caso.**

11. **los / las:** The relative subject "*those who*" may be translated as **los que** (all male or mixed group) or **las que** (all female group).

12. **para:** In order to. Use **para** before a verb infinitive to mean *to* or *in order to.*

13. **quien:** After the prepositions **a**, **de**, **con**, **en** use **quien**, *whom*, to refer back to an antecedent that is a person: "**…aquella tía con quien nunca hablas…**"

14. **acerca:** One expression for *about* is "**acerca de**".

15. **fuente: Fuente** = *Source*: "**Otra fuente de información …**" (*Another source of information…*)

16. **base:** The expression for "*on the basis of*" is "**a base de**".

17. **último:** The expression for "*the last moment*" is "**el último momento**".

18. **diferencia:** The expression for "*different from*" is "*a diferencia de*".

Scoring and Interpreting your Results

Once you have taken the Diagnostic Test, look to see what sections were more difficult for you:

- If you found a certain section to be more difficult, do extra practice on those types of questions:

  Section I

  ○ Part A: Chapter 4 (Listening Comprehension)
  ○ Part B: Chapter 5 (Reading Comprehension)

  Section II

  ○ Part A: Chapter 6 (Paragraph Completion with Root Words)
  ○ Part A: Chapter 7 (Paragraph Completion without Root Words)
  ○ Part A: Chapter 8 (Informal Writing)
  ○ Part A: Chapter 9 (Formal Writing Integrated Skills)
  ○ Part B: Chapter 10 (Informal Speaking Simulated Conversation)
  ○ Part B: Chapter 11 (Formal Oral Presentation Integrated Skills)
  ○ With the paragraph completions, be sure to read the explanations that accompany the answers. You may wish to take notes on these and/or do further review using a grammar book and the appendix in this book.

Here is a way you can see how you might have done if this had been the actual examination. This is *not* scientific and the results *do not* guarantee that you will do similarly on the actual examination.

Section I

Part A: Listing _____ (number correct) × .20 =_____
              22*

(*Take the number correct out of 22 and subtract .33 times the number of wrong answers, then divide by 22 and finally multiply by .20. An extra 1/3 is taken to account for random guessing, therefore unless you have some idea as to the correct answer, it is better to leave it blank than to guess!)

Part A: Reading _____ (number correct) × .30 =_____
              9*

(*Take the number correct out of 9 and subtract .33 times the number of wrong answers, then divide by 9 and finally multiply by .20. An extra 1/3 is taken to account for random guessing, therefore unless you have some idea as to the correct answer, it is better to leave it blank than to guess!)

Section II

Part A: Writing _____ (number correct) × .025 =_____
              18

Part A: Writing _____ (number correct) × .025 =_____
              15

Part A: Writing _____ (rubric score) × .05 =_____
              5

Part A: Writing _____ (rubric score) × .05 =_____
5

Part B: Speaking _____ (rubric score) × .10 =_____
5

Part B: Speaking _____ (rubric score) × .10 =_____
5

Total score for sections I and I._____
Multiply the total score for parts I and II (.×) times 180 = _____
If you received between 135 and 180, you would have received a 5 → A
If you received between 115 and 134, you would have received a 4 → B
If you received between 85 and 114, you would have received a 3 → C
If you received between 63 and 84, you would have received a 2 → D
If you received between 0 and 62, you would have received a 1 → no recommendation.

Develop Strategies
for Success

CHAPTER **4** Tips for Taking the Exam

CHAPTER 4

Tips for Taking the Exam

IN THIS CHAPTER

Summary: Use these question-answering strategies to raise your AP score.

Key Ideas

Multiple-Choice Questions

✪ Read the question and the answer choices carefully.

✪ Guess if you can eliminate one or more answer choices, but do not just guess haphazardly. There is an extra deduction of .33 for each wrong answer on multiple-choice questions.

✪ For the formal essay, sketching out a quick outline may help to organize your ideas and keep your response on track.

✪ Don't spend too much time on any one question.

Free-Response Questions

✪ Write clearly and legibly.

✪ Only capitalize the first letter of a word that starts a sentence. DO NOT write or print in all capital letters.

✪ Be sure to read the instructions carefully. Some questions may require responses of one or more words (paragraph completion *with* root words given); others, just one word (paragraph completion *without* root words given).

✪ Even if there is no change needed for the word given in the paragraph completion with root words, <u>be sure</u> to rewrite the word on the blank provided. Do not just write "same" or "lo mismo".

✪ In the informal writing, be sure to accomplish <u>all</u> parts of the task.

✪ In the formal writing, be sure to <u>use and cite all three sources</u>. Do not just quote, but synthesize the information.

✪ In the simulated dialogue, be sure to answer as fully as possible, even if you run out of time. If you need to give an opinion, explain why you think that way.

✪ In the formal speaking, be sure to <u>use and cite both sources</u>. Do not just quote but compare and contrast.

Section I: Multiple-Choice Questions

Because you are accustomed to the educational testing machine, you have surely participated in more standardized tests than you care to count. You probably know some students who always seem to ace the multiple-choice questions and some students who would rather set themselves on fire than sit for another round of "bubble trouble". I hope that, with a little background and a few tips, you might improve your scores in this important component of the AP Spanish Language exam.

First, the background. Every multiple-choice question has three important parts:

1. The **stem** is the basis for the actual question. Sometimes this comes in the form of a fill-in-the-blank statement, rather than a question.

   Example: El mejor título para esta lectura sería…

2. The **correct answer option**. Obviously, this is the one selection that best completes the statement, or responds to the question in the stem. Because you have purchased this book, you will select this option many, many times.
   Example: ¿Cuál sería el motivo para su decisión de abandonar su país?

3. **Distractor options**. Just as it sounds, these are the incorrect answers intended to distract the person who decided not to purchase this book.

Students who do well on multiple-choice exams are so well prepared that they can easily find the correct answer, but other students do well because they are savvy enough to identify and avoid the distractors. Much research has been done on how to best study for multiple-choice questions. You can find some of this research by using your favorite Internet search engine, but here are a few tips that many Spanish students find useful.

1. *Be careful.* You must carefully read the question. This sounds pretty obvious, but you would be surprised how tricky those test developers can be. For example, rushing past and failing to see the use of a synonym for a key word used in the passage or an expression that is replaced with a description of the concept (el sol se ponía y el cielo adquirió un color azul oscuro = el atardecer).

   Example: In the passage the word "el amanecer" is used, but in the question the synonym "la madrugada" is used: ¿Cuándo transcurrió la acción?
   (A) el atardecer.
   (B) el anochecer.
   (C) la madrugada.
   (D) el mediodía.

A student who is going too fast, and ignores synonyms and descriptive passages, might choose the wrong answer.

2. *Easy is as easy does.* It's exam day and you're all geared up to set this very difficult test on its ear. Question number one looks like a no-brainer. Of course! The answer is choice c. But rather than smiling at the satisfaction that you knew the answer, you doubt yourself. Could it be that easy? Sometimes they are just that easy.

3. *Sometimes a blind squirrel finds an acorn.* Should you guess? If you have absolutely no clue which choice is correct, guessing is a poor strategy. With four choices, your chance of getting the question wrong is 75%, and every wrong answer costs you an extra 1/3 of a point. In this case, leave it blank with no extra penalty. Guessing becomes a much better gamble if you can eliminate even one obviously incorrect response. If you can narrow the choices down to two possibilities by eliminating obvious wrong answers, you might just find that acorn.

4. *Come back Lassie, come back!* There are 60 to 70 questions. If you are struggling with a particular question, circle it in your exam book and move on. You can then go back and quickly slay the beast. But if you spend a ridiculous amount of time on one question, you will feel your confidence and your time slipping away. This leads me to my last tip.

5. *Timing is everything.* You have slightly over one minute for each of the multiple choice questions. Keep an eye on your watch as you pass the halfway point. If you are running out of time and you have a few questions left, skim them for the easy (and quick) ones so that the rest of your scarce time can be devoted to those that need a little extra reading or thought.

Other things to keep in mind:

- Take the extra half of a second required to clearly fill in the bubbles.
- Don't smudge anything with sloppy erasures. If your eraser is smudgy, ask the proctor for another.
- Absolutely, positively, check that you are bubbling the same line on the answer sheet as the question you are answering. I suggest that every time you turn the page, you double check that you are still lined up correctly.

Section II: Free-Response Questions (FRQs)

Your score on the FRQ's amounts to half of your grade on the exam. While you can guess on a multiple-choice question and have a ¼ chance of getting the correct answer, there is no room for guessing in this section. There are however, some tips that you can use to enhance your FRQ scores.

1. *Easy to Read = Easy to Grade, part 1:* On the paragraph completion with root words given and without root words given, be sure to write or print legibly. Capitalize only the first letter of a word beginning a sentence. Do not print in all capital letters. And be sure to rewrite the word on the blank even if there is no change needed.

1. *Easy to Read = Easy to Grade, part 2:* On the formal writing, organize your responses around the separate parts of the question. Try to use an organizer to structure the information. Be sure to use and <u>cite</u> all sources. For the informal writing be sure to address all parts of the prompt and to format the response correctly (i.e., note, diary entry, e-mail).

Other things to keep in mind:

- For the paragraph completion with root words given, read the passage first to see whether the time is past, present, or future and also to see who is narrating (male, female, first person, third person, singular or plural). This information can help you with verb tenses and persons as well as adjective and noun agreements.
- For the paragraph completion without root words given, read the passage first and think about what is being said. This will help you anticipate what words might be missing to complete the account. These words could be parts of expressions, prepositions needed after certain verbs or expressions, or verbs. Also, be aware of tense (past, present, future) and narrator (first person, male, female, singular, plural).
- The free response informal writing gives you only 10 minutes to read the prompt and write the 60-word response. Be sure to address all parts of the prompt. Be sure you know whether it is a letter, note, diary entry or e-mail so that you format it correctly. Also, watch to whom it is being addressed to determine whether or not you should use the informal (tú / ustedes / vosotros) or the formal (usted / ustedes).
- The free response formal writing begins with a 10-minute reading / listening period. Use this time to jot down some quick notes to yourself so that when you actually begin to respond, you will have a good start. Be sure to delete all sources in your response.
- The free response formal speaking begins with a 5-minute reading followed by a short listening. You are then given 2 minutes to prepare your 2-minute talk. Use this time to jot down some quick notes to yourself so that when you actually begin to respond, you will have a good start. Be sure to delete all sources in your response.

STEP **4**

Review the Knowledge You Need to Score High

CHAPTER 5

Exam Section 1, Part A Listening Comprehension

IN THIS CHAPTER

Summary: In this part of the examination, you will listen to a series of short dialogues and short narratives, and finally two longer pieces that last approximately five minutes each. This portion of the examination is 20 percent of the total. The total amount of time given is 30–35 minutes. A friend, teacher, tutor, or parent will need to read these to you. The scripts are provided on pages 63–77.

STRATEGY

- For the dialogues and the short narratives, you will have only three to four sets of multiple-choice answers per listening activity in front of you. You will hear the dialogues and narratives, as well as the questions that follow them.
- If you are already familiar with the instructions, while they are being read, quickly look at the four choices of answers for the three or four questions that will follow. Very often you can get an idea of what the theme of the passage will be by the type of information contained in the possible answers given.
  - Look at the first set of answers for Dialogue 1. What do you think the dialogue will be about?
  - Once you have responded to that set of questions, glance ahead at the second set of answers to focus yourself.
- As with any multiple-choice test, if you do not know the answer immediately, try to eliminate one or two of the possible responses. If you can eliminate a couple of the responses, it may be to your advantage to make an educated guess.
- If you don't have a clue as to what the answer might be and are unable to eliminate any of the possible choices, *do not guess.* Haphazard guessing is not likely to increase your score and may actually lower it since each wrong answer is counted more than each question not answered. This is done to take into account possible random guessing.

- Each dialogue, narrative, longer narrative, or interview is said only *once*. So listen carefully.
- You may wish to first write your answers on scrap paper. That way, after you have done several, you can go back and re-do ones you have already tried (time permitting). Practice makes perfect!
- After you have practiced listening to a dialogue, narrative, or longer narrative passage, you might want to read it and note any words that you do not know, make yourself a list and/or flash cards, and review those from time to time.

You will need a classmate, parent, teacher, or tutor to read the dialogues and narratives to you as well as the questions. Scripts are provided at the end of the chapter.

Short Dialogue Practice

Dialogue 1

1. (A) en una farmacia
   (B) en un teatro
   (C) en un supermercado
   (D) en un restaurante

2. (A) Algo le cayó en la camisa.
   (B) Se le rompió la camisa.
   (C) Necesita un regalo para su esposa.
   (D) Necesita una camisa blanca.

3. (A) blanca
   (B) azul
   (C) amarilla
   (D) verde

4. (A) para celebrar algo bueno que le pasó al señor
   (B) para llevar a una fiesta
   (C) para llevar al trabajo nuevo
   (D) para celebrar algo bueno que le pasó a su esposa

Dialogue 2

1. (A) el banco
   (B) el supermercado
   (C) la oficina de su esposo
   (D) el doctor

2. (A) Dejó su depósito en el supermercado.
   (B) Se le perdió el depósito.
   (C) Se le perdió el cheque 578.
   (D) No hay suficientes fondos para pagar un cheque.

3. (A) ayer
   (B) esta noche
   (C) mañana
   (D) hoy

Dialogue 3

1. (A) para comprar un periódico
   (B) para revelar su película
   (C) para comprar medicina
   (D) para pagar una cuenta

2. (A) aspirina para un dolor de cabeza
   (B) jarabe para la tos
   (C) té
   (D) una medicina para tratar todos los síntomas que tiene

3. (A) No podrá manejar después de tomarlo.
   (B) Tiene alergia al producto.
   (C) No trata todos los síntomas.
   (D) Puede constipar.

4. (A) descansar
   (B) tomar muchos líquidos
   (C) tomar la medicina
   (D) ir al trabajo

Dialogue 4

1. (A) para invitarla a una fiesta en su casa
   (B) para estudiar con ella
   (C) para invitarla a una fiesta en casa de Paulina
   (D) para ir a la biblioteca con ella

2. (A) Tiene un examen en la clase de historia.
   (B) Tiene que quedarse en casa.
   (C) Tiene que hacer un trabajo escrito para la clase de historia.
   (D) Va a una fiesta en casa de Paulina.

3. (A) Va a la fiesta con Paulina.
   (B) Ofrece ayudarla.
   (C) Tiene mucho que hacer el sábado.
   (D) Decide ir a la fiesta solo.

Dialogue 5

1. (A) Va a otro restau-
      rante.
   (B) Toma agua.
   (C) Pide otra bebida.
   (D) Pide los ingredi-
      entes para hacer
      lo que quiere
      beber.

2. (A) un plato de
      jamón
   (B) un sándwich
   (C) un plato de
      queso
   (D) nada

3. (A) la cuenta
   (B) una caja para
      llevar la comida
   (C) que le sirva
      rápidamente
   (D) el menú

Dialogue 6

1. (A) dónde está el
      teatro
   (B) dónde está la
      bolsa de la señora
   (C) dónde está el
      restaurante
   (D) dónde está la
      gasolinera

2. (A) volver a casa
   (B) parar en la gaso-
      linera
   (C) llegar temprano
   (D) llegar tarde

3. (A) de cumpleaños
   (B) de sorpresa
   (C) de aniversario
   (D) de despedida

4. (A) por su orgullo
   (B) porque tiene la
      dirección
   (C) porque sabe
      dónde está
   (D) porque no quiere
      llegar tarde

Dialogue 7

1. (A) a la Puerta del Sol
   (B) a la estación de
      tren
   (C) a España
   (D) a la estación de
      metro

2. (A) comprar un plan
      de metro en la
      estación
   (B) preguntarle a
      otro pasajero
   (C) buscar el número
      de la estación en
      el plan
   (D) mirar el plan de
      metro en la
      estación

3. (A) tomar la misma
      línea que toma
   (B) ir en tren
   (C) cambiar de líneas
   (D) ir en autobús

4. (A) en tren
   (B) en metro
   (C) en autobús
   (D) en auto

Dialogue 8

1. (A) un vestido
   (B) una bolsa
   (C) unos zapatos
   (D) un collar

2. (A) informal
   (B) de familia
   (C) formal
   (D) solemne

3. (A) La tienda no
      tiene muchos
      modelos.
   (B) No tiene mucho
      dinero.
   (C) Quiere unos
      colores brillantes.
   (D) No podrá
      probárselo en la
      tienda.

4. (A) para celebrar un
      cumpleaños
   (B) para honrar a
      una colega
   (C) para honrar a un
      miembro de la
      familia
   (D) para celebrar un
      aniversario

Dialogue 9

1. (A) de viajar en avión
   (B) de perder el vuelo
   (C) de perder su
      equipaje
   (D) de viajar en coche

2. (A) Hay muchos
      accidentes.
   (B) Más personas
      mueren en
      accidents de
      coche.
   (C) Muchas
      personas mueren
      en accidentes de
      avión.
   (D) Él no tiene
      control en un
      avión.

3. (A) dormir
   (B) distraerse
      leyendo
   (C) hablar con el
      piloto
   (D) ir en auto

Dialogue 10

1. (A) el alcalde
   (B) un pariente suyo
   (C) una secretaria
   (D) su hijo

2. (A) en el teatro
   (B) en la oficina de
      su primo
   (C) en la oficina del
      alcalde
   (D) en la oficina de
      Mateo

3. (A) una persona que
      puede ayudar a
      alguien por su
      posición o con-
      tactos
   (B) una entrada para
      el teatro
   (C) un miembro de
      familia
   (D) el alcalde de una
      ciudad

4. (A) que las recibiera
      gratis de la per-
      sona
   (B) que las pagara su
      esposo
   (C) que las regalara
      la persona
   (D) que las devolviera
      a la persona

Short Narrative Practice

Narrative 1

1. (A) en México
   (B) en los Estados Unidos
   (C) en Francia
   (D) en Puerto Rico

2. (A) la Guerra Civil norteamericana
   (B) la Revolución mexicana
   (C) la independencia de México
   (D) la derrota y expulsión de los franceses de México

3. (A) como una manera de ganar dinero para compañías norteamericanas
   (B) como una muestra de orgullo para la comunidad mexico-americana
   (C) como un motivo para tener una fiesta
   (D) como un recuerdo del emperador Maximiliano I, emperador de México

Narrative 2

1. (A) Conocen bien la comida mexicana.
   (B) No conocen la comida mexicana.
   (C) Tienen ideas equivocadas sobre la comida mexicana.
   (D) No comen mucha comida mexicana.

2. (A) de harina
   (B) de huevos
   (C) de lechuga
   (D) de tomate

3. (A) de tomate
   (B) de maíz
   (C) de harina
   (D) de huevos, papas y cebolla

4. (A) Es siempre picante.
   (B) Es sosa.
   (C) No varía mucho.
   (D) Varía de país en país, y de región en región.

Narrative 3

1. (A) flacas
   (B) gordas
   (C) altas
   (D) reales

2. (A) realista
   (B) impresionista
   (C) cubista
   (D) expresionista

3. (A) Su arte inspira controversia.
   (B) Es aceptado por los críticos.
   (C) Tiene fama mundial.
   (D) Es pintor y escultor.

Narrative 4

1. (A) como novelista
   (B) como periodista
   (C) como política
   (D) como cuentista

2. (A) Se fue al exilio.
   (B) Perdió a su única hija.
   (C) Escribió su primera novela.
   (D) Llegó a California.

3. (A) *Paula*
   (B) *La casa de los espíritus*
   (C) *Eva Luna*
   (D) *De amor y de sombra*

4. (A) el modernismo
   (B) el naturalismo
   (C) la fantasía y la realidad mágica
   (D) el realismo

Narrative 5

1. (A) del gobierno
   (B) de Francisco Franco
   (C) de Hitler
   (D) de la Unión Soviética

2. (A) de la Unión Soviética
   (B) de los Estados Unidos
   (C) de Alemania
   (D) de Francia

3. (A) jóvenes españoles
   (B) jóvenes rusos
   (C) jóvenes alemanes
   (D) jóvenes norteamericanos

4. (A) a la posibilidad de ser capturados
   (B) a la pérdida de su ciudadanía estadounidense
   (C) a la posibilidad de ser mandados a la Unión Soviética
   (D) a la pérdida de su trabajo

Narrative 6

1. (A) un club social
   (B) una asociación hispana
   (C) un sindicato de trabajadores hispanos
   (D) un museo

2. (A) artefactos y arte de España
   (B) sólo cuadros de artistas españoles
   (C) sólo esculturas
   (D) sólo oficinas

3. (A) Diego Velázquez
   (B) Joaquín Sorolla
   (C) Francisco de Goya
   (D) José de Rivera

4. (A) la historia de España
   (B) las regiones y costumbres de España
   (C) la historia de Hispanoamérica
   (D) las costumbres de Hispanoamérica

Narrative 7

1. (A) la Guerra de Tejas
   (B) la fundación de la República de Tejas
   (C) un grupo de soldados americanos
   (D) un grupo de soldados de Irlanda

2. (A) para ganar dinero y ciudadanía
   (B) por la aventura
   (C) por sentimientos patrióticos
   (D) para ganar fama y gloria

3. (A) para ganar más dinero
   (B) por la discriminación
   (C) para hacerse héroes
   (D) por la religión

Narrative 8

1. (A) de una cueva en España
   (B) del arte prehistórico
   (C) de la antropología
   (D) de un museo

2. (A) para contar su historia
   (B) como decoración
   (C) para tener suerte en la caza de ellos
   (D) para comunicarse

3. (A) No creían que los hombres prehistóricos vivieran en cuevas.
   (B) No creían que los hombres prehistóricos pudieran pintar.
   (C) No creían que los hombres prehistóricos vivieran en esta área.
   (D) No creían que los hombres prehistóricos tuvieran creencias religiosas.

4. (A) en la cueva de Altamira
   (B) en Santillana del Mar
   (C) en Cantabria
   (D) en una reproducción de la cueva al lado del Museo de Antropología en Madrid

Narrative 9

1. (A) por verse aislado del resto del mundo
   (B) para mejor comerciar con el resto del mundo
   (C) para ayudar a reconstruir el resto de Europa
   (D) para ayudar a otros regímenes fascistas

2. (A) extender y mejorarlas
   (B) vendérselas a empresas privadas
   (C) cerrarlas
   (D) hacerlas multinacionales

3. (A) de IBERIA
   (B) de RENFE
   (C) de SEAT
   (D) de RTE

4. (A) Han tenido problemas económicos.
   (B) Han prosperado bastante.
   (C) Han cerrado.
   (D) Han revertido al control del gobierno.

Narrative 10

1. (A) por países industrializados que explotan los recursos naturales de países del tercer mundo
   (B) por los países del tercer mundo que explotan sus recursos naturales para pagar su deuda externa a los del primer mundo
   (C) por desastres naturales
   (D) por la subpoblación de estos países

2. (A) el uso de máquinas cuyos motores producen mucha contaminación
   (B) la deuda nacional
   (C) el petróleo limpio
   (D) el subdesarrollo

3. (A) Los países industrializados perdonan la deuda de los países del tercer mundo.
   (B) Los países industrializados desarrollan los recursos de los países del tercer mundo.
   (C) Los países del tercer mundo cortan sus selvas para pagar su deuda externa.
   (D) Los países del tercer mundo preservan sus selvas y recursos naturales, y en cambio los países industrializados les pagan por hacerlo.

Longer Listening Practice

In this next part, the listening passages are approximately 5 minutes long. In addition, you will have 2 minutes to read the questions and answers prior to the listening. There will be space provided before each set of questions where you may take notes. The notes may be taken in Spanish or English and will not be graded. On the examination you will have two of these passages.

- Be sure to read/think about the questions prior to practicing the Listening section.
- Try to focus your full attention on the passage or interview: each dialogue, narrative, longer narrative, or interview is only said *once*. Listen carefully to the passage and try to figure out its topic.
- Take as many notes as you can. You may take these in Spanish or English. It's a good idea to take them in Spanish so that you will have some of the words directly from the passage to refer to when answering the questions.
- Do not try to write down full sentences or full ideas. It is better to try to capture words and phrases.
- Think of things that could be related to the topic. It is more than likely that if you can grasp the theme and think about what you know about it (if you know something about it), you will have a greater chance of being able to respond appropriately to the questions.

- Remember that it is not recommended to make haphazard guesses since an additional 33 percent of the number of wrong answers will be deducted to offset guessing.
- Try to work by process of elimination; if you don't know the answer right away, see which choices are definitely incorrect. If you can eliminate one or two choices as incorrect, it might be to your advantage to guess.

Notes on Longer Listening 1:

Longer Listening 1

1. Según el censo de 2000, ¿qué ha pasado con la población hispana?
   (A) Se ha quedado igual.
   (B) Ha bajado.
   (C) Ahora iguala a la población afroamericana.
   (D) Es casi igual a la población afroamericana.

2. ¿Qué es una controversia que ha surgido en cuanto a los inmigrantes hispanos?
   (A) la cuestión de los partidos políticos hispanos
   (B) la cuestión de una lengua nacional
   (C) la cuestión de establecer más programas bilingües
   (D) la cuestión de las leyes en contra de la inmigración

3. ¿Cuál es un ejemplo del impacto que han tenido?
(A) la atención que los candidatos les prestan en las campañas electorales
(B) el número de hispanos elegidos en las elecciones de 2000
(C) la fundación de comunidades donde sólo se habla español
(D) el aumento de programas bilingües

4. ¿Qué ha hecho Río Martínez?
(A) Estableció una compañía publicitaria para productos para la comunidad hispana.
(B) Pudo encontrar productos de belleza para hispanas en una farmacia.
(C) Estableció una compañía para proveer productos a mujeres hispanas.
(D) Vende productos para mujeres hispanas de puerta en puerta.

5. ¿Qué es necesario hacer para tener éxito en la venta de productos a una clientela hispana?
(A) tener empleados que les hablan en español
(B) venderles ropa informal
(C) ofrecerles productos que usan
(D) ofrecerles los mismos productos que se les ofrecen a todos

---

Notes on Longer Listening 2:

Longer Listening 2

1. ¿Cómo podemos describir al imperio incaico?
(A) inestable
(B) estable
(C) viejo
(D) débil

2. Según el escritor peruano José Carlos Mariátegui, ¿a qué filosofía política se asemejó la estructura política y social de los incas?
(A) feudal
(B) comunista
(C) socialista
(D) demócrata

3. Cada inca tenía la obligación de dar parte de sus productos agrícolas al gobierno y...
(A) donar tiempo para trabajar en obras públicas.
(B) servir en el ejército.
(C) donar tejidos para entierros.
(D) servir en el gobierno.

4. El gobierno usaba los productos que guardaba en sus almacenes para...
   (A) ayudar a los enfermos.
   (B) alimentar a los religiosos.
   (C) alimentar a los miembros del gobierno y del ejército.
   (D) ayudar a comunidades afectadas por desastres naturales.

5. Una de las artes de los incas tenía tanto valor que las mujeres que la hacían bien eran mandadas a un tipo de convento donde pasaban la vida haciéndola. ¿Cuál de las artes era?
   (A) el trabajar el oro
   (B) el trabajar la plata
   (C) el esculpir piedras semi-preciosas
   (D) el tejer

6. ¿Cómo se llamaban los mensajeros que llevaban mensajes por el imperio como una especie de *Pony Express?*
   (A) los ayllus
   (B) los chasquis
   (C) los quipus
   (D) los incas

7. ¿Cuál es quizá el avance más impresionante de los incas?
   (A) la cirugía del cráneo
   (B) el entierro de sus muertos
   (C) su sistema de escribir
   (D) su arte de tejer

8. Según la hipótesis del autor Mariátegui, ¿cuál es la razón principal de los problemas que han tenido los países hispanos?
   (A) las enfermedades que les trajeron los españoles
   (B) la imposición del sistema feudal por los españoles
   (C) los abusos del gobierno maya
   (D) la imposición del sistema socialista por los españoles

Notes on Longer Listening 3:

Longer Listening 3

1. Los cristianos durante la Edad Media hacían peregrinaciones a Roma, a Jerusalén y a Santiago de Compostela. ¿Dónde está Santiago de Compostela?
   (A) en el noreste de España
   (B) en el Medio Oriente
   (C) en el noroeste de España
   (D) en Meca

2. ¿Para qué hacían el viaje esos peregrinos?
   (A) para tener unas vacaciones
   (B) para luchar en las cruzadas
   (C) para cumplir con una promesa
   (D) para comerciar

3. Según la leyenda, ¿por qué enterraron a Santiago en la península Ibérica después de su muerte?
   (A) Él enseñó el cristianismo allí.
   (B) Él luchó por el cristianismo allí.
   (C) No lo enterraron allí.
   (D) Él nació allí.

4. ¿Por qué se hizo tan popular la peregrinación a Santiago?
   (A) porque estaba cerca
   (B) porque Roma estaba en manos de los árabes
   (C) por la estrella que descubrieron
   (D) porque Jerusalén estaba en manos de los árabes

5. ¿Dónde tenían que quedarse los peregrinos antes de que Fernando e Isbael construyeran su hospital en Santiago de Compostela?
   (A) en casas privadas
   (B) en la catedral misma
   (C) en un hotel
   (D) en la calle

6. ¿Qué es un parador nacional?
   (A) un edificio histórico convertido en hotel por el gobierno
   (B) un hotel construido por el gobierno
   (C) un parque nacional
   (D) un hospital construido por el gobierno

7. Tradicionalmente, ¿dónde comenzaba la ruta a Santiago de Compostela?
   (A) en los Pirineos
   (B) en el norte de España
   (C) en el sur de Francia
   (D) en París

8. ¿Por qué son de interés e importancia los edificios a lo largo de la ruta?
   (A) por su importancia artística e histórica
   (B) por los peregrinos que los visitan
   (C) por ser de la época romana
   (D) por su importancia religiosa

9. ¿Cuándo se celebra la fiesta de Santiago?
   (A) el 25 de junio
   (B) el 25 de julio
   (C) el 25 de enero
   (D) el 25 de agosto

Notes on Longer Listening 4:

Longer Listening 4

1. ¿En qué pensamos cuando pensamos en México?
   (A) en la comida picante
   (B) en los lugares turísticos
   (C) en el arte indígena precolombina
   (D) en sus artistas modernos

2. ¿Qué es el muralismo?
   (A) retratos de personas famosas
   (B) pintura abstracta
   (C) cuadros pequeños de tema social
   (D) cuadros grandes de tema social que se pintan en las paredes

3. ¿Dónde se encuentran principalmente los murales?
   (A) en museos
   (B) en colecciones privadas
   (C) en edificios públicos
   (D) en paredes exteriores de edificios antiguos

4. ¿Cuáles son los temas principales de David Alfaro Siqueiros?
   (A) temas sociales
   (B) temas religiosos
   (C) temas revolucionarios
   (D) temas socialistas

5. ¿Cuáles son los temas principales de José Clemente Orozco?
   (A) temas religiosas
   (B) temas revolucionarios
   (C) temas socialistas
   (D) temas sociales

6. ¿De qué se trata la serie de murales que pintó Diego Rivera en el Palacio Nacional de México?
   (A) de los campesinos de México
   (B) de los problemas sociales de México
   (C) de la historia de México
   (D) de las tribus indígenas de México

7. ¿Para qué construyó Diego Rivera su «teocali»?
   (A) como casa personal
   (B) como museo
   (C) como representación de una pirámide
   (D) como estudio y escuela para artistas

8. ¿Para qué nos sirve el arte de los murales?
   (A) Nos sirve de decoración urbana.
   (B) Nos muestra productos nuevos.
   (C) Nos sirve de inspiración.
   (D) Nos hace pensar en la realidad de nuestro mundo.

Notes on Longer Listening 5:

Longer Listening 5

1. ¿Cuál de estos héroes fue elegido presidente de su país tres veces?
   (A) Porfirio Díaz
   (B) José de San Martín
   (C) Simón Bolívar
   (D) Benito Juárez

2. ¿Quiénes invadieron a México durante la presidencia de Benito Juárez?
   (A) los ingleses
   (B) los americanos
   (C) los franceses
   (D) los tejanos

3. ¿Qué es lo más curioso de José de San Martín como líder de la independencia en contra de España?
   (A) Estudió en España y sirvió en sus fuerzas armadas.
   (B) Nació en la Argentina.
   (C) Luchó en contra de las fuerzas de Napoleón.
   (D) Nació en España.

4. ¿Cómo se llama el ejército famoso de San Martín?
   (A) el Ejército de Liberación
   (B) el Ejército de Buenos Aires
   (C) el Ejército de los Andes
   (D) el Ejército de Perú

5. ¿Qué problema tenían los criollos?
   (A) No tenían los mismos derechos que los españoles nacidos en España.
   (B) Eran mestizos y sufrían de la discriminación.
   (C) Eran indios y sufrían de la discriminación.
   (D) Eran los defensores del gobierno español en el nuevo mundo.

6. ¿Qué influyó en el pensamiento político de Simón Bolívar?
   (A) las ideas de Napoleón
   (B) las ideas de los revolucionarios americanos y franceses
   (C) las ideas de San Martín
   (D) las ideas de intelectuales ingleses

7. ¿Cuál fue el gran sueño de Simón Bolívar?
   (A) ser presidente de la República
   (B) estudiar en España
   (C) libertar a la Argentina
   (D) formar una unión de los países de Sudamérica

8. ¿Qué tenían en común estos tres grandes líderes?
   (A) Todos eran criollos.
   (B) No vieron el resultado que querían ver.
   (C) Todos querían una América unida.
   (D) Todos estudiaron en España.

Notes on Longer Listening 6:

Longer Listening 6

1. ¿Cuál fue Alfredo Nóbel?
   (A) doctor
   (B) filósofo
   (C) profesor de literatura
   (D) industrial y químico

2. Ha habido personas hispanas que han recibido el premio…
   (A) por la paz.
   (B) en todas las categorías.
   (C) por la medicina.
   (D) por la literatura.

3. ¿A qué género literario pertenece la obra de Gabriel García Márquez?
   (A) a la fantasía y la realidad mágica
   (B) al modernismo
   (C) al realismo
   (D) al naturalismo

4. Este género literario...
   (A) tiene la naturaleza como protagonista.
   (B) mezcla la realidad con la fantasía.
   (C) trata de captar la realidad tal como es.
   (D) tiene mucho interés en las cosas modernas o que están de moda.

5. ¿Cuál es la obra maestra de García Márquez que ejemplifica este género?
   (A) *Cien años de soledad*.
   (B) *Los de abajo*.
   (C) *Doña Bárbara*.
   (D) *Ficciones*.

6. Óscar Arias de Costa Rica recibió el Premio Nóbel en 1987 por...
   (A) su trabajo con los mayas.
   (B) ganar la guerra civil en Nicaragua.
   (C) poner fin al conflictto y tener elecciones libres en Nicaragua.
   (D) poner fin al conflicto y tener elecciones libres en Costa Rica.

7. Rigoberta Menchú ganó el Premio Nóbel de la Paz por...
   (A) ayudar a poner fin al conflicto y tener elecciones libres en Guatemala.
   (B) trabajar para poner fin a la violencia y a los abusos de los indígenas en Guatemala.
   (C) trabajar con los indígenas de Chiapas, México.
   (D) trabajar para poner fin al conflicto y tener elecciones libres en Nicaragua.

8. ¿Qué premio recibieron Santiago Ramón y Cajal y Severo Ochoa, dos médicos españoles?
   (A) el Premio Nóbel de la Paz
   (B) el Premio Nóbel de Literatura
   (C) el Premio Nóbel de Física
   (D) el Premio Nóbel de Medicina

9. ¿Qué premio recibió el doctor Luis Álvarez, professor californiano?
   (A) el de la Paz
   (B) el de Literatura
   (C) el de Física
   (D) el de Medicina

Listening Scripts for Short Dialogues, Short Narratives, and Longer Passages with Answers Highlighted in the Text

Script for Short Dialogue 1

En una tienda en Saltillo, México

Dependiente: Buenas tardes, señor. ¿En qué puedo servirle?

Hombre: Pues, no sé exactamente lo que necesitaré. Lo que pasó es que estaba comiendo un sándwich y (#2) **la mostaza cayó sobre mi camisa nueva que fue regalo de mi esposa.** Ahora tiene una mancha amarilla.

Dependiente: ¿De qué color es la camisa?

Hombre: Es una camisa (#3) **azul claro.**

Dependiente: Entonces no podrá usar blanqueador, pero hay un blanqueador que se hace especialmente para los colores.

Hombre: ¿Y cómo se usa?

Dependiente: Simplemente ponga unas gotas del blanqueador sobre la mancha en la camisa. Luego añada más a la ropa en la máquina. Pero, lo más importante es que Ud. deje el blanqueador en la camisa por lo menos unos 10 minutos antes de echarla en la máquina de lavar.

Hombre: Mil gracias, señora. Me ha salvado la vida. (#4) **La camisa fue un regalo para celebrar mi nuevo trabajo** y no quiero desilusionar a mi esposa.

Dependiente: No hay de qué, señor. Buen día.

Questions and Answers:

1. ¿Dónde tiene lugar la conversación? (C) (since they are talking about bleach/cleaning products)
2. ¿Cuál es el problema? (A)
3. ¿De qué color es la camisa? (B)
4. ¿En qué ocasión recibió la camisa de su esposa? (A)

Script for Short Dialogue 2

El banco llama por teléfono (#1)

Mujer: Bueno.

Hombre: Quisiera hablar con la señora Ortiz, por favor.

Mujer: Ud. está hablando con ella. ¿Qué le gustaría a Ud.?

Hombre: Pues, acabamos de recibir un cheque, el número 578, que se escribió el ocho de mayo para 3.000 pesos en el supermercado Aurrerá y (#2) **lamento decirle que no hay fondos en la cuenta en este momento para pagar el cheque.**

Mujer: Ay, no puede ser. Yo le di un depósito a mi marido ayer por la mañana para llevar al banco.

Hombre: Bueno, déjeme ver mi pantalla. No, lo siento, pero no hemos recibido ningún depósito recientemente.

Mujer: ¡Por Dios! Espere un momento. Voy a buscarlo en el despacho de mi esposo. ¡No lo puedo creer! Aquí está el depósito. Mil perdones, señor. Esto nunca nos ha ocurrido antes. (#3) **Yo me voy para el banco ahora mismo.**

Hombre: Pues bien. Si Ud. puede llegar antes de que cerremos hoy, puedo esperar para procesar este cheque.

Mujer: Voy ahora mismo. Ud. ha sido muy amable. Gracias por llamarme.

Hombre: Ningún problema, señora. Para servirle. Adiós.

Questions and Answers:

1. ¿Quién llama? (A)
2. ¿Cuál es el problema? (D)
3. ¿Cuándo va a arreglar la señora el problema? (D)

Script for Short Dialogue 3

En la farmacia

Mujer: ¿En qué puedo servirle, señor?

Hombre: Es que me parece que tengo la gripe. Tengo dolor de cabeza, nauseas, tos, me duele la garganta y tengo fiebre. (#2) **Necesito comprar algo para amenguar los síntomas.** Tengo una reunión muy importante mañana.

Mujer: ¿Tiene Ud. alguna alergia?

Hombre: Ninguna.

Mujer: Bueno, entonces aquí tengo (#1) **un producto para tratar la variedad de síntomas de que Ud. sufre.** La única precaución es que (#3) **no debe tomarlo si Ud. va a manejar** o trabajar con maquinaria.

Hombre: Ningún problema. Yo tomo el metro y soy escritor; pues no habrá ningún peligro.

Mujer: Lo mejor sería volver a casa, tomar muchos líquidos como té bien caliente para la garganta, tomar la medicina y acostarse. (#4) **La medicina sólo puede disminuir los efectos de la gripe; no puede curarla. Pero, si Ud. descansa, debe sentirse algo major mañana.**

Hombre: Estoy bastante constipado; no puedo respirar. ¿Me ayudará la medicina con esto?

Mujer: Sí, tiene algo para abrir las fosas nasales.

Hombre: Bueno, voy a comprarlo y a seguir sus recomendaciones. Muchas gracias.

Mujer: De nada. ¡Que Ud. se mejore pronto!

Questions and Answers:

1. ¿Por qué va el señor a la farmacia? (C)
2. ¿Qué quiere comprar el señor? (D)
3. ¿Cuál es el problema con el producto que él va a comprar? (A)
4. Para sentirse mejor, ¿qué debe hacer? (A)

Script for Short Dialogue 4

Una conversación por teléfono

Chica: Bueno.

Chico: Buenas tardes. ¿Está Luisa en casa?

Chica: Hola, Miguel, soy yo. ¿Cómo estás?

Chico: Muy bien, gracias. (#1) **Te llamo para invitarte a la fiesta de Paulina este sábado.** ¿Te gustaría ir conmigo?

Chica: Ay, Miguel, (#2) **es que tengo un trabajo escrito para la clase de historia.** Necesito entregárselo al profesor Díaz el lunes a la primera hora. Creo que tendré que pasar todo el día el sábado y el domingo haciendo las investigaciones.

Chico: Mmm, pues tengo una idea. (#3) **Si quieres, puedo ir contigo a la biblioteca el sábado por la mañana y ayudarte con la investigación.** No tengo nada en particular que hacer el sábado. ¿Qué te parece la idea?

Chica: Miguel, eres fantástico. Si podemos pasar la mañana el sábado, y la tarde, en la biblioteca me parece que tendré el tiempo para ir contigo a la fiesta de Paulina.

Chico: Bueno, ¿quieres que pase por tu casa rumbo a la biblioteca? O ¿prefieres que nos encontremos allí?

Chica: Sería fenomenal si pudieras recogerme a las nueve.

Chico: Entonces quedamos en que pasaré por tu casa a las nueve.

Chica: Gracias, Miguel, hasta el sábado.

Chico: Chao, Luisa.

Questions and Answers:

1. ¿Por qué llama Miguel a Luisa? (C)
2. ¿Por qué no puede ir Luisa con él? (C)
3. ¿Qué hace Miguel? (B)

Script for Short Dialogue 5

En un restaurante

Hombre: Muy buenas tardes, señorita. ¿En qué puedo servirle?

Mujer: Me gustaría un té helado con limón.

Hombre: Lo siento mucho, señorita. Es que no servimos el té helado.

Mujer: Bueno; entonces (#1) **tráigame un vaso con hielo, un limón y una tetera de té caliente.**

Hombre: Muy bien. ¿Le apetecería algo de comer?

Mujer: ¿Me podría dar un menú?

Hombre: Como no. Aquí tiene Ud. el menú.

Mujer: Perfecto. Ummm, me gustaría una ración de ensalada rusa y (#2) **un bocadillo de jamón y queso.**

Hombre: ¿Jamón serrano o jamón york?

Mujer: De jamón serrano, por favor. Y (#3) **¿podría Ud. traerme la cuenta con la merienda?** Es que no tengo mucho tiempo.

Hombre: Para servirle, señorita.

Questions and Answers:

1. El restaurante no sirve lo que ella quiere. ¿Cómo resuelve ella el problema? (D)
2. ¿Qué decide tomar la señorita? (B)
3. Como ella no tiene mucho tiempo, ¿qué le pide también? (A)

Script for Short Dialogue 6

En el coche

Mujer: ¿Sabes (#1) **llegar al restaurante, Juan Manuel?**

Hombre: Tengo la dirección aquí mismo en mi saco. ¡Ay, por Dios!

Mujer: ¿Qué te pasa?

Hombre: Es que la dirección no está aquí. Se me ha olvidado en la mesa de la cocina.

Mujer: ¡No es posible! (#2) **No podemos llegar tarde. (#3) Es una fiesta de sorpresa** y quiero estar allí cuando entre Iñigo.

Hombre: No te preocupes. Creo que puedo recordarla.

Mujer: Juan Manuel, allí hay una gasolinera. ¿Por qué no nos paramos para pedir la dirección?

Hombre: No nos hace falta pedir la dirección. Yo conozco muy bien esta ciudad.

Mujer: Creo que será mejor que paremos. No quiero perder ni la sorpresa ni la fiesta.

Hombre: No es necesario, te digo. Yo puedo encontrar la ruta. Tengo muy buen sentido de dirección, así que no te preocupes.

Mujer: Ah, buen sentido de dirección. ¿Te has olvidado de la última vez que insististe en no pedir las direcciones? Llegamos tarde al teatro y no nos permitieron entrar hasta el segundo acto.

Hombre: Bueno, bueno, está bien. En la próxima gasolinera pararemos y tú puedes pedirles la dirección.

Mujer: Uf, (#4) **¡los hombres y su orgullo!**

Questions and Answers:

1. ¿Qué no sabe la pareja? (C)
2. ¿Qué no quiere hacer la mujer? (D)
3. ¿Qué tipo de fiesta es? (B)
4. Según la mujer, ¿por qué es que Juan Manuel no quiere parar para pedir cómo llegar? (A)

Script for Short Dialogue 7

En la estación de metro

Hombre 1: Perdone, señor, ¿podría Ud. decirme si ésta es la línea que va para (#1) **la estación de tren de Atocha?**

Hombre 2: Con mucho gusto. Esta línea no va directamente a Atocha, pero Ud. puede tomarla a la estación de Sol. (#3) **En la Puerta del Sol** es donde Ud. puede cambiar a la línea correcta para Atocha.

Hombre 1: ¿Sabría Ud. qué línea necesito tomar?

Hombre 2: (#2) **Sólo necesita mirar el plan en la estación.** Busque Atocha en el plan y vea la última estación y el color de la línea. Entonces busque la línea correcta según el color y la última parada.

Hombre 1: Ud. ha sido muy amable. Mil gracias por haberme ayudado.

Hombre 2: Fue un placer. Ud. no es de aquí, ¿verdad?

Hombre 1: No, vengo de Nueva York. Estoy de visita en España y (#4) **quiero conocer el país por tren.**

Hombre 2: Pues, buen viaje y espero que le guste nuestro país.

Hombre 1: Gracias y muy buenas tardes.

Questions and Answers:

1. ¿Adónde quiere ir el señor? (B)
2. ¿Qué necesita hacer el señor para saber cómo llegar? (D)
3. Para llegar a Atocha, ¿qué tendrá que hacer el señor? (C)
4. ¿Cómo quiere visitar España? (A)

Script for Short Dialogue 8

En una tienda

Mujer 1: ¿En qué puedo servirle señorita?

Mujer 2: (#1) **Busco un vestido** para una occasion especial.

Mujer 1: ¿Para qué tipo de función será?

Mujer 2: (#2) **Es para una cena formal** para (#4) **honrar a mi padre.**

Mujer 1: Muy bien. Entonces querrá un vestido de gala.

Mujer 2: Sí, exacto. Es que (#3) **no tengo mucho dinero** para gastar en él.

Mujer 1: Bueno, tenemos modelos de muchos precios. ¿Cuánto le gustaría pagar?

Mujer 2: Tengo sólo 200 pesos.

Mujer 1: Pues aquí tengo una selección de vestidos formales que cuestan entre 100 y 200 pesos. ¿De qué color le gustaría el vestido?

Mujer 2: Había pensado en negro o azul oscuro, como es una función de noche.

Mujer 1: Sí, el negro o el azul será apropiado para un evento por la noche.

Mujer 2: Aquí hay uno que puede servir. ¿Me permitiría probarlo?

Mujer 1: ¡Cómo no! Por aquí, señorita.

Mujer 2: Me queda muy bien, y me gusta el estilo. Me lo llevaré.

Mujer 1: Muy bien, señorita. ¿Necesitaría Ud. una bolsa, zapatos u otra cosa para llevar con él?

Mujer 2: No, gracias, sólo el vestido.

Mujer 1: Muy bien, señorita.

Questions and Answers:

1. ¿Qué necesita comprar la señorita? (A)
2. ¿Cómo será la función? (C)
3. ¿Cuál es el problema que tiene la señorita? (B)
4. ¿Para qué es la fiesta? (C)

Script for Short Dialogue 9

En el avión

Mujer: ¿Se siente Ud. bien? Está muy pálido.

Hombre: Es que (#1) **tengo mucho miedo de volar.**

Mujer: No hay que tener miedo de volar. ¿No sabe que es el método más seguro de viajar?

Hombre: Sí, es lo que se dice, pero cuando un avión se estrella no hay manera de escaparse con vida.

Mujer: Pero, señor. Hay muy pocos accidentes; muchas más personas mueren en accidents automovilísticos.

Hombre: Pero, por lo menos en (#2) **un auto yo tengo el control.** En el avión estamos en manos de los pilotos.

Mujer: Bueno, ¿y no cree Ud. que los pilotos quieran llegar a su destinación tanto como Ud.? Cálmese. ¿Trajo Ud. un libro para leer o una revista?

Hombre: Sí, tengo una novela conmigo. ¿Por qué?

Mujer: ¿Por qué no lee Ud. la novela que trajo? (#3) **La lectura puede distraerle.**

Hombre: Intentaré leerla... pero sigo muy ansioso.

Mujer: Bueno, si Ud. quiere, nosotros podemos hablar si tiene dificultades durante el vuelo.

Hombre: Muchas gracias, señorita. Ud. es muy amable.

Mujer: No hay de qué, señor.

Questions and Answers:

1. ¿De qué tiene miedo el señor? (A)
2. ¿Cuál es la razón por la cual el señor tiene tanto miedo? (D)
3. ¿Qué le sugiere la señorita que haga el señor? (B)

Script for Short Dialogue 10

En el teatro

Mujer: Me alegro de que hayas conseguido estas entradas. Se dice que es imposible conseguirlas.

Hombre: No fue nada fácil, te digo. Gracias a Dios que tengo un enchufe.

Mujer: ¿Y quién es este «enchufe»?

Hombre: Tú lo conoces. (#1) **Es Mateo, el hijo de mi primo Eduardo.**

Mujer: No sabía que trabajaba para el teatro.

Hombre: No es que trabaja para el teatro, es que (#2) **trabaja para la ciudad en la oficina del alcalde.**

Mujer: ¿En la oficina del alcalde? ¿Qué hace allí?

Hombre: Él trabaja de secretario para el señor alcalde; él mantiene su calendario, hace sus citas y le consigue reservaciones y entradas.

Mujer: Por eso pudo conseguirlas. (#4) **Pero, no nos las regaló, ¿verdad? No quiero que pierda su puesto comprándonos entradas.**

Hombre: No, no, no... Yo le pagué exactamente lo que él había pagado.

Mujer: Muy bien. Mucho mejor. El timbre está sonando, debemos buscar nuestras butacas, ¿no?

Hombre: Entremos entonces.

Questions and Answers:

1. ¿Quién es la persona que ayudó al hombre? (B)
2. ¿Dónde trabaja esta persona? (C)
3. ¿Qué es un «enchufe»? (A) (a person who has a connection and can help, like his cousin's son who works in the mayor's office)
4. ¿Qué quería la mujer que hiciera? (B)

Script for Short Narrative 1

El Cinco de mayo

Durante los últimos 20 años se ha puesto muy de moda celebrar el Cinco de mayo aquí en los Estados Unidos. Muchos restaurantes y bares patrocinan fiestas y bailes para celebrarlo. Hasta hay campañas publicitarias que usan como tema el Cinco de mayo. Esta celebración se ha metido más que otra en la cultura popular de los Estados Unidos, sobre todo donde hay concentraciones grandes de mexicoamericanos. Lo que pasa es que muchos no saben exactamente lo que es el Cinco de mayo. Todos saben que es una fiesta de origen mexicano, y algunos lo confunden con el Día de la Independencia mexicana que se celebra el 16 de septiembre. En realidad, (#2) **el Cinco de mayo conmemora la batalla de Puebla de 1862 en que los patriotas mexicanos derrotaron al emperador Maximiliano.** Durante la Guerra Civil norteamericana, el gobierno de los Estados Unidos no podía mantener la Doctrina de Monroe, que prohibía la intervención europea en las Américas. Los franceses, aprovechándose de esta situación, mandaron tropas a México para cobrar el dinero que Francia había prestado a México, y que México no podía devolver. Los franceses instalaron a Maximiliano, un aristócrata de la Casa de Hapsburgo, como emperador de México. Los conservadores mexicanos que lo invitaron a México y apoyaron a Maximiliano al principio, lo abandonaron cuando él se mostró algo liberal. Lo curioso con toda la fama que tiene esta celebración es que, (#1) **en realidad, el Cinco de mayo no se celebra tanto en México como en los Estados Unidos.** (#3) **Esta fiesta se ha convertido en una muestra de orgullo y unidad para los mexicoamericanos que viven al norte de la frontera** más que un día para conmemorar la derrota de los franceses en México. Éste es el valor que realmente tiene esta celebración tan conocida y tan malentendida.

Questions and Answers:

1. ¿Dónde es la celebración del Cinco de mayo más popular? (B)
2. ¿Qué conmemora el Cinco de mayo? (D)
3. Hoy en día, ¿cómo se celebra el Cinco de mayo? (B)

Script for Short Narrative 2

La comida española

Gracias a la proliferación de restaurantes que sirven comida mexicana, hasta restaurantes de comida rápida como el famoso Taco Bell, y productos de Goya, Ortega y Old El Paso que se venden en los supermercados norteamericanos, casi cada norteamericano tiene un concepto de cómo es la comida hispana. Lo que pasa es que (#1) **este concepto muchas veces es erróneo.** Hay una tendencia a pensar que toda la comida española, o hispana, es igual a la comida picante mexicana. Al oír la palabra «tortilla», todos sin duda piensan en (#2) **los tacos de maíz o harina,** blandos o fritos, que se han incluido en la dieta norteamericana. Estas cosas doradas, llenas de carne, queso, lechuga, tomates, cebolla y salsa que crujen al masticarlas son cada vez más populares en los Estados Unidos. Imagine la sorpresa de una persona de los Estados Unidos que entra en un restaurante en España, pide una tortilla y recibe (#3) **un plato hecho con huevos, patatas y cebolla** que, además de no hacerse de maíz, se sirve muchas veces fría. Y, para complicar las cosas aún más, hay una tortilla francesa que sólo se hace de huevos. La moraleja es que hay que tener en cuenta siempre que (#4) **cada país es diferente, y muchas veces las regiones en el mismo país son diferentes las unas de las otras hasta en la comida que se prepara y que se sirve.**

Questions and Answers:

1. ¿Qué dice el autor sobre el conocimiento de muchos americanos en cuanto a la comida hispana? (C)
2. ¿De qué se puede hacer la tortilla mexicana? (A)
3. ¿De qué se hace la tortilla española? (D)
4. ¿Qué podemos decir de la comida hispana? (D)

Script for Short Narrative 3

Fernando Botero

Fernando Botero es un artista colombiano que ha alcanzado gran fama en el mundo del arte; también ha sido el eje de una controversia sobre lo que constituye el arte. Se reconocen muy fácilmente obras de Botero por sus sujetos exagerados y corpulentos. (#1) **Estos hombres, mujeres, niños y hasta animales gordos** viven en un mundo irreal, casi como caricaturas. Quizá esto sea exactamente lo que son, caricaturas de tipos humanos, como el alcalde, y la familia rica. (#2) **Se clasifica su arte como arte expresionista** con que él trata de expresar sus ideas por sus sujetos exagerados. Algunos críticos menosprecian su producción artística por creerla infantil y sin valor artístico. Otros lo ven como un genio que ha podido captar arquetipos humanos con sus personajes opulentos. Fernando Botero pinta y también es escultor. Sus pinturas se encuentran en museos y colecciones privadas por todo el mundo. Hace pocos años sus estatuas en bronce podían verse en Washington, D.C., a lo largo de la plaza y el estanque detrás de la Casa Blanca enfrente del Congreso. Piensen lo que piensen los críticos, (#3) **Botero siempre inspira comentario y observaciones, y por eso podemos decir que sí contribuye al mundo artístico.**

Questions and Answers:

1. ¿Cómo son las figuras de Botero? (B)
2. ¿Cómo se clasifica el arte de Botero? (D)
3. ¿Por qué podemos decir que Botero contribuye al mundo artístico? (A)

Script for Short Narrative 4

Isabel Allende

Isabel Allende, sobrina del presidente socialista chileno Salvador Allende, ha ganado fama mundial por su obra literaria durante los últimos 20 años. Originalmente Isabel, nacida en Perú, (#1) **trabajó como periodista.** Su familia se vio obligada a dejar a Chile después del golpe de estado, en que murió su tío, llevado a cabo por el general Pinochet en 1973. Ella se fue al exilio a Venezuela. (#2) **No fue hasta 1981 que pasó del mundo periodístico al mundo novelístico con su aclamada novela *La Casa de los espíritus,*** que fue un bestséller mundial y que en los años noventa pasó a la pantalla en la película americana *House of the Spirits.* Después, ella escribió obras tales como *De amor y de sombra, Eva Luna, Cuentos de Eva Luna, El plan infinito* y *Paula.* Ésta se trata de la enfermedad y muerte de su única hija, Paula. En 1991 su hija se enfermó gravemente y, con el tiempo, a los 28 años se le murió. (#3) ***Paula* es la historia familiar** que le contaba Isabel a su hija mientras estaba en estado comatoso antes de morir. La novela fue como una catarsis ante la muerte de su hija. Isabel ahora vive en California y sigue escribiendo novelas que (#4) **expresan la fantasía y la realidad mágica de su generación de escritores latinoamericanos.**

Questions and Answers:

1. ¿Cómo comenzó Isabel Allende su vida profesional? (B)
2. ¿Qué hizo Isabel Allende en 1981? (C)
3. ¿Cómo se llama la novela que Isabel Allende escribió para contarle la historia de su familia a su hija? (A)
4. ¿Qué género literario es tan famoso con la nueva generación de autores latinoamericanos? (C)

Script for Short Narrative 5

La brigada Abraham Lincoln

En el año 1936, la Guerra Civil española estalló en España cuando Francisco Franco, y sus partidarios, se levantaron en contra del gobierno en Madrid. Esa guerra, una sin prisioneros, se luchó entre 1936 y 1939. (#1) **La banda de Franco se llamaba los nacionalistas** y querían que España volviera a su grandeza anterior. Fue un grupo bastante conservador que recibió el apoyo de Adolph Hitler y de los fascistas. El gobierno de España en aquel entonces era un gobierno socialista que era más bien liberal y reformista.

Fueron precisamente sus reformas las que provocaron a Franco y a sus partidarios. (#2) **Los republicanos, como se llamaban los que apoyaban al gobierno, recibieron su apoyo de la Unión Soviética.** El gobierno español había pedido ayuda al resto del mundo, pero todos los demás países, incluso los Estados Unidos, se habían declarado neutrales. Pero había muchas personas que respondieron a la llamada del gobierno español para ir y luchar como voluntarios. Uno de estos grupos se llamaba la Brigada Abraham Lincoln, en nombre del presidente americano. (#3) **Muchos** **jóvenes americanos fueron a España para luchar por la causa republicana con la Brigada,** incluso personajes como Ernest Hemingway. (#4) **Esos valientes lo hicieron bajo la amenaza de perder su ciudadanía norteamericana** por romper con la posición neutral que había tomado el Congreso de los Estados Unidos. Desafortunadamente, sus esfuerzos no dieron resultado y las tropas franquistas ganaron, pero siguen en la memoria española la valentía y el sacrificio de estos jóvenes americanos.

Questions and Answers:

1. ¿De quién fueron partidarios los nacionalistas? (B)
2. ¿De qué país recibió ayuda los republicanos? (A)
3. ¿Quiénes formaron la Brigada Abraham Lincoln? (D)
4. ¿A qué costo lucharon los miembros de la Brigada? (B)

Script for Short Narrative 6

La Sociedad Hispánica de América

En la Ciudad de Nueva York, (#1) **hay un museo que es una joya de arte e historia española, La Sociedad Hispánica de América**. Este museo se encuentra en el 613 West 155th Street, y (#2) **su colección incluye artefactos de los iberos hasta obras del gran artista impresionista español Joaquín Sorolla y Bastida**. En el edificio principal hay pinturas importantes de los grandes maestros españoles como El Greco, Diego Velázquez, Francisco de Goya y José de Ribera. Hay también ejemplos de arte ibero, fenicio, romano, visigodo y árabe. El salón de recepción está rodeado de murales pintados por Joaquín Sorolla. La sociedad le encargó a Sorolla pintar (#4) **esta serie de murales para representar las varias regiones de España, sus trajes tradicionales, fiestas y costumbres**. En la plaza Audubon entre los edificios se encuentra la escultura de El Cid, uno de los héroes de la Reconquista española, y esculturas de medio relieve de Don Quijote, el legendario hidalgo de la novela del mismo nombre de Miguel de Cervantes, y de Boabdil, el último califa de la España árabe. En el otro edificio se muestran más cuadros de Sorolla y también de Ignacio Zuloaga. En efecto, (#3) **La Sociedad Hispánica de América tiene la colección más grande de la obra de Sorolla fuera de España.** Para ver una de las colecciones más impresionantes de arte español fuera de la península, hay que visitor este museo.

Questions and Answers:

1. ¿Qué es la Sociedad Hispánica de América? (D)
2. ¿Qué se encuentra en el edificio principal? (A)
3. ¿De qué artista tiene la Sociedad la colección más importante fuera de España? (B)
4. ¿Cuál es el tema de los murales en el salón de recepción? (B)

Script for Short Narrative 7

El batallón de San Patricio

Después de la Guerra de Tejas, que se llama *the Mexican-American War* en los Estados Unidos, Tejas recibió su libertad de México para establecer la República de Tejas en 1836. Pero, cuando la República se incorporó como estado de los Estados Unidos, el gobierno mexicano lo vio como una amenaza y mandó tropas a la frontera entre los Estados Unidos y México. En la primavera de 1846 tropas mexicanas atacaron a tropas americanas y comenzó el conflicto otra vez entre los dos países. Entre esas fechas había habido una ola de inmigración de Irlanda. (#1) **El gobierno norteamericano alistó a muchos inmigrantes** irlandeses para luchar por su nuevo país (#2) **con la promesa de recibir la ciudadanía más fácilmente y de ganar dinero.** Pronto, como lo que ha pasado con muchos inmigrantes recién llegados, (#3) **los irlandeses comenzaron a encontrar la discriminación. Ellos eran mayormente pobres y católicos, y no podían avanzar por los rangos militares. Poco después de entrar en el conflicto, los reclutas irlandeses descubrieron que tenían más en común con los** mexicanos que con los americanos. Algunos de ellos, incluso John Riley, abandonaron el ejército americano y se alistaron en el mexicano, formando el batallón de San Patricio. Mientras en México esos ex soldados americanos fueron recibidos como héroes, en los Estados Unidos se les consideraban traidores. Después de ganar la guerra los Estados Unidos, los miembros del batallón fueron castigados en la plaza de San Ángel y allí, cada 12 de septiembre, todavía se celebra su memoria.

Questions and Answers:

1. ¿Cuál es el tema principal de esta narrative? (D)
2. ¿Por qué se alistaron los soldados para luchar en esa guerra? (A)
3. ¿Por qué cambiaron de alianza? (B)

Script for Short Narrative 8

La cueva de Altamira

En 1875 Marcelino de Sautuola descubrió una cueva cerca de Santillana del Mar, en la región de Cantabria, en el norte de España. Ésta no era una cueva cualquiera, sino una que iba a hacerse muy famosa y cambiar ciertas teorías sobre los hombres prehistóricos. Esta cueva contiene pinturas hechas en el paleolítico superior que representan los animals que sus pintores habían cazado. La pintura se hizo de la sangre de los mismos animales representados en la cueva, de la tierra y deotras sustancias naturales. (#2) **Se cree que los hombres prehistóricos pintaron estas figuras como un acto religioso para traerles la suerte en la caza de** su comida. Si pintaran los animales, los dominarían, y podrían cazarlos más fácilmente. (#3) **Antes se había pensado que los hombres prehistóricos no habían vivido en esta región** y unos antropólogos creían que no eran nada más que un engaño o una broma, pero resulta que bajo análisis estas pinturas de verdad datan de tiempos prehistóricos. Ahora, para preservar estas pinturas, se limita el número de visitantes que pueden visitarlas. (#4) **En Madrid, al lado del Museo de Antropología, han construido un modelo en que uno puede entrar y ver representaciones de las pinturas tales como son en la cueva real, así dándole al público la oportunidad de ver este fenómeno sin hacer daño a las pinturas auténticas.**

Questions and Answers:

1. ¿De qué se trata esta conferencia? (B) (The cave is discussed, but the major discussion is prehistoric art.)
2. ¿Por qué se pintaron los animales? (C)
3. ¿Cómo cambió ese descubrimiento ciertas teorías? (C)
4. Ahora, ¿dónde pueden ver las pinturas cada año muchos turistas? (D)

Script for Short Narrative 9

La industria posguerra española

Después de que terminó la Guerra Civil española en 1939, España se encontró aislada del resto del mundo que estaba para entrar en la Segunda Guerra Mundial. Al terminar la Segunda Guerra Mundial, Franco era el último dictador fascista que quedaba y el resto de Europa, en ruinas de la guerra, no quería tener nada que ver con su régimen. (#1) **Por ese aislamiento, el gobierno de Franco estableció unas** industrias nacionales como RENFE (Red Nacional de Ferrocarriles Españoles), IBERIA (la compañía nacional de aviación), SEAT (una compañía que fabrica coches), RTE (Radio Televisión Española) y otros monopolios. El sueño de Franco era tener una España auto-suficiente. Con la restauración de la democracia en España, (#2) **el gobierno español ahora ha estado vendiéndoles estas compañía establecidas bajo la dictadura a empresas privadas;** un ejemplo es (#3) **SEAT, que se le vendió a la**

compañía alemana Volkswagen en los años noventa. Con privatizar estas empresas, el gobierno espera entrar en una nueva época de mercado libre. Desafortunadamente, algunos de estos cambios han causado problemas; por ejemplo, (#4) **IBERIA ha tenido problemas de financiamiento,** pero se espera que estas compañías puedan seguir adelante en un mundo nuevo.

Questions and Answers:

1. ¿Por qué estableció el gobierno de Franco estas compañías nacionales? (A)
2. ¿Qué ha hecho el gobierno con muchas de ellas después de la restauración de la democracia? (B)
3. En los años noventa, ¿de qué compañía tomó control Volkswagen? (C)
4. Con el mercado libre, ¿qué ha pasado con algunas compañías como IBERIA? (A)

Script for Short Narrative 10

La deuda ecológica

Una de las causas de muchos problemas ecológicos (#1) **es la necesidad, que tienen algunos países, de explotar sus recursos naturales para pagar su deuda externa y proveer servicios a sus ciudadanos.** Los países del primer mundo, o sea, los países industrializados, muchas veces critican a estos países del tercer mundo, o los que están en vías de desarrollo, por contribuir al calentamiento global, por cortar sus selvas y por (#2) **contaminar el aire con el uso de maquinaria y productos de petróleo que contaminan.** Muchos de estos países ahora están respondiendo a esta crítica de una manera interesante que quizá pueda beneficiar a todos; es la llamada «deuda ecológica». La idea es la siguiente: los países del tercer mundo necesitan dinero para pagar su deuda, proveer servicios a sus ciudadanos y desarrollarse. (#3) **Ellos han sugerido que los países desarrollados les paguen por no cortar sus selvas y para preservar la naturaleza silvestre en sus países, es decir, pagar por preservar.** El «producto» que los países desarrollados recibirían sería un mundo menos contaminado, y los países no desarrollados podrían avanzar. Tal vez sea una idea que se debe tomar en serio para el bien de todos. No hay mucho que se pueda hacer para evitar los desastres naturales que afectan el medio ambiente mundial, pero hay cosas que se puede hacer para no contribuir al efecto de éstos.

Questions and Answers:

1. Según la conferencia, ¿cómo se produce mucha destrucción ecológica? (B)
2. ¿Cuál es otro problema que contribuye al calentamiento global? (A)
3. ¿Cuál es una idea que algunos países del tercer mundo han propuesto? (D)

Script for Longer Listening 1

(Before each selection after reading the title, say "Now take 2 minutes to read the questions and suggested answers.")

Una conferencia sobre la inmigración

Según la oficina del Censo del gobierno de los Estados Unidos, entre el año 2006 y 2011 el grupo denominado «hispano» llegará a ser la minoría más grande de los Estados Unidos. Ya en el año 2000 la tasa de natalidad hispana superó a la de afroamericanos y en el censo de 2000 (#1, D) **el número de hispanos casi iguala al número de afroamericanos.** La creciente población hispana en los Estados Unidos ha tenido, y tiene, muchas implicaciones sociales, económicas y políticas.

Ya en los Estados Unidos hay áreas donde se usa el español casi exclusivamente para comunicarse. Muchos piensan que todos los inmigrantes deben esforzarse para aprender el inglés si quieren ser ciudadanos de los Estados Unidos. Ha habido mucha controversia sobre este fenómeno y sobre la educación bilingüe. Este debate sobre qué lengua se debe usar, o sea, sobre la cuestión de establecer una lengua nacional, ha llevado a varios estados a promulgar leyes, o a tratar de promulgarlas, para eliminar la educación bilingüe y (#2, B) **establecer el inglés como la lengua oficial.** Pero el hecho es que hay un número creciente de personas para quienes el español es la lengua que usan para comunicarse. Ese número es tan grande que los partidos políticos y las grandes compañías han comenzado a darse cuenta de su importancia política y económica.

En las elecciones de 2000 ambos candidatos para presidente de los Estados Unidos trataron de dar sus discursos en español, por lo menos en parte, ante un público hispanohablante. Hasta sus familires se aprovecharon de su conocimiento del español para animar al público hispano. La importancia del voto hispano no se puede negar, y (#3, A) **como consecuencia, los políticos les prestan más atención a los asuntos de importancia para la comunidad hispana** como el tratamiento médico, la educación y el trabajo.

Las grandes compañías norteamericanas están aprendiendo que si no quieren perder el Mercado latino, tendrán que dirigir sus campañas publicitarias y sus productos al mercado hispano. Si no hacen esto, la comunidad hispana misma proveerá los productos que quieren. Un buen ejemplo es lo que ocurrió en Chicago hace poco. Una joven hispana, Río Martínez, en camino a una fiesta, paró en una farmacia para comprar unos cosméticos. En esta farmacia todo el maquillaje que tenían no era para el cutis olivo de una mujer hispana sino para una mujer con el cutis bien blanco. Eso fue el empuje para (#4, C) **establecer una nueva compañía de productos de belleza para la mujer hispana.** «Somos» fue fundada por Río Martínez y Elena Sotomayor con su propio dinero. Ahora venden sus productos por Internet.

Otro ejemplo de este fenómeno tiene que ver con una de las tiendas más viejas y famosas de los Estados Unidos, Sears. En East Los Ángeles, California, una comunidad mayormente hispana, la tienda de Sears ganaba poco dinero para la compañía. Su jefe, un hispano, les pidió permiso a los jefes de Sears para (#5, C) **ofrecer productos que fueran de más interés para una comunidad hispana,** mayormente de México. Normalmente todas las tiendas de Sears ofrecen la misma mercancía, estén dónde estén. Después de que esta tienda comenzó a ofrecer productos de más interés y utilidad para los hispanos, las ganancias de la tienda subieron 40 por ciento. En vez de vender tanta ropa informal, comenzaron a vender ropa más formal y ropa para, por ejemplo, la primera comunión. En vez de vender cortacéspedes, comenzaron a vender máquinas de coser ya que muchas hispanas todavía se hacen la ropa.

El hecho es que en el siglo veintiuno habrá más personas de ascendencia hispana en los Estados Unidos, y por eso las compañías y los políticos que quieren tener éxito tendrán que servir a este grupo cada vez más importante. Si no, otros van a servirlo.

Script for Longer Listening 2
Una Conferencia Sobre los incas

Los incas sólo habían reinado apenas 100 años cuando llegó el conquistador español Francisco Pizarro en 1532, pero en aquellos 100 años ellos habían creado un imperio impresionante. En poco tiempo (#1, B) **habían creado un imperio con un gobierno estable,** un sistema de carreteras, puentes, acueductos, almacenes, comunicación y seguridad social. En el arte habían hecho adelantos en el arte de tejer, una de sus artes más importantes. También hicieron obras impresionantes en plata, oro y piedras semi-preciosas. No fue nada fácil la conquista tampoco. De hecho, Pizarro había hecho dos tentativas antes sin tener éxito. Hay ciertas teorías que tratan de explicar por qué este imperio llegó a las alturas que alcanzó en este período de tiempo bastante breve.

Según el autor peruano José Carlos Mariátegui, en su obra *Siete ensayos de interpretación de la realidad peruana,* la estructura social y política del imperio incaico (#2, C) **se asemejó mucho a la filosofía socialista del siglo veinte** donde todos se ayudaban los unos a los otros para el bien de todos. Como todos se apoyaban los unos a los otros, el imperio pudo tener éxito. El imperio se dividía en comunidades que se llamaban «ayllus». Cada familia del ayllu que cultivaba la tierra tenía la obligación de dar parte de los productos de su terreno al gobierno como un impuesto. El gobierno entonces dividía los productos en cuatro partes, una parte para el gobierno y el ejército, otra para los religiosos, otra para los ancianos y enfermizos y otra para guardar en almacenes en anticipación de desastres naturales. (#4, D) **La comida que se guardaba se usaba si había una catástrofe en uno de los ayllus. El gobierno ayudaba a la comunidad afectada usando productos de sus almacenes.** La comida de los almacenes se conservaba bien gracias al frío y a la altura sobre el mar en las montañas. En realidad, los incas inventaron el proceso de conservar la comida en seco.

Además de tener que dar parte de sus productos al estado, (#3, A) **los hombres también tenían que donar cierto número de días cada año para trabajar en obras públicas** como puentes, caminos, acueductos y terrazas. Entonces todos contribuían al bienestar del estado proveyendo productos de la tierra y manos para el trabajo.

Las mujeres también contribuían al imperio. Como se mencionó antes, (#5, D) **el arte de tejer era una de las artes más desarrolladas y valoradas. Entonces mandaban a las mejores tejedoras a centros de tejer, como conventos, donde pasaban la vida produciendo tela y tejidos para el imperio.** Estos tejidos se usaban para comerciar con otras tribus y también se usaban para enterrar a las personas.

Otro trabajo muy importante era el del chasqui. (#6, B) **Los chasquis eran mensajeros que llevaban mensajes por los caminos del imperio.** A trechos, según la distancia que un hombre podía correr en un día, habían construido un tipo de hotel y un almacén. En cada uno de esos hoteles había un chasqui. Cuando llegaba uno, le daba el mensaje al chasqui que estaba allí y éste continuaba con el mensaje hasta que llegaba a su destinación mientras que el otro descansaba en espera del próximo mensaje para llevar. Funcionaba como una carrera de relevos moderna donde una persona lleva el testigo cierta distancia para darlo a otro para continuar. Los Incas no tenían un sistema de escritura sino que usaban quipus, cuerdas anudadas que según el número y tamaño de los nudos transmitían un mensaje.

(#7, A) **Otra muestra de los avances que alcanzaron los incas es en el campo de la cirugía. Los antropólogos han encontrado a momias cuyos cráneos fueron operados.** Y lo más sorprendente es que no solamente muestran la operación, sino que también muestran que el paciente sobrevivió la operación y siguió viviendo años después de haber sido operado.

Todo esto terminó con la conquista por Pizarro y los españoles que impusieron un sistema más bien feudal en las Américas. La teoría de Mariátegui en su libro es que los problemas de que ha sufrido el Perú, y otros países en Latinoamérica, tienen que ver con el hecho de que (#8, B) **los españoles reemplazaron un sistema socialista puro con el sistema feudal europeo. De esta manera cambiaron un sistema avanzado por uno inferior y antiguo.** En el sistema feudal, según la teoría, hay menos razones para trabajar porque no se trabaja para el bien común.

Script for Longer Listening 3
Una Conferenceia sobre camino de Santiago

Durante la Edad Media había tres lugares de peregrinación principales para la Europa cristiana, Roma,

El Medio Oriente y (#1, C) **Santiago de Compostela en el noroeste de España.** Como hacen los musulmanes hoy día a Meca, los cristianos medievales trataban de hacer una peregrinación a un sitio considerado sagrado durante su vida, sobre todo para (#2, C) **cumplir con una promesa.** Por ejemplo, si ellos se curaban de una enfermedad, o recibían otro bien, ellos hacían una peregrinación para darle las gracias a Dios por su buena suerte. Quizás es fácil imaginar por qué querían ir al Medio Oriente y a Roma, pero ¿por qué quisieran ir al noroeste de España a un pueblecito?

Según nos cuenta la historia religiosa, después de la muerte de Jesús Cristo sus apóstoles se fueron a varias partes del imperio romano para predicar las buenas nuevas y extender el cristianismo. Se dice que (#3, A) **Santiago el Mayor, uno de los apóstoles de Jesús, se fue a la península ibérica para predicar el mensaje de Jesús. Cuando volvió después al Medio Oriente, los romanos lo mataron como a muchos de los apóstoles. Según la leyenda, después de su martirio, sus discípulos llevaron su cuerpo a la península ibérica otra vez para enterrarlo.** Se dice que los discípulos lo llevaron a un *campo* en el noroeste de la península y lo enterraron donde vieron una *estrella* sobre ellos. El lugar entonces recibió el nombre Santiago de Compostela (campo de la estrella). Allí, en el siglo once de la era común, comenzaron a construir una catedral para guardar los restos mortales del santo y entonces comenzaron las peregrinaciones. (#4, D) **Lo que también hizo a Santiago de Compostela tan popular con los peregrinos fue el hecho de que Jerusalén estaba en manos árabes y, por las cruzadas y la violencia religiosa, no les era tan fácil visitar los sitios santos en el Medio Oriente.** Para la época de Fernando e Isabel, tantos peregrinos iban cada año que mandaron construir un hospital allí donde los peregrinos podían quedarse durante su visita. (#5, B) **Antes, los peregrinos tenían que quedarse en la catedral misma.**

Hoy día el hospital que mandaron construir Isabel y Fernando sigue en Santiago de Compostela pero ahora forma parte de una cadena de (#6, A) **paradores nacionales, edificios históricos que el gobierno ha convertido en hoteles de gran lujo.** En la ciudad, y en el camino a la ciudad, todavía se puede ver los peregrinos modernos caminando o montados en bicicleta con su mochila con la concha, símbolo de Santiago, en la espalda. Muchos peregrinos mayores vienen en autocares de todas partes de Europa, algunos en plan turístico, otros por motivos religiosos, todos a Santiago como se ha hecho por más de mil años. Santiago sigue siendo una destinación de mucho interés no sólo religioso sino también turístico.

(#7, D) **Tradicionalmente el viaje comenzaba en la Torre de Santiago o, en francés, la Tour de San Jacques en París.** De allí los peregrinos pasaban hacia el sur de Francia, cruzaban los Pirineos y continuaban por el norte de España. Para atenderlos se construyeron conventos, monasterios e iglesias a lo largo del camino. Todavía quedan, algunos en ruinas o abandonados y otros que todavía sirven su propósito original de atender a los peregrinos en camino a Santiago. (#8, A) **Estos edificios a lo largo de la ruta son mayormente de estilo románico y hoy día de gran interés artístico e histórico.**

En Santiago todavía mantienen una oficina de peregrinación y los que vienen andando, o en bicicleta, y han recibido las firmas de ciertos oficiales en ruta, tienen derecho a un certificado para celebrar su logro.

Mientras hoy no hay tantos que hacen esta peregrinación, Santiago de Compostela sigue siendo un sitio y una ruta de gran interés histórico, artístico, turístico y aun religioso. (#9, B) **El día de Santiago es el 25 de julio** y cada año millares de personas vienen para festejar y celebrar en esta ciudad que es un cruce entre los caminos del mundo antiguo y el mundo moderno.

Script for Longer Listening 4

Una Conferencia Sobre los grandes muralistas mexicanos

Cuando pensamos en el arte de México muchas veces (#1, C) **lo que nos viene a la mente es el arte precolombina de los aztecas, toltecas, olmecas y mayas.** Grandes pirámides, centros ceremoniales, cerámica, joyas y esculturas se encuentran por todos lados. Cuando se visita a México algunos de los lugares más populares para visitar son los centros arqueológicos como Teotihuacán, Palenque, Chichen Itzá y la excavación del templo mayor en la Ciudad de México. También en la capital mexicana se encuentra el famosísimo Museo de Antropología que reúne artefactos de todas las culturas de México. Pero, también en esta ciudad, y otras en México, se pueden ver las obras de otros grandes artistas mexicanos, los muralistas.

(#2, D) **El muralismo es el arte de pintar grandes cuadros en las paredes de edificios,** muchas veces edificios públicos. Los murales, no importa en que país se encuentran, muchas veces contienen crítica social o política, o conmemoran a personas o eventos importantes en la mente del pueblo. Los artistas mexicanos llevaron esta forma de arte a un nivel muy alto en el siglo veinte y la hicieron una expresión artística que se relaciona mucho con México.

En el muralismo mexicano los temas reflejan eventos históricos de México, las civilizaciones precolombinas, leyendas, grandes líderes y la crítica social. (#3, C) **Estas obras se encuentran en edificios públicos,** el sitio perfecto para mostrar el arte y el mensaje que comunican. Los tres grandes nombres de este movimiento artístico son Diego Rivera, José Clemente Orozco y David Alfaro Siqueiros.

David Alfaro Siqueiros nació en 1896 y murió en 1974. Él realizó murales de gran simbolismo cuyos (#4, A) **temas son sociales.** Un ejemplo es su mural titulado *Madre campesina,* que se encuentra en el Instituto Nacional de Bellas Artes. Los murales de Siqueiros captan la realidad de la gente en la expresión de su situación en la vida. En *Madre campesina,* vemos a una madre, en un desierto, con la cara triste sosteniendo a su bebé en los brazos bajo la manta.

José Clemente Orozco nació en 1883 y murió en 1949. (#5, B) **Sus pinturas, murales y frescos representan temas revolucionarios.** Uno de sus murales más famosos se llama *Zapatistas* y muestra a los campesinos y a las campesinas que luchaban en la Revolución mexicana con el revolucionario famoso Emiliano Zapata.

Quizá el muralista de más renombre mundial sea Diego Rivera, quien nació en Guanajuato, México, en 1886 y murió en 1957. La obra de Rivera incluye murales, cuadros, dibujos y retratos de gente famosa. Sus temas abarcan todos los que trataron los muralistas mexicanos, la vida, la historia y los problemas sociales. Entre sus obras más impresionantes se encuentra la serie de murales que hizo en el Palacio Nacional de México. Allí, en una escalera y en las galerías de uno de los patios, (#6, C) **Rivera pintó la historia de México de los tiempos precolombinos hasta la lucha del proletario de los años veinte y treinta.** Se puede ver la vida de los indígenas de México antes de la llegada de Cortés, el encuentro entre Cortés, la Melinche y Moctezuma, la lucha entre los españoles y los indígenas y la subyugación y el abuso de ellos. Antes de morir, (#7, B) **Diego Rivera hizo construir un «teocali» en la capital; es una pirámide maya que sirve de museo para algunas de sus obras y antigüedades.** Fue su regalo al pueblo mexicano y a su herencia indígena.

El arte muralista de México ha servido también de inspiración para jóvenes artistas latinos en los Estados Unidos. Al visitar muchas ciudades norteamericanas, se puede ver murales, algunos pagados y otros de expresión personal y anónimos, en las paredes de edificios y en las murallas de algunos barrios. Todavía muchos tratan de temas sociales y políticos mientras hay otros que son simplemente para embellecer el barrio con escenas de la vida cotidiana. La inspiración de estos tres muralistas inmortales de México—Siqueiros, Orozco y Rivera—sigue en las nuevas generaciones aquí y allí (#8, D) **enseñándonos y haciéndonos pensar en la realidad del mundo que nos rodea.**

Script for Longer Listening 5

Una conferencia sobre los grandes líderes de hispanoamérica

Benito Juárez, José de San Martín y Simón Bolívar son algunos de los grandes líderes que participaron en la creación de muchos de los países modernos de Latinoamérica ayudándolos a ganar o mantener su independencia de poderes europeos y emprender el camino nacional.

Benito Juárez nació en San Pablo de Guelatao, México, en 1806. Él sirvió como gobernador de Oaxaca y presidente de la suprema corte de justicia. (#1, D) **Este hombre, que sería elegido presidente de México tres veces,** luchó por la libertad de sus ciudadanos, no sólo en contra de la oligarquía rica y conservadora sino también (#2, C) **en contra de los franceses y el emperador Maximiliano, que ellos y la oligarquía instalaron en México.** Hijo de indios, enseñado por un sacerdote, Benito Juárez llegó a ser uno de los líderes más importantes del siglo diecinueve y de todos los tiempos. Intentó defender a todos los mexicanos y por eso tuvo problemas con los elementos más poderosos del país.

José de San Martín nació en Yapeyú, Argentina, en 1778 y de joven (#3, A) **se fue con sus padres a vivir en España. En España estudió en un colegio para militares y se alistó en las fuerzas armadas españolas**. Estaba en España durante la invasión napoleónica y luchó en contra de ellos en el ejército español. Aunque vivió muchos años en España y fue miembro de sus fuerzas armadas, San Martín se interesó mucho en la independencia de su país natal. En 1812, al terminar las guerras napoleónicas en España, San Martín vio la oportunidad de conseguir la independencia de la Argentina y volvió a Buenos Aires. Allí él ayudó a conseguir la independencia de la Argentina y planeó la liberación de Chile y del Perú. En enero de 1817, (#4, C) **con su famoso Ejército de los Andes,** San Martín cruzó los Andes y libertó a Chile. Después se fue al norte y con Bolívar libertó a Perú y Bolivia. José de San Martín fue el protector del Perú por un año. Después él renunció al puesto y se fue a vivir en Francia. Decidió no participar en la política de la Argentina y pasó el resto de su vida en Francia, donde murió en 1850. Aunque nunca volvió a la Argentina, sigue en la memoria de la nación argentina como uno de sus grandes líderes.

Simón Bolívar nació en Caracas, Venezuela, en 1783, hijo de padres españoles. Por haber nacido en Venezuela, (#5, A) **Bolívar fue criollo, hijo de españoles nacido en las colonias. Por eso no gozó de los mismos derechos que tenían sus padres por haber nacido en España.** Eso sería uno de los factores que lo empujaron a tomar parte en el movimiento de independencia en las Américas. Como San Martín, Simón Bolívar se fue a estudiar en España. (#6, B) **Allí él estudió las ideas de los grandes intelectuales franceses de la Revolución Francesa. Con esta influencia y la reciente independencia de los Estados Unidos de Inglaterra, él se dedicó a la liberación de las Américas.** Bolívar ganó la independencia de Venezuela, Colombia y Ecuador. Luego con San Martín logró la independencia de Bolivia. (#7, D) **El sueño de Bolívar fue establecer los Estados Unidos de Sudamérica como lo habían hecho los patriotas al norte.** Él pudo establecer la República de Gran Colombia, que incluía a Venezuela, Colombia, Ecuador y Panamá. Bolívar fue elegido su primer presidente pero desgraciadamente esa unión duró poco tiempo.

(#8, B) **Aunque estos tres hombres cambiaron la suerte de sus país no vieron el resultado que esperaban:** Benito Juárez vio el ascenso del dictador Porfirio Díaz; José de San Martín se vio obligado a pasar sus últimos días en Francia por el caos que había en su país; y Simón Bolívar vio el desmembramiento de la República de Gran Colombia y la desaparición de su sueño de una Sudamérica unida. A pesar del aparente fracaso de sus sueños, estos tres hombres permanecen en la memoria de sus compatriotas, y también en la memoria colectiva humana, por lo que pudieron realizar durante su vida.

Script for Longer Listening 6

Una conferencia sobre Ganadores del Premio Nóbel

(#1, D) **Alfredo Nóbel, industrial y químico sueco** que inventó la dinamita, estableció en su último testamento cinco premios para personas que han hecho cosas importantes para la humanidad. Los premios son de literatura, paz, fisiología y medicina, física y química. Cada 10 de diciembre, el aniversario de su muerte, estos premios se otorgan en la capital de Suecia, Estocolmo. Hombres y mujeres representantes de muchos países y culturas han recibido estos premios desde su principio, incluso personajes del mundo hispano. (#2, B) **Unos 14 hispanohablantes, que representan las cinco categorías, han sido recipientes de este honor.**

El Premio Nóbel de Literatura ha sido recibido por ocho escritores de cinco países del mundo hispano. Gabriel García Márquez de Colombia, Miguel Ángel Asturias de Guatemala, Pablo Neruda de Chile, Octavio Paz de México, Gabriela Mistral de Chile, Vicente Aleixandre, Juan Ramón Jiménez, y Jacinto Benavente de España lo han recibido. Quizá el más conocido sea Gabriel García Márquez de Colombia, (#3, A) **cuya obra literaria le dio al mundo a conocer mejor el género literario latinoamericano de la fantasía y la realidad mágica.** En sus obras (#4, B) **se mezclan el mundo real y el mundo de la fantasía.** Muchas de sus obras se relacionan con un pueblo imaginario, que se llama Macondo, y sus habitantes. Sus novelas y cuentos antes de y después de (#5, A) **su obra maestra *Cien años de soledad* tienen lazos con Macondo y sus habitantes casi sobrenaturales.**

Dos hispanos han sido premiados con el Premio Nóbel de la Paz por su esfuerzo por lograr la paz en Centroamérica: Rigoberta Menchú, una indígena guatemalteca, y Óscar Arias, el antiguo presidente de Costa Rica. Óscar Arias fue elegido primera de Costa Rica por primera vez en 1986. En aquel entonces se luchaba una guerra civil en Nicaragua al norte de Costa Rica. Aquella guerra entre los sandinistas, que habían tomado control del país, y los contras, rebeldes que recibían apoyo del gobierno de los Estados Unidos, arriesgaba la estabilidad de la región. Además, era una amenaza para Costa Rica, un país neutral que no tiene ejército para defenderse. (#6, C) **Arias trabajó para poner fin al conflicto y tener elecciones libres en Nicaragua. Por sus esfuerzos, recibió el Premio Nóbel de la Paz en 1987.**

Rigoberta Menchú, indígena guatemalteca, escribió *Me llamo Rigoberta Menchú y así me nació la conciencia,* que mostró al mundo la discriminación y la violencia de que sufrían los indígenas de Guatemala a manos del gobierno, el ejército y la oligarquía. En este libro autobiográfico ella cuenta su historia. Describe cómo los soldados del ejército de Guatemala mataron a su familia y escribe sobre los abusos del gobierno. Además de escribir un libro, (#7, B) **ella también ha trabajado para organizar a la gente indígena de Guatemala para poner fin a la violencia y a los abusos del pasado. Ella también ha trabajado en la repatriación de indígenas que huyeron a México para escaparse de la violencia. Por sus esfuerzos ella ganó el Premio Nóbel de la Paz en 1992.**

(#8, D) **Dos españoles han recibido el Premio Nóbel de Medicina. Santiago Ramón y Cajal lo recibió en 1906 por su trabajo en el funcionamiento del sistema nervioso. Severo Ochoa lo recibió en 1959 por sus estudios sobre las enzimas.**

En esta lista también podemos incluir a un americano nacido en San Francisco, Luis Álvarez. El doctor Álvarez nació en 1911 en San Francisco, California. En 1936 recibió un doctorado en física de la Universidad de Chicago. Luego se instaló como profesor de física en la Universidad de California en Berkeley. (#9, C) **En 1968 recibió el Premio Nóbel de Física por su trabajo en este campo.**

Nóbel quería premiar a personas notables que hubieran contribuido al bien común del género humano. Como se puede ver, la comunidad mundial hispana ha participado y sigue participando en esta tarea de servir a los seres humanos y enriquecer su vida por medio de su trabajo, sea lo que sea.

CHAPTER 6

Exam Section I, Part B

Reading Comprehension: Longer Passages

IN THIS CHAPTER

Summary: In this part of the examination you will be given several reading passages. Each passage will be followed by several multiple-choice questions, which are based on the content of the passage. This portion of the examination is worth 30 percent of the total. The total amount of time given is approximately 40-50 minutes. Answers and explanations are at the end of the chapter.

- Read the entire passage once to see what it is about (context).
- Now that you have an idea of the content of the passage, look at the questions to see the type of information you need to look for in the passage.
- Read the passage a third time and determine what the answers are. You may wish to underline or star where you think the answers are found.
- If there are still words that you do not understand, try to make an educated guess at their meaning by looking at...
  - Cognates
  - The context of the passage, paragraph, or sentences before and after
  - Roots (smaller words inside larger ones)
  - Sounds (sometimes if you say a word softly to yourself you will hear and recognize it).
- You may want to answer the questions on scrap paper; that way, after you have done a few of the passages you can go back and check your comprehension.
- You might wish to make a list of the words that you look up. These can then be made into flash cards to practice. It is said that the best way to really acquire vocabulary is

through reading good literature! (Reading good literature can also help make us better writers.) But be careful to concentrate only on words you feel are high frequency, normal words, that is, words that are not exotic and infrequently used.

- Remember that it is better not to guess on Section I of the examination without having any idea of the answer. However, if you can narrow, down your choices, it might be to your advantage to make an educated guess.

- As this is the end of Section I, before time is called *you may go back* and look at the previous parts and check your answers or look again at any question you may have chosen not to answer to see if you might see something there you did not see the first time.

Reading Comprehension Practice

Longer Reading Passage 1

Las inquietudes de Shanti Andiá, por Pio Baroja (fragmento).

Tardé bastante tiempo en ir a la escuela. De chico tomé un golpe en una rodilla, y no sé si por el tratamiento del curandero, que me aplicó únicamente emplastos de harina y de vino, o por qué, el caso es que padecí, durante bastante tiempo, una artritis muy larga y dolorosa. 5

Quizá por esto me crié enfermizo, y el medico aconsejó a mi madre que no me llevara a la escuela. Mi infancia fué muy solitaria. Tenía, para divertirme, unos juguetes viejos que habían pertenecido a mi madre y a mi tío. Estos 10 juguetes que pasan de generación en generación tienen un aspecto muy triste. El arca de Noé de mi tío Juan era un arca melancólica; a un caballo le faltaba una pata; a un elefante, la trompa; al 15 gallo, la cresta. Era un arca de Noé que más parecía un cuartel de inválidos.

Mi tía Úrsula, hermana mayor de mi madre, solterona romántica, comenzó a enseñarme a leer. Doña Celestina era como el espíritu de la 20 tradición en la familia Aguirre; la tía Úrsula representaba la fantasía y el romanticismo.

Cuando mi tía Úrsula llegaba a casa, solía sentarse en una sillita baja, y allí me contaba una porción de historias y aventuras. 25

En Aguirreche, en su cuarto, la tía Úrsula guardaba libros e ilustraciones con grabados españoles y franceses, en donde se narraban batallas navales, piraterías, evasiones célebres y viajes de los grandes navegantes. Estos libros debían de haber estado en 30 alguna cueva, porque echaban olor a humedad y tenían las pastas carcomidas por las puntas. En ellos se inspiraba, sin duda, mi tía para sus narraciones.

La tía Úrsula solía contar la cosa más insignificante con una solemnidad tal que me maravill- 35 aba. Ella me llenó la cabeza de naufragios, islas desiertas y barcos piratas.

Sabía más que la generalidad de las mujeres, y, sobre todo, que las mujeres del país. Ella me explicó cómo iban los vascos, en otra época, a la 40 pesca de la ballena en los mares del Norte; cómo descubrieron el banco de Terranova, y cómo aun, en el siglo pasado, en los astilleros de Vizcaya y de Guipúzcoa, en Orio, Pasajes, Aguinaga y Guernica, se hacían grandes fragatas. 45

1. ¿Por qué tardó el chico en ir a la escuela?
   (A) por una enfermedad
   (B) por no haber una escuela cerca
   (C) por problemas de aprendizaje
   (D) por el curandero

2. Por su condición, el chico…
   (A) tenía muchos amigos.
   (B) recibió muchos juguetes.
   (C) estaba aislado y solo.
   (D) era inválido.

3. El chico comenzó a aprender gracias a…
   (A) su madre.
   (B) su hermana mayor.
   (C) un pariente paterno.
   (D) un pariente materno.

4. Podemos describir a la tía como…
   (A) soñadora y sentimental.
   (B) realista.
   (C) historiadora de la familia.
   (D) práctica.

5. ¿Cuál era la inspiración de sus historias?
   (A) los libros nuevos de la librería
   (B) los libros viejos de su biblioteca
   (C) su imaginación
   (D) la historia de la familia

6. Podemos deducir que el niño y su tía vivían…
   (A) en una zona de pesca.
   (B) en una zona agrícola.
   (C) en una ciudad.
   (D) en un pueblo.

Longer Reading Passage 2

≪Revolución de los gustos en el Perú≫, la revista Américas, páginas 45–49 [fragmento] junio, 2006. Reprinted from *Américas*, a bimonthly magazine printed in separate English and Spanish editions; published by the General Secretariat of the Organization of American States. (www.oas.org). Used with permission

Gastón Acurio se fue a Europa a estudiar derecho. Años más tarde, retornó al Perú con el título de chef graduado del Cordón Bleu de París, aunque él prefiere que lo llamen cocinero y punto. Fue así que en un ≪raro y fugaz arranque de valentía≫ como él mismo ha dicho en más de una ocasión, decidió orientar su vida hacia su verdadera pasión: la cocina. Su padre, un respetado político que fue senador y ministro durante los dos gobiernos de Fernando Belaúnde Terry, y que esperaba que su hijo siguiera sus pasos en la política, no tuvo más remedio que apoyarlo frente a semejante giro en su vida: de las cortes y el litigio, a los cucharones y el fogón.
Gastón Acurio es probablemente el miembro más exitoso de la Nueva Cocina Peruana, un título arbitrario—podrían objetar algunos— para un fenómeno culinario que existe y genera mucha expectativa: la revolución iniciada por una generación de cocineros formados en prestigiosas escuelas europeas, que hoy, despercudidos de tanto afrancesamiento, emplean sus técnicas para revalorizar la riqueza de la milenaria gastronomía peruana.

En la actualidad, la comida peruana está considerada como una de las doce mejores del planeta, según los entendidos, debido al exquisito resultado del sincretismo de sabores procedentes de diversos puntos del globo. En esta fusión de sabores, primó sobremanera el encuentro de dos mundos con absoluto desenfado y sin rencores: el andino y europeo.

≪Fue en el terreno≫ gastronómico en el cual los nativos oy invasores se entendieron mejor; de seguro porque el aspecto más permeable en cualquier cultura es el más cercano al placer, la

necesidad y el hambre≫, sugiere
Rodolfo Hinostroza, poeta y experto
en asuntos culinarios.

Este ≪mestizaje≫ dio inicio
a una suculenta creación de comidas 55
durante el virreinato, sobre las cuales
se forjó la cocina peruana tal como
la conocemos en la actualidad. Pero
la fusión no acabó ahí, por suerte.
Las migraciones de africanos, chinos, 60
árabes, japoneses y europeos
(especialmente del sur de España
y la costa de Liguria en Italia) sólo
contribuyeron a enriquecer e innovar
el uso de productos e ingredientes 65
en una de las regiones con
mayor biodiversidad del planeta.

Acurio refuerza este concepto:
≪La gran virtud de la cocina peruana
es que somos una fusión de sabores.≫ 70
Siempre hemos dado la bienvenida a
todo lo rico que hay, ya sea chino,
francés, español, italiano o japonés.
Pero más aún, el Perú es un país
despensa. Uno consigue todo el año 75
ochenta tipos de vegetales y sesenta
tipos de frutas. Además, un centenar
de microclimas en el país aseguran
que nunca faltará ninguna variedad
de nada. En España sólo se pueden 80
comer espárragos seis meses al año,
y en Chile la albahaca sólo se
consigue durante tres. Los cocineros
de climas mediterráneos están
obligados a reinventar las cartas de 85
los restaurantes en cada cambio de
estación. Pero aquí en Lima sólo lo
hacemos por el pánico a pasar de moda
en un mercado miniatura, despiadado,
conocedor y tragón. 90

En la actualidad, la comida
peruana genera un inusitado interés
en todo el mundo, en donde cada vez
es más común encontrar un buen
restaurante que ofrezca comida 95
peruana, ya sea en Nueva York,
Madrid, São Paulo, Montreal o
Seattle. A su vez, Lima es una
activa y bulliciosa plaza donde
se han abierto en los últimos años 100
catorce escuelas de cocina incluyendo un
proyecto con Le Cordon Bleu. La apertura
de nuevos restaurantes en Lima y otras ciudades
del país –que pese a crear preocupación entre
otros propietarios por sentir que no se 105
genera un incremento de comensales,
sino más bien una sobre oferta—pareciera
ser una señal de que a todos les va
muy bien. A esta ≪revolución≫, se 110
suma una ≪evolución≫ constante y
contundente de la comida peruana sin
perder su esencia. Por citar un caso: el
cebiche. Bajo el mismo nombre, se
consumen versiones distintas desde 115
el Perú hasta México. Sin embargo,
el origen de un plato tan sencillo y
exquisito fue en las costas soleadas
del Perú. La razón se remonta al
poder y la influencia que se 120
expandió desde Lima al resto de
Sudamérica, por más de cuatro
siglos durante el virreinato. Las recetas
gastronómicas no fueron una
excepción. Así, un cebiche fue 125
tomando cuerpo y sabor según la
región que abrazaba el nuevo potaje;
de ahí las variedades. Y sigue siendo
el caso que la Nueva Cocina Peruana
continúa incluyendo elementos 130
extranjeros y sigue evolucionando según las
áreas adonde se ha extendido.

1. Gastón Acurio se fue a Europa originalmente
   para estudiar para…
   (A) político.
   (B) abogado.
   (C) juez.
   (D) cocinero.

2. Gastón le pone mucha importancia de haber
   graduado del Cordon Bleu.
   (A) Sí, tiene mucho orgullo de haber graduado
       del Cordon Bleu.
   (B) No, no le importa tanto el título.
   (C) No, porque nunca lo hizo.
   (D) Sí, porque es bueno para el negocio.

3. La Nueva Cocina Peruana viene de…
   (A) Francia donde las escuelas prestigiosas tomaron la comida peruana y la renovaron con sus técnicas.
   (B) las nuevas escuelas culinarias que se han establecido en el Perú.
   (C) del descubrimiento de textos del tiempo de la conquista.
   (D) un grupo de cocineros que estudiaron en el extranjero y aplicaron lo aprendido a la cocina peruana.

4. La comida peruana tiene mucha popularidad…
   (A) sólo en el Perú.
   (B) sólo en las Américas.
   (C) en todo el mundo.
   (D) en Francia.

5. Cuando dice en las líneas 40–44: «En esta fusión de sabores, primó sobremanera el encuentro de dos mundos con absoluto desenfado y sin rencores: el andino y el europeo.» quiere decir…
   (A) la combinación de sabores de distintas partes del mundo ha ocurrido naturalmente y sin dificultades.
   (B) ha habido dificultades de superar en combinar los sabores.
   (C) la fusión de sabores siempre no ha tenido éxito.
   (D) por muchos años lo indígena y lo europeo no se mezclaron.

6. Según el poeta Rodolfo Hinostroza,…
   (A) la comida separó a los invasores de los indígenas.
   (B) el hambre provocó conflictos entre los invasores y los indígenas.
   (C) la comida unió a los indígenas y a los invasores.
   (D) los indígenas sufrieron del hambre por los invasores.

7. La palabra «mestizaje» en línea 54 quiere decir…
   (A) la combinación de cosas en una manera para crear algo nuevo.
   (B) la dominación de los productos venidos de otras partes.
   (C) el empobrecimiento de la cocina nacional.
   (D) el control ejercido sobre las colonias en el tiempo del virreinato.

8. El Perú, a diferencia de otros países del mundo,…
   (A) ha tenido gran éxito en la combinación de comidas de otras partes del mundo.
   (B) sólo puede producir ciertos productos durante ciertas estaciones del año.
   (C) tienen que revisar sus cartas con cada estación por la falta de ciertos productos.
   (D) puede proveer una variedad de productos a lo largo del año gracias a sus muchas zonas climáticas.

9. Una muestra de la popularidad de la comida peruana es que…
   (A) se puede encontrar restaurantes que ofrecen comida peruana en todo el mundo.
   (B) se han abierto escuelas de cocina peruana en la Ciudad de Nueva York, Madrid, São Paulo, Montreal y Seattle.
   (C) el Cordon Bleu ha establecido escuelas de cocina peruana en Nueva York, Madrid, São Paulo, Montreal y Seattle.
   (D) muchos viajan a Lima para probar este fenómeno gastronómico.

10. Según este artículo, la comida peruana…
    (A) ha perdido su carácter especial.
    (B) ha pasado por cambios sin perder su identidad.
    (C) no se ha cambiado desde los tiempos de la colonia.
    (D) el cebiche es igual no importa si se come en el Perú o en México.

Longer Reading Passage 3

**«Audaz artífice de bambú colombiano»,
la revista Américas, adoptado de las páginas
13–20, febrero, 2006. Used with permission.**

No importa a dónde lo lleve su   1
trabajo, ya sea la Florida, el Brasil,
México o Indonesia, hay algo que el
arquitecto colombiano Simón Vélez
siempre trae de regreso en su   5
maleta: plantas. Pequeñas plantas

de bambú. Y según dice, nunca
tiene problemas con la aduana
porque, después de todo, son
para fines científicos, y una vez   10
en suelo colombiano las planta y
las estudia. Pero, dice, «sin ser
nacionalista, no he encontrado
una especie más fuerte, derecha
y fácil de cosechar que la *Guadua*   15

angustifolia≫, que crece en su propio país.

Durante los últimos veinte años, Vélez ha diseñado y construido casas, hoteles, centros de convenciones, puentes y prácticamente todo lo que puede con la planta que domina ≪prodigio de la naturaleza≫.

Asegura que es más fuerte que el hierro, más flexible –es decir, que soporta mejor el tipo de presión que enfrentan los edificios durante los terremotos– crece más rápido que cualquier otra planta, lo que la convierte en un recurso renovable ideal; pero durante gran parte de la historia humana moderna, el bambú ha sido ignorado como material de construcción, excepto por los pobres. Esto es, hasta que intervino Vélez.

Durante las últimas dos décadas, sus heterodoxos diseños, técnicas y materiales han ganado adeptos desde la Florida hasta el Brasil y en una media docena de países, algunos tan alejados como China, y han dejado sus huellas en Alemania y Francia. Su trabajo es el tema central del libro *Grow Your Own House: Simón Vélez and Bamboo Architecture*, y se describe en varios otros.

Para lograr lo que Mehta llama ≪la calidad orgánica… en la manera que los materiales naturales se relacionan con uno≫, Vélez ha tenido que convencer a prosaicos burócratas de todo el mundo de que él puede construir con bambú en lugar de los materiales más ampliamente aceptados, como el ladrillo y la argamasa. En una oportunidad, tuvo que construir en Colombia una versión de un pabellón antes de que los ingenieros de Alemania lo aceptaran en la Expo 2000.

A lo largo de su trayectoria, quizá tan importante como sus casas, puentes, techos y torres, se encuentran las legiones de conversos a la causa del bambú que ha dejado a su paso en todo el mundo, y en muchos casos, incluso en lugares donde no ha estado, mediante referencias o libros que presentan sus fuertes pero graciosas, y firmes pero flexibles edificaciones.

La arquitecta Gale Beth Goldberg dice que recientemente el grupo de arquitectos y otros profesionales influidos por Vélez que están trabajando o apoyando el uso del bambú han hecho una diferencia: un grupo de arquitectos logró que los revisores del Código Internacional de la Construcción aprobaran una especie de bambú para usar como material de construcción después de realizar pruebas en el estado de Washington. Sin embargo, la especie *Bambusa stenostachya* es sólo una de lo que deben ser miles en todo el mundo.

≪Pero sienta el precedente≫, dice Goldberg refiriéndose a la aprobación.

Al mismo tiempo, dice, en países desarrollados como los Estados Unidos, los departamentos de construcción locales no están preparados para aceptar el bambú como material, y las madererías locales todavía no lo venden.

En cualquier caso, el mismo Vélez dice que el tipo de innovación que ha marcado su carrera es prácticamente imposible en el mundo desarrollado por otro motivo: los abogados.

≪En los países del primer mundo, nadie experimenta con materiales nuevos porque tienen miedo de que los demanden≫, dice.

Inesperadamente, el veterano arquitecto terminó la conversación de larga distancia diciendo: ≪de todas maneras, no estoy tratando de convencer a nadie de que use el bambú. No quiero que me encasillen,

como Sean Connery con James
Bond. Además, ni siquiera sé como   120
vender mi propio trabajo, y mucho
menos el bambú≫.

En lo que respecta al futuro,
dice: ≪no tengo objetivos claros≫.

Y luego, repitiendo un dicho   125
típico de la región de donde proviene,
rica en expresiones heredadas de
España, dice: ≪de todas maneras,
nunca se sabe para qué lado va a
saltar el conejo≫.   130

1. Simón Vélez nunca tiene problemas en llevar plantas a Colombia de otras partes porque…
   (A) es un arquitecto famoso.
   (B) las declara para el estudio científico.
   (C) las esconde en su maleta.
   (D) tiene conexiones con la aduana.

2. A través de sus estudios, Vélez…
   (A) no ha encontrado una planta más fuerte que la que crece en su propio país.
   (B) no ha visto mucha diferencia entre las plantas de distintos orígenes.
   (C) no es adecuado para la construcción.
   (D) tiende a ser menos flexible que el hierro.

3. Cuando Vélez dice en línea 25 que el bambú es ≪prodigio de la naturaleza≫ él quiere decir que…
   (A) es un desperdicio de la naturaleza.
   (B) es un milagro de la naturaleza.
   (C) es un producto de la naturaleza.
   (D) está en peligro de extinción.

4. Quizá la cosa más importante con relación a la preservación del medio ambiente es que…
   (A) es una planta abundante.
   (B) requiere menos terreno para su cultivo.
   (C) crece rápidamente entonces es un material de construcción que se reestablece pronto.
   (D) su cultivo produce menos contaminación.

5. El problema más grande que ha tenido Vélez es…
   (A) obtener ayuda financiera para sus proyectos.
   (B) obtener suficientes plantas para realizar obras grandes.
   (C) asegurar que sus estructuras puedan aguantar los terremotos.
   (D) convencer a los oficiales que él puede sustituir el bambú por otros materiales más convencionales.

6. A pesar de todo, hay esperanzas para extender el uso del bambú en visto de que…
   (A) hay cada vez menos recursos naturales para las construcciones.
   (B) un grupo de arquitectos ha aprobado el uso de un tipo de bambú para la construcción.
   (C) mucho burócratas han aprobado su uso.
   (D) el Código Internacional de la Construcción ha aprobado el uso de un tipo de bambú para la construcción.

7. En cuanto a los Estados Unidos…
   (A) los departamentos de construcción locales no están dispuestos a usar el bambú en la construcción.
   (B) se puede conseguir fácilmente en las madererías.
   (C) los departamentos de construcción locales son líderes en el uso del bambú.
   (D) las madererías están en contra de vender el bambú.

8. En los países industrializados, a diferencia de los países en vías de desarrollo, muchos tienen miedo de usar el bambú por…
   (A) la influencia de las madererías.
   (B) razones políticas.
   (C) por miedo de pleitos.
   (D) la desconfianza de los consumidores.

9. El deseo más fuerte de Vélez es de…
   (A) extender el uso del bambú como materia prima de construcción por todo el mundo.
   (B) ser conocido como padre de este movimiento.
   (C) no ser sólo conocido como padre de este movimiento.
   (D) poder vender su propio trabajo.

10. La expresión en las líneas 129 y 130, ≪nunca se sabe para qué lado va a saltar el conejo≫ quiere decir…
    (A) nadie sabe como va a resolverse la cuestión del uso del bambú.
    (B) él no ve claramente su futuro como arquitecto.
    (C) que todo no se resolverá a su medida.
    (D) que es una cuestión sin resolución.

Longer Reading Passage 4

≪Un paseo por el mundo taurino≫ por Rose Quiñones, prensa ≪ConXion≫, the Rochester Democrat and Chronicle's monthly bilingual newspaper, page 13, April 2006. Used with permission.

La corrida de toros es   1
una celebración española
considerada como deporte por
su competitividad y como arte   5
por el vestuario, música y
movimientos elegantes.
Durante la prehistoria, el toro
era venerado, representaba un
símbolo de fortaleza, y se   10
podían apreciar imágenes de
hombres luchando contra este
animal. Por su parte, durante la
época del Imperio Romano se
llevaban a cabo enfrentamientos   15
entre hombres a pie y a caballo
contra animales salvajes,
incluyendo toros. Asimismo,
fiestas taurinas se realizaban
durante la edad media para   20
celebrar acontecimientos de
cierta importancia, como las
bodas reales y nacimientos de príncipes.

Las corridas de toros son   25
prácticas que se han propagado
por varias partes del mundo.
FortuneCity.com indica que en
el continente americano naciones
como México, Venezuela,   30
Ecuador, Colombia, Perú,
Bolivia, Costa Rica, Guatemala,
Panamá y Nicaragua participan
en esta tradición.

A pesar de ser una   35
actividad muy popular,
muchos desconocen cómo se
efectúa una corrida de toros.

La tradición

Clarines y timbales suenan   40
al ritmo del pasodoble, ante
los espectadores aparece la
comitiva taurina constituida por
dos alguaciles a caballo,
aquellos que de manera   45

simbólica solicitan ante la
autoridad la llave de los toriles,
donde se encuentran los toros.
El resto de la comitiva
compuesto por tres toreros,   50
vestidos de trajes de luces y
con sombreros de tres picos,
son quienes por orden de
antigüedad lucirán sus faenas
y lidiarán con seis toros, dos para   55
cada uno. Detrás de ellos se
encuentran los miembros de
sus cuadrillas constituidos por
sus subalternos o banderilleros,
los picadores y el personal de la   60
plaza. Esta entrada lleva el
nombre de paseíllo y se encarga
de abrir de una manera formal
una corrida de toros, tal como
lo explica la enciclopedia   65
virtual Wikipedia.

La corrida de toros se
divide en tres tercios, los cuales
van marcados con el toque de
clarines y timbales. En la   70
primera parte, se da el
encuentro inicial entre el toro y
el torero y es cuando el matador
torea con su capote. Los dos
picadores entran montados a   75
caballo, los cuales tienen los
ojos cubiertos, y cada uno de
los picadores se coloca en un
extremo de la plaza. En ese
momento se lleva a cabo la   80
suerte o el lance de varas para
probar la bravura del animal y
dosificar su fuerza.
Durante el segundo tercio se
realiza la denominada   85
suerte de banderillas, con
la finalidad de enaltecer el
temperamento del animal. En
el tercer tercio, se efectúa la
parte decisiva de la corrida, la   90
llamada suerte suprema, y se
produce cuando el diestro torea
con una muleta, que consiste
en un bastón que lleva pendiente
a lo largo una capa, el torero

espera que el animal lo embista   95
y en el momento más indicado
procederá a la muerte del toro
utilizando su espada.

Si durante la jornada el
diestro hace una excelente   100
actuación, la multitud grita
≪¡Ole!≫ para manifestar su
aprobación. Al final de la
corrida se le entrega al matador
algunos de los trofeos que se   105
mencionan aquí en orden de
importancia: dos orejas y
el rabo, dos orejas y una oreja.

La atracción de las corridas
de toros radica en la   110
admiración del público al valor
y destreza que tiene el torero al
enfrentarse al toro. Sin embargo,
desde hace muchos años y en
varias partes del mundo ha   115
surgido la oposición hacia esta
fiesta taurina, debido a la
violencia que representa matar
al toro. Luego del ingreso de
España en la Comunidad   120
Europea algunas personas
sugirieron terminar estas
prácticas.

1. Algunos consideran la corrida de toros como un deporte…
   (A) porque es una competencia entre el hombre y el animal.
   (B) por los movimientos del torero y del toro.
   (C) por aspecto de celebración.
   (D) porque se práctica en todos los países de habla española.

2. En tiempos prehistóricos el toro…
   (A) representaba la fertilidad.
   (B) representaba la lucha entre el hombre y la naturaleza.
   (C) representaba la sobrevivencia del hombre gracias a su carne.
   (D) representaba la fuerza.

3. Durante la edad media se utilizaban las corridas…
   (A) para el entretenimiento del público.
   (B) para venerar al animal que era símbolo de fortaleza.
   (C) para celebrar acontecimientos importantes.
   (D) para mostrar la valentía de los hombres.

4. Según la descripción de cómo se presenta la corrida, podemos decir que…
   (A) es un evento muy parecido a como se realiza eventos como el fútbol.
   (B) es un evento llena de tradición y ceremonia.
   (C) es un evento en que sólo los que participan en la lucha se desfilan.
   (D) es un evento que se hace de maneras distintas en lugares distintos.

5. En cada corrida siempre hay…
   (A) tres matadores y sus subalternos que luchan en contra de tres toros.
   (B) seis matadores y sus subalternos que luchan en contra de seis toros.
   (C) seis matadores y sus subalternos que luchan en contra de tres toros.
   (D) tres matadores y sus subalternos que luchan en contra de seis toros.

6. La función de los picadores es de…
   (A) matar al toro.
   (B) ver la fuerza del toro y de apreciar el grado de su fuerza.
   (C) elevar el temperamento del animal.
   (D) torear con una muleta que es un bastón cubierto por una capa.

7. El honor más grande que puede recibir el torero si su actuación ha sido excelente es…
   (A) los gritos de ¡Ole! por los espectadores.
   (B) una oreja del animal.
   (C) las orejas y la cola del animal.
   (D) la cola del animal.

8. Lo atractivo de la corrida para algunos es…
   (A) la habilidad y la valentía del matador.
   (B) la violencia.
   (C) lo artístico de los movimientos.
   (D) la tradición y la historia del deporte.

9. De todos modos, algunas personas se oponen a la corrida…
   (A) porque es peligroso.
   (B) porque ya no es tan popular.
   (C) porque la Comunidad Europea no la aprueba.
   (D) por la crueldad hacia el toro.

10. Después de leer este artículo podemos decir que…
    (A) la corrida es una expresión artística.
    (B) la corrida es muy popular por todo el mundo.
    (C) la corrida simboliza la cultura hispánica.
    (D) la corrida tiene raíces históricas que predatan España.

Longer Reading Passage 5

≪Rastreando nuestras raíces familiares: explorando una parte ignorada de la historia de Puerto Rico≫ por José Olivieri Rivera, prensa ≪ConXion≫, the Rochester Democrat and Chronicle's monthly bilingual newspaper, October 2006. Used with permission.

Cuando pensamos en
Puerto Rico, regularmente
pensamos en un clima cálido,
música de calidad mundial,
playas hermosas y por supuesto
estupendo café. Podemos
enorgullecernos de nuestro
≪puertorricanismo≫ multicultural
y de la increíble mezcla de
influencias tainas, españolas y
africanas.

Mientras que disfrutamos
nuestro café recién hecho,
muchos de nosotros no conectamos
la industria del café con la
inmigración de familias de la
isla de Córcega.

Además de la industria
del café, los inmigrantes de
Córcega han influenciado la
música, cocina y política. Su
influencia es todavía muy fuerte
en nuestros días.

Córcega, la cuarta isla
más grande del mar
Mediterráneo, está localizada
en la parte oeste de Italia y el sur
de Francia. Muchas personas de
Córcega comenzaron a inmigrar
a Puerto Rico en 1850, cuando
España realizó la Real Cédula
de Gracias, alentando a
ciudadanos de España, Irlanda,
Alemania y Francia a mudarse
al Caribe o Sudamérica.

Se estima que actualmente
hay más de 400.000
descendientes de Córcega
viviendo en Puerto
Rico, muchos de los que se
mudaron debido a las
similitudes con su isla nativa.

Aunque muchos han
perdido sus conexiones con
Córcega, todavía les interesa
la historia detrás de sus
apellidos ya que la mayoría son
italianos o franceses.

Individuos y familias
pueden mantener conexión
con Córcega por medio de la
Asociación de Corzos de Puerto
Rico. Este grupo organiza viajes
a Córcega y ayuda a las personas
a explorar su herencia.

Según la página de
Internet Corsu Lista, alrededor
de 1800, colonizadores de
Córcega habían establecido
un mercado de café fuerte y
viable en Europa, donde ≪se
vendía por un precio alto≫.
Durante 1890, Puerto Rico
se estableció como el sexto más grande
productor de café
del mundo. Por esta razón,
muchos países intentaron copiar
los modelos de producción de
café de Puerto Rico. Aunque se
producía café en varias
regiones de Puerto Rico, según
el historiador puertorriqueño
Otto Sievenz Irizarry, Yauco
fue el pueblo conocido como
el lugar del café original.

≪Yauco era el pueblo≫

mencionó en una entrevista
telefónica, ≪en donde muchos
de los dueños de grandes
plantaciones tenían sus   80
residencias principales≫.

    El café de Yauco era
vendido a los ≪reyes y reinas
de toda Europa≫.

    ≪Bajo el nombre de San   85
Carlos, el café puertorriqueño
fue disfrutado por el papa y fue
reconocido como el café oficial
del Vaticano. ≫

    Una de las plantaciones   90
más grandes de Puerto Rico fue
nombrada ≪La hacienda del
Tomino≫ por el pueblo de
Tomino en Córcega. La
Tomino fue comenzada por   95
Domingo Olivieri (Dominique
en francés) que emigró a Puerto
Rico a mitades de 1840 para
unirse a su familia.

    El padre de Olivieri,   100
Antonio Olivieri y Antongiorgi,

vivía en Yauco de 1818 a
1847, cuando regresó a
Córcega donde murió en 1848.
Tras su llegada a Puerto Rico,   105
Olivieri comenzó a establecer su
distinción en la industria del café.
Los límites orginales de La
Tomino se extienden en la
actualidad de Yauco, Adjuntas   110
y Guayanilla.

    Domingo José Olivieri
explicó, ≪La mayoría del café
es vendida a mayoristas,
quienes venden el café a   115
grandes corporaciones para
mezclarlo y distribuirlo bajo
importantes marcas americanas. ≫

    Olivieri continuó diciendo
que ≪están orgullosos del   120
trabajo que ellos hacen y del
legado que las personas de
Córcega nos heredaron, aunque
seamos puertorriqueños de
corazón. ≫   125

1. El término ≪puertorricanísmo multicultural ≫ en línea 8 viene…
   (A) de la influencia que ha tenido el turismo en la isla.
   (B) de la influencia que diferentes culturas han aportado a la isla.
   (C) de la música puertorriqueña.
   (D) del comercio internacional de café de que ha gozado la isla.

2. La industria del café se debe en gran parte a…
   (A) los inmigrantes de España.
   (B) los inmigrantes del continente de la África.
   (C) los inmigrantes tainos.
   (D) los inmigrantes de una isla mediterránea.

3. La ola grande de inmigración del siglo XIX fue gracias a…
   (A) una invitación de España a inmigrantes europeos a venir a las Américas.
   (B) una guerra entre Francia y Alemania.
   (C) problemas políticos en Córcega.
   (D) el hambre causado por la escasez de la papa en Irlanda.

4. Se puede decir que lo atractivo para los inmigrantes corsos fue…
   (A) que la isla les parecía mucho a Córcega.
   (B) que la industria del café necesitaba trabajadores.
   (C) que muchos descendientes suyos vivían en la isla.
   (D) que existía una asociación de corsos en la isla para ayudarlos.

5. Muchos otros países trataron de copiar los modelos de producción de café de Puerto Rico…
   (A) por la calidad de su café.
   (B) por el precio que recibía su café.
   (C) por el éxito que su industria tenía.
   (D) porque tenía un mercado en Europa.

6. La grandeza del café puertorriqueño se veía en que…
   (A) se vendía mucho en Europa.
   (B) se vendía a las casas reales de Europa.
   (C) se vendía a precios muy altos.
   (D) se producía sólo en un lugar, Yauco, lo cual lo hizo muy raro.

7. Hoy día el café de La Hacienda del Tomino se vende…
   (A) en la isla de Córcega.
   (B) en el Vaticano.
   (C) a familias reales de Europa.
   (D) a compañías estadounidenses que lo venden bajos sus nombres.

8. ¿Qué quiere decir Olivieri en líneas 120–125 cuando dice «están orgullosos del trabajo que ellos hacen y del legado que las personas de Córcega nos heredaron, aunque seamos puertorriqueños de corazón»?
   (A) Los descendientes de los inmigrantes corsos se sienten todavía más corsos que puertorriqueños.
   (B) Los descendientes de los inmigrantes corsos se consideren puertorriqueños y al mismo tiempo tienen orgullo de su herencia.
   (C) A los descendientes de los inmigrantes corsos no les importa su herencia corsa.
   (D) Muchos descendientes de los inmigrantes corsos ya no trabajan en la industria del café.

Longer Reading Passage 6

La barraca (fragmento), por Vicente Blasco Ibáñez

Cuando en época de cosecha contemplaba el tío *Barret* los cuadros de distintos cultivos en que estaban divididas sus tierras, no podía contener un sentimiento de orgullo, y mirando los altos trigos, las coles con su cogollo de rizada blonda, los melones asomando el verde lomo a flor de tierra o los pimientos y tomates medio ocultos por el follaje, alababa la bondad de sus campos y los esfuerzos de todos sus antecesores al trabajarlos mejor que los demás de la huerta. 10

Toda la sangre de sus abuelos estaba allí. Cinco o seis generaciones de *Barrets* habían pasado su vida labrando la misma tierra, volviéndola al revés, medicinando sus entrañas con ardoroso estiércol, cuidando que no decreciera su jugo vital, acariciando y peinando con el azadón y la reja todos aquellos terrones, de los cuales no había uno que no estuviera regado con el sudor y la sangre de la familia. 20

Mucho quería el labrador a su mujer, y hasta le perdonaba la tontería de haberle dado cuatro hijas y ningún hijo que le ayudase en sus tareas: no amaba menos a las cuatro muchachas, unos 25

ángeles de Dios, que se pasaban el día cantando y cosiendo a la puerta de la barraca, y algunas veces se metían en los campos para descansar un poco a su pobre padre; pero la pasión suprema del tío *Barret,* el amor de sus amores, eran aquellas tierras, sobre las cuales había pasado monótona y silenciosa la historia de su familia. 30

Hacía muchos años, muchos —en los tiempos que el tío *Tomba,* un anciano casi ciego que guardaba el pobre rebaño de un carnicero de Alboraya, iba por el mundo, en la partida del Fraile, disparando trabucazos contra los franceses—, estas tierras fueron de los religiosos de San Miguel de los Reyes, unos buenos señores, gordos, lustrosos, dicharacheros, que no mostraban gran prisa en el cobro de los arrendamientos, dándose por satisfechos con que por la tarde, al pasar por la barraca, les recibiera la abuela, que era entonces una real moza, obsequiándolos con hondas jícaras de chocolate y las primicias de los frutales. Antes, mucho antes, había sido el propietario de todo aquello un gran señor, que al morir depositó sus pecados y sus fincas en el seno de la comunidad; y ahora, ¡ay!, pertenecían a don Salvador, un vejete de Valencia, que era el tormento del tío *Barret,* pues hasta en sueños se le aparecía. 50

1. El tío Barret es...
   (A) terrateniente.
   (B) agricultor.
   (C) mayoral.
   (D) gerente.

2. Su orgullo por esta tierra viene del hecho de que...
   (A) la habían trabajado generaciones de su familia.
   (B) es suya.
   (C) es tan bella.
   (D) produce en abundancia.

3. ¿Por qué es tener cuatro hijas algo que ≪perdonar≫?
   (A) Porque no tenía ayuda en los campos.
   (B) Porque pasaban el día cantando y cosiendo.
   (C) Porque descansaban mucho.
   (D) Porque tenía que casarlas.

4. Lo bueno de los religiosos que tenían la tierra era que...
   (A) trabajaban con los campesinos.
   (B) decían misa para los campesinos.
   (C) dieron las tierras a un gran señor.
   (D) no se apresuraban a coleccionar su renta de los campesinos.

5. El señor a quien pertenece la tierra ahora es...
   (A) un gran señor.
   (B) bueno.
   (C) una aflicción.
   (D) francés.

Longer Reading Passage 7

≪Inmigrantes: ¿Por qué la parte oeste de Nueva York?≫ por Joseph Sorrentino, escritor de ConXion, ≪ConXion≫, the Rochester Democrat and Chronicle's monthly bilingual newspaper, page 39, October 2006. Used with permission.

Cuando visitas casi   1
cualquier campo o casa de
trabajadores agrícolas durante
la cena, el olor a chiles y
tortillas de maíz calientes está   5
en el aire. Música mexicana
se toca en algún radio o
tocadiscos y jóvenes de
apariencia indígena descansan
en los sillones o se sientan a   10
la par de la mesa de la cocina.
Si cierras los ojos, los olores,
la música y el idioma te harán
pensar que estás en México.
Pero no es así. Estás en la   15
parte occidental de Nueva York
no muy lejos de la ciudad de
Rochester.

   La mayoría de los
trabajadores agrícolas del área   20
son de pueblos de las partes
rurales de estados como
Oaxaca, Chiapas y Guerrero;
estados localizados en la parte
sur de México.   25

   A pesar de que es difícil
tener un número exacto, la
mayoría de los grupos que
ayudan a los inmigrantes
estiman que hay   30
aproximadamente entre 50.000
y 60.000 trabajadores en la
parte occidental de Nueva York.   35

   ≪Al menos la mitad de
ellos están aquí ilegalmente,≫
mencionó Rosa Rivera,
directora del CITA (Centro
Independiente de Trabajadores
Agrícolas). Lo que significa   40
que estas personas viajaron por
más de 3.000 millas para llegar
aquí, y por el hecho de que
entraron como ilegales, tuvieron
que pagar alrededor de 2.500   45
dólares a un coyote para que
los pase a los Estados Unidos
ilegalmente.

   El viaje de Oaxaca a esta
parte de Nueva York es muy   50
largo, costoso y peligroso.
¿Por qué eligen este territorio
específicamente?

   ≪Ellos vienen aquí   55
porque la agricultura de
Nueva York es un negocio de
tres mil millones de dólares
por año,≫ mencionó Amy
Kadar, directora provisional
de CITA. ≪Es un negocio muy   60
grande y se necesitan muchos

trabajadores. La agricultura en Estados Unidos no funcionaría sin trabajadores agrícolas. ≫ 65

El viaje de Omar a Nueva York fue un poco más corto que la mayoría, ya que su hogar está en la Ciudad de México. Él ha estado en 70 este país por tres años y siempre ha trabajado en la agricultura.

≪Mi única opción de entrar a los Estados Unidos era como ilegal ya que el 75 consulado americano nunca me daría una visa, ≫ mencionó.

≪Yo crucé la frontera con un grupo de personas y con un coyote, y no conocía a nadie 80 del grupo. Después me encontré con un amigo que me dijo que aquí había mucho trabajo y no mucha gente como en Florida o California. 85 Estoy aquí sólo porque necesitan a muchos trabajadores. ≫

Raúl, un trabajador 90 agrícola de Oaxaca, mencionó que es mejor aquí que en los estados cerca de la frontera. ≪Hay más trabajos aquí, más 95 oportunidades. ≫

Eric Shoen de Rural Opportunities, Inc., una organización que ayuda a los inmigrantes, está de acuerdo. ≪Menos trabajadores vienen 100 a la parte occidental de Nueva York, entonces sí, probablemente es más fácil obtener trabajo. ≫

Mientras la mayoría de 105 los trabajadores agrícolas y los grupos de ayuda afirman que la disponibilidad de empleos es lo que atrae a las personas, la razón por la 110 llegada de Antonio fue más

que sorprendente.

≪Estoy aquí por el clima, ≫ dijo sin inmutarse. Después añadió ≪estuve en Miami por cinco años. Trabajé como 115 constructor y era muy caliente y húmedo. Me gusta más aquí. ≫

Bob King de Cornell Cooperative Extension indicó 120 que ≪hay una demanda muy fuerte para trabajadores en el área de la agricultura, y es todavía más fuerte en el área de los productos lácteos. ≫

En años recientes 125 algunos granjeros se han quejado de que no hay suficientes trabajadores en el área. Esto puede ser debido a la dificultad de ingresar a los 130 Estados Unidos después del 11 de septiembre, ya que se aumentó la vigilancia por parte del departamento de inmigración o por el hecho de 135 que muchos trabajadores han obtenido mejores trabajos en construcción.

La mayoría de las organizaciones que ayudan a 140 los inmigrantes no están de acuerdo con esto. Velma Smith, directora de Rural Opportunities Inc. es una de ellas.

≪Tal vez haya escasez 145 de trabajadores documentados. Sin embargo hay una saturación de trabajadores ilegales. ≫

El debate sobre la inmigración y qué hacer con 150 millones de personas que están aquí ilegalmente se ha convertido en un tema de mucha controversia recientemente, con diferentes 155 reglas en el congreso que buscan intensificar el control.

Muchos grupos de ayuda a los inmigrantes afirman que a pesar de la promulgación de 160

la legislación, siempre y cuando
exista pobreza en México,
muchos correrán el riesgo de
cruzar la frontera y
transportarse a áreas como   165
ésta.

1. La cosa quizá más curiosa en el primer párrafo es…
   (A) que no estás en México.
   (B) que estás en el estado de Nueva York.
   (C) que hay jóvenes de apariencia indígena.
   (D) que puedes comer chiles y tortillas calientes en el estado de Nueva York.

2. Muchos de los trabajadores agrícolas en este estado son…
   (A) de la parte norteña de México.
   (B) de la parte rural de México.
   (C) de la parte sureña de México.
   (D) de estados mexicanos.

3. En el párrafo 4 el «coyote» es…
   (A) alguien que cruza a los inmigrantes ilegales a los Estados Unidos.
   (B) un animal peligroso de que tienen que tener cuidado los inmigrantes al pasar la frontera.
   (C) la cantidad de dinero, $2.500 dólares, que pagan los inmigrantes ilegales para cruzar la frontera.
   (D) es lo que llaman el viaje por los Estados Unidos para llegar adonde hay trabajo.

4. En el sexto párrafo, según lo que dice Amy Kadar, podemos decir que…
   (A) la industria agrícola en Nueva York no es muy grande.
   (B) a la industria agrícola en Nueva York no le hacen falta trabajadores ilegales.
   (C) el trabajar ilegalmente en Nueva York es peligroso.
   (D) habría una crisis en la industria agrícola sin los trabajadores agrícolas.

5. La razón principal por la cual los trabajadores agrícolas se ven obligados a cruzar ilegalmente a los Estados Unidos es…
   (A) no tienen el dinero para comprar una visa en el consulado americano.
   (B) el gobierno estadounidense no les dará visas para venir a trabajar.
   (C) el gobierno mexicano quiere que se queden a trabajar en México.
   (D) es más lejos ir a las entradas legales para cruzar.

6. Otra razón por la cual muchos trabajadores agrícolas de México deciden venir al estado de Nueva York es que…
   (A) ya hay muchos trabajadores mexicanos aquí.
   (B) es más fácil llegar aquí.
   (C) hay más trabajos y menos trabajadores aquí.
   (D) la Oficina de Inmigración no los persigue tanto como en los estados de California y la Florida.

7. Una cosa sorprendente que ha influido en la decisión de algunos trabajadores de venir al estado de Nueva York es…
   (A) la necesidad de trabajadores agrícolas en el estado de Nueva York.
   (B) que hay trabajos en las industrias lácteas.
   (C) que hay trabajos en la construcción.
   (D) que el clima lo hace más agradable trabajar en el estado de Nueva York.

8. Más recientemente los granjeros de Nueva York han dicho que no tienen suficientes trabajadores por…
   (A) restricciones impuestas a partir del 11 de septiembre.
   (B) un sentimiento en contra de los inmigrantes que ha surgido a partir del 11 de septiembre.
   (C) unas mejoras en la economía mexicana que eliminan la necesidad de emigrar.
   (D) los inmigrantes han comenzado a conseguir mejores trabajos profesionales.

9. Velma Smith piensa que…
   (A) no hay una falta de trabajadores documentados ahora.
   (B) hay una saturación de trabajadores documentados.
   (C) hay una abundancia de trabajadores indocumentados.
   (D) los granjeros del estado de Nueva York tienen razón.

10. De todos modos, la conclusión de muchos es que…
    (A) la promulgación de legislación para controlar a los inmigrantes ilegales ayudará.
    (B) la falta de trabajos aquí disminuirá el deseo de inmigrar a los Estados Unidos.
    (C) las nuevas reglas del congreso van a intensificar el control sobre la inmigración ilegal.
    (D) si existe la pobreza en países vecinos muchos continuarán a arriesgarse en busca de una vida mejor.

Longer Reading Passage 8

≪Están orgullosas de ser latinas≫ por Marketta Gregory, ≪ConXion≫, the Rochester Democrat and Chronicle's monthly bilingual newspaper, page 17, April 2006. Used with permission.

Natazia Torres disfruta el poder hablar en español e inglés. A ella le gusta saber bailar y ser latina. (1)

≪Todos somos especiales de distintas maneras,≫ mencionó Natazia, de 11 año, con una sonrisa. (5)

≪Entonces está funcionando, ≫ mencionó Daisy Rivera Algarín, una de las organizadoras de ≪Soy única soy latina≫ y presidenta de Latinas Unidas. (10)

El evento gratuito, el cual atrajo a más de 200 jóvenes a la escuela Franklin en Norton Street, se enfocó en el desarrollo de habilidades cotidianas como el manejo de dinero, autoestima, y el elegir relaciones saludables. (15) (20)

Éste es el cuarto año que Latinas Unidas patrocina este evento, y la tercera vez que Natazia ha asistido. (25)

≪Me gusta que te dan cosas gratis,≫ mencionó Natazia, estudiante de quinto grado de la escuela #5. ≪Tenemos la oportunidad de hablar acerca de nuestra cultura y de asistir a talleres para (30) ayudarnos con nuestro crecimiento. Podemos bailar y no estar apenadas.≫ (35)

Varias personas bailaron al final del evento. El grupo Arco Iris invitó a las jóvenes que asistieron al evento a bailar en el escenario. (40)

Había gritos y aplausos. Jóvenes en faldas tradicionales mexicanas de color rojo, verde, morado y azul bailaron con otras jóvenes de camisetas y vaqueros. (45)

≪¿No están orgullosas de ser latinas?≫, un presentador preguntó.

Un rugido de ≪Sí≫ se escuchó de la gente, la mayoría entre las edades de 7 y 17 años. (50)

Algunos de los padres asistieron también, y cerca de 40 se quedaron para un taller de dos horas acerca de la educación de los hijos en dos culturas, mencionó Rivera Algarín. (55)

La sesión fue ofrecida en inglés y español. (60)

Ella mencionó que vio más apoyo y participación este año por parte de las familias.

≪Padres de familia están finalmente entendiendo,≫ mencionó Rivera Algarín, añadiendo que eventualmente Latinas Unidas espera alcanzar 1.000 jóvenes en el evento anual. (65) (70)

Para aquellos que piensan
en asistir el año que viene,
Natazia mencionó que vale mucho
la pena.   75

≪Es una gran manera de
expresarte y no deben de tener
miedo de asistir porque
aprenderán más de su herencia.p

1. Natazia Torres se siente especial por…
   (A) ser única.
   (B) tener 11 años.
   (C) poder hablar sólo inglés.
   (D) ser latina.

2. ≪Soy única soy latina≫ fue un evento…
   (A) de bailes y música.
   (B) de conciertos y música latina.
   (C) para aprender cosas para tener una vida mejor.
   (D) para mantener y mejorar el uso del español por parte de los hispanos.

3. Al final del evento, los jóvenes podían…
   (A) vestirse a la mexicana.
   (B) bailar enfrente de todos.
   (C) conocer al grupo Arco Iris.
   (D) recibir cosas gratis.

4. Al final del evento, los padres podían…
   (A) participar en una presentación sobre la crianza de los hijos en un mundo multicultural.
   (B) participar en clases de inglés y español.
   (C) mostrar su orgullo de ser latinos.
   (D) participar en el baile.

5. Rivera Algarín piensa que han tenido éxito en que…
   (A) 1.000 jóvenes asistieron este año.
   (B) 200 jóvenes asistieron este año.
   (C) 40 padres asistieron este año.
   (D) los padres ya entienden la importancia de eventos así.

6. Según Natazia, vale la pena asistir porque…
   (A) les darán cosas gratis.
   (B) es una manera de expresar quién eres.
   (C) se aprende mucho.
   (D) se puede conocer a otros jóvenes.

7. Podemos decir que la meta de Latinas Unidas en patrocinar tal evento es…
   (A) fortalecer a las familias hispanas.
   (B) ayudar a las familias hispanas a asimilarse.
   (C) divertir a los niños hispanos.
   (D) promover la herencia hispana en toda la comunidad.

Longer Reading Passage 9

1. Este sitio web sería de interés para…
   (A) adultos que tienen interés en viajar.
   (B) jubilados que tienen interés en viajar.
   (C) jóvenes que quieren viajar por los Estados Unidos.
   (D) jóvenes que quieren experimentar otra cultura y país.

2. La meta de este programa es…
   (A) darles a los jóvenes posibilidades de viajar.
   (B) promover la comprensión entre culturas distintas.
   (C) darles la oportunidad de vivir con una familia anfitriona.
   (D) darles la oportunidad de acampar.

3. Este programa tiene motivos…
   (A) educativos.
   (B) turísticos
   (C) laborales.
   (D) culturales.

4. A los participantes les hace falta…
   (A) ser apoyados por un club.
   (B) tener menos de 21 años.
   (C) conocer las costumbres del país que visitan.
   (D) tener un conocimiento de la lengua que se habla en el país que visitan.

5. Si un club recibe muchas solicitudes, se hace la selección por medio de…
   (A) exámenes en la lengua del país.
   (B) una lotería.
   (C) competiciones académicas.
   (D) la fecha de la solicitud.

6. Por la duración del programa, probablemente se realizará…
   (A) durante las vacaciones de invierno.
   (B) durante las vacaciones de verano.
   (C) durante las vacaciones de primavera.
   (D) durante un semestre escolar.

7. La responsabilidad para la preparación de los viajeros está a cargo…
   (A) del club local.
   (B) de los padres.
   (C) de los participantes mismos.
   (D) de los líderes del intercambio en la región de donde son y adonde van.

8. Los gastos para el viaje son pagados por…
   (A) una combinación de recursos del club y de la persona que participa.
   (B) el distrito donde se encuentra el club.
   (C) el club local.
   (D) la persona que participa.

9. Mientras el participante está en el país, los gastos de comida y alojamiento son la responsabilidad…
   (A) del club en el país que se visita.
   (B) del participante.
   (C) del club en el país de origen.
   (D) de la familia anfitriona.

10. Si quieres más información sobre lo que piensan los que ya han participado, tienes que ver
    (A) ≪Sea una familia anfitriona.≫
    (B) ≪Información para potenciales participantes en los intercambios.≫
    (C) ≪Opiniones de participantes en los intercambios.≫
    (D) ≪Información sobre el club patrocinador.≫

Longer Reading Passage 10

≪Pepita Jiménez≫ por Juan Valera, 1874 (fragmento)
-I-
Cartas de mi sobrino

22 de Marzo.

Querido tío y venerado maestro: Hace cuatro días que llegué con toda felicidad a este lugar de mi nacimiento, donde he hallado bien de salud a mi padre, al señor vicario y a los amigos y parientes. El contento de verlos y de hablar con ellos, después de tantos años de ausencia, me ha embargado el ánimo y me ha robado el tiempo, de suerte que hasta ahora no he podido escribir a Vd. Vd. me lo perdonará. Como salí de aquí tan

niño y he vuelto hecho un
hombre, es singular la
impresión que me causan
todos estos objetos que
guardaba en la memoria.
Todo me parece más chico,
mucho más chico; pero
también más bonito que el
recuerdo que tenía. La casa
de mi padre, que en mi
imaginación era inmensa,
es sin duda una gran casa
de un rico labrador; pero más
pequeña que el Seminario.
Lo que ahora comprendo y
estimo mejor es el campo de
por aquí. Las huertas, sobre
todo, son deliciosas. ¡Qué
sendas tan lindas hay entre
ellas! A un lado, y tal vez
a ambos, corre el agua
cristalina con grato murmullo.
Las orillas de las acequias están
cubiertas de yerbas olorosas
y de flores de mil clases.
En un instante puede uno
coger un gran ramo de
violetas. Dan sombra a estas
sendas pomposos y
gigantescos nogales, higueras
y otros árboles, y forman los
vallados la zarzamora, el rosal,
el granado y la madreselva.
Es portentosa la multitud
de pajarillos que alegran estos
campos y alamedas.
Yo estoy encantado con las
huertas, y todas las tardes me
paseo por ellas un par de horas.
Mi padre quiere llevarme a
ver sus olivares, sus viñas,
sus cortijos; pero nada de esto
hemos visto aún. No he salido
del lugar y de las amenas huertas
que le circundan.
Apenas hay aquí quien
acierte a comprender lo que
llaman mi manía de hacerme
clérigo, y esta buena gente me
dice con un candor selvático

que debo ahorcar los hábitos,
que el ser clérigo está bien
para los pobretones; pero que
yo, soy un rico heredero,
debo casarme y consolar la
vejez de mi padre, dándole
media docena de hermosos y
robustos nietos.
El único defecto que hallan
en mí es el de que estoy
muy delgadito, a fuerza de
estudiar. Para que engorde
se proponen no dejarme
estudiar ni leer un papel
mientras aquí permanezca,
y además hacerme comer
cuantos primores de cocina
y de repostería se confeccionan
en el lugar. Está visto:
quieren cebarme. No hay
familia conocida que no me
haya enviado algún obsequio.
Ya me envían una torta de
bizcocho, ya un cuajado,
ya una pirámide de piñonate,
ya un tarro de almíbar.
Los obsequios que me hacen
no son sólo estos presentes
enviados a casa, sino que
también me han convidado a
comer tres o cuatro personas
de las más importantes del lugar.
Mañana como en casa de la
famosa Pepita Jiménez, de quien
Vd. habrá oído hablar sin
duda alguna. Nadie ignora aquí
que mi padre la pretende.
Mi padre, a pesar de sus
cincuenta y cinco años, está tan
bien que puede poner envidia
a los más gallardos mozos del
lugar. Tiene además el
atractivo poderoso, irresistible
para algunas mujeres, de sus
pasadas conquistas, de su
celebridad, de haber sido una
especie de D. Juan Tenorio.
No conozco aún a Pepita
Jiménez. Todos dicen que es
muy linda. Yo sospecho que será

una beldad lugareña y algo
rústica. Por lo que de ella se
cuenta, no acierto a decidir   120
si es buena o mala moralmente;
pero sí que es de gran despejo
natural. Pepita tendrá veinte
años; es viuda; sólo tres años
estuvo casada. Era hija de   125
doña Francisca Gálvez, viuda,
como Vd. sabe, de un capitán
retirado. Hasta la edad de diez
y seis años vivió Pepita con su
madre en la   130
mayor estrechez,
casi en la
miseria.
Tenía un tío llamado
D. Gumersindo, poseedor
de un mezquinísimo   135
mayorazgo; pero D.
Gumersindo era un ser
extraordinario: el genio
de la economía. No se podía
decir que crease riqueza; pero
tenía una extraordinaria facultad   140
de absorción con respecto a la
de los otros, y en punto a
consumirla, será difícil hallar
sobre la tierra persona alguna
en cuyo mantenimiento,   145
conservación y bienestar hayan
tenido menos que afanarse la
madre naturaleza y la
industria humana. No se sabe
cómo vivió; pero el caso es que   150
vivió hasta la edad de ochenta
años, ahorrando sus rentas
íntegras y haciendo crecer su
capital por medio de préstamos
muy sobreseguros. Nadie por   155
aquí le critica de usurero, antes
bien le califican de caritativo,
porque siendo moderado en
todo, hasta en la usura lo era,
y no solía llevar más de un 10   160
por 100 al año, mientras que en
toda esta comarca llevan un 20 y
hasta un 30 por 100, y aún
parece poco.
    D. Gumersindo tenía   165

excelentes cualidades: era
afable, servicial, compasivo,
y se desvivía por complacer y
ser útil a todo el mundo   170
aunque le costase trabajo,
desvelos y fatiga, con tal de que
no le costase un real.
    Ya he dicho que era tío de la
Pepita. Cuando frisaba en los   175
ochenta años, iba ella a
cumplir los diez y seis.
Él era poderoso; ella
pobre y desvalida.
    En tan angustiosa situación,   180
empezó D. Gumersindo a
frecuentar la casa de Pepita y
de su madre y a requebrar a
Pepita con más ahínco y
persistencia que solía requebrar   185
a otras. Era, con todo, tan
inverosímil y tan desatinado
el suponer que un hombre, que
había pasado ochenta años sin
querer casarse, pensase en tal   190
locura cuando ya tenía un pie
en el sepulcro, que ni la madre
de Pepita, ni Pepita mucho
menos, sospecharon jamás
los en verdad atrevidos   200
pensamientos de D. Gumersindo.
Así es que un día ambas se
quedaron atónitas y pasmadas
cuando D. Gumersindo soltó
con la mayor formalidad y a   205
boca de jarro la siguiente
categórica pregunta:
—Muchacha, ¿quieres
casarte conmigo?
    Pepita, aunque la pregunta   210
venía después de mucha broma,
y pudiera tomarse por broma,
y aunque inexperta de las cosas
del mundo, por cierto
instinto adivinatorio que hay   215
en las mujeres y sobre todo
en las mozas, por cándidas
que sean, conoció que aquello
iba por lo serio, se puso
colorada como una guinda,   220
y no contestó nada. La madre

contestó por ella:
—Niña, no seas mal criada;
contesta a tu tío lo que
debes contestar: Tío, con   225
mucho gusto; cuando Vd.
quiera.

1. ¿Cómo se encuentra el protagonista?
   (A) Muy feliz de visitar a su tío.
   (B) Muy triste de haber estado ausente por tanto
       tiempo.
   (C) Muy alegre de ver el pueblo donde nació.
   (D) Muy triste por la salud de su padre.

2. Por sus ojos de hombre, ¿cómo se ve todo?
   (A) más feo que en sus recuerdos.
   (B) más inmensa que en sus recuerdos.
   (C) menos bonito que en sus recuerdos.
   (D) más pequeño que en sus recuerdos.

3. Por la descripción que nos da el protagonista en
   el segundo párrafo, podemos deducir que él está
   en…
   (A) el campo.
   (B) la ciudad.
   (C) la costa.
   (D) las montañas.

4. Al parecer, el padre del chico es…
   (A) un religioso.
   (B) un hombre rico.
   (C) un hombre pobre.
   (D) un hombre político.

5. ¿Qué profesión persigue Luís?
   (A) la de abogado
   (B) la de labrador
   (C) la de político
   (D) la de sacerdote

6. El defecto más grande que cualquiera pueda
   encontrar en Luís es el de…
   (A) ser no muy estudioso.
   (B) ser demasiado flaco.
   (C) ser muy social.
   (D) ser muy glotón.

7. Al padre de Luís le gustaría…
   (A) casarse con Pepita Jiménez.
   (B) casarla con Luís.
   (C) casarse con doña Francisca Gálvez, la madre
       de Pepita Jiménez.
   (D) ser un don Juan.

8. Podemos decir que el tío de Pepita era…
   (A) pobre pero caritativo.
   (B) rico pero caritativo.
   (C) avaro y mezquino.
   (D) labrador y afable.

9. ¿Cuál era la diferencia de edad entre tío y sobrina?
   (A) dieciséis años
   (B) veinte años
   (C) sesenta y cuatro años
   (D) tres años

10. Se puede decir que el primer matrimonio de
    Pepita Jiménez fue…
    (A) por amor.
    (B) por necesidad.
    (C) por dinero.
    (D) a la fuerza.

Answers and Explanations for Longer Passages

Longer Reading Passage 1

1. A (lines 5–6: padecer = *to suffer from*)
2. C (lines 7–9: solitaria = *lonely*)
3. D (lines 18–20: materna = *maternal*)
4. A (lines 21–22 fantasía y romanticismo = *fantasy and romanticism*)
5. B (lines 26–33: en su cuarto… guardaba libros…)
6. A lines 38–48: naufragio = *shipwreck*/barcos piratas = *pirate boats*/la pesca = *fishing*/ fragatas = *frigates*)

Longer Reading Passage 2

1. B (lines 1–2: derecho = *law*)
2. B (lines 5–6: y punto = *end of story*)
3. D (lines 26–34: formados = *trained* / revalorizar = *to revalue*)
4. C (lines 34–36)
5. A (lines 40–44: "In this fusion of flavors, the encounter of two worlds took priority with complete openness and without grudges: the Andean and European.")

6. C (lines 45–52: "It was in the field of gastronomy where natives and invaders understood each other best…")

7. A (lines 54–59: fusión = *fusion*)

8. D (lines 74–80: despensa = *pantry* [where food supplies are stored] / nunca faltará ninguna variedad de nada = *no variety of anything will ever be lacking*)

9. A (lines 93–98)

10. B (lines 110-113: sin perder su escencia = *without losing its essence*)

Longer Reading Passage 3

1. B (lines 7–10: "…he never has problems with customs, after all, they are for scientific use.")

2. A (lines 13–17: "…I have not found a species stronger, straighter and easier to harvest that the *Guadua angustifola* that grows in his own country.")

3. B (line 25: prodigio = milagro= *miracle*)

4. C (lines 30–33: "…it grows faster than any other plant, which makes it an ideal renewable resource")

5. D (lines 55–59: "…Vélez has had to convince bureaucrats lacking in imagination from all over the world that he can build with bamboo in place of more widely accepted materials,")

6. D (lines 83–87: " …a group of architects succeeded in getting the reviewers of the International Construction Code to approve a species of bamboo to be used as a construction material…")

7. A (lines 94–101: "…in countries like the United States, local building departments are not prepared to accept bamboo as a material…")

8. C (lines 104–108: " …the type of innovation that has marked his career is practically impossible in the developed world for another reason: lawyers.") (pleitos = *lawsuits*)

9. C (lines 118–120: I do not want to be limited (typecast), like Sean Connery with James Bond.")

10. A (lines 129–130: " …one never knows from which side the rabbit is going to jump".

Longer Reading Passage 4

1. A (lines 1–4: "The bullfight is a Spanish celebration considered a sport because of its competitiveness…"

2. D (lines 7–9: "…the bull was venerated, it represented a symbol of strength…")

3. C (lines 17–23: "In a like manner, bullfights were carried out during the Middle Ages to celebrate

events having a certain importance, such as royal weddings and the birth of princes."

4. B (lines 38–63)

5. D (lines 49–54: "…three bullfighters, dressed in their suit of lights and with three cornered hats, are those who in order of antiquity will show off their skills and will fight six bulls…")

6. B (lines 80–82: "…in order to test the ferocity of the animal and to measure its strength.")

7. C (lines 106–108: "…in order of importance: two ears and the tail, two ears, and one ear.")

8. A (109–113: "The attraction of the bullfight lies in the admiration of the audience of the bravery and skill that the bullfighter has when faced with the bull.")

9. D (lines 115–119: "…opposition has arisen in various places in the world because of the violence that killing the bull represents."

10. D (lines 7–23)

Longer Reading Passage 5

1. B (lines 6–11: "We can be proud of our multicultural "Puerto-Ricanism" and the incredible mixture of Taino, Spanish and African influences.")

2. D (lines 14–17: "…many of us do not connect the coffee industry with the immigration of families from the island of Corsica."

3. A (lines 28–35: "Many people from Corsica began to immigrate to Puerto Rico in 1850, when Spain issued the Royal Decree of Graces, encouraging citizens of Spain, Ireland, Germany and France to move to the Caribbean or South America.")

4. A (lines 40–42: "…many of those moved due to the similarities with their native island.")

5. C (lines 63–69: "During 1890, Puerto Rico established itself as the sixth largest producer of coffee in the world. For that reason, many countries tried to copy the production model of Puerto Rican coffee.")

6. B (lines 82–84: "Yauco coffee was sold to all the "kings and queens of Europe.")

7. D (lines 113–118: "The majority of the coffee is sold to wholesalers, who sell the coffee to large corporations to mix it and distribute it under important American brand names.")

8. B (lines: 120–125: "…they are proud of the work they do and of the legacy that they have inherited from the people of Corsica, even though we might be Puerto Ricans in our hearts.")

Longer Reading Passage 6

1. B (lines 1–10: la huerra = *orchard, small farm*)
2. A (lines 9–10 + 12–13 + 18 – 20: antecesores = *ancestors* / abuelos = *grandparents*)
3. A (lines 21–23)
4. D (lines 38–42: "…no mostraban gran prisa en el cobra de los arrendamientos…" = *they didn't show any great hurry in collecting the rent*)
5. C (lines 49–52: tormento = *torment*)

Longer Reading Passage 7

1. B (lines 12–18: "If you close your eyes, the smells, the music, the language will make you think that you are in Mexico. But that is not the case. You are in the western part of New York [state], not too far from the city of Rochester.")
2. C (lines 21-25: "…they are from towns from the rural areas of states like Oaxaca, Chiapas and Guerrero; states located in the southern part of Mexico.")
3. A (lines: 44–48: "…they had to pay around 2,500 dollars to a coyote so that he would transport them to the United States illegally.")
4. D (lines 60–65: "It is a very large business that needs many workers. Agriculture in the United States would not function without agricultural workers.")
5. B (lines 73–77: "My only option to enter the United States was as an illegal since the American Consulate would never give me a visa…")
6. C (lines 81–85: "After I met up with a friend who told me that there was a lot of work here and not many people come here like to Florida or California.")
7. D (line117: "I am here because of the weather,")
8. A (lines 129–133: "This is could be due to the difficulty in entering the United States after September 11th, as vigilance on the part of the Department of Immigration increased…")
9. B (lines 147–148: "Nevertheless there is a saturation of illegal workers.")
10. D (lines 161-166: "…always and whenever poverty exists in Mexico, many will take the risk of crossing the border and traveling to areas like this.")

Longer Reading Passage 8

1. D (lines 3–4: "She likes to know how to dance and to be a Latina.")

2. C (lines 16–22: "…is focused on the development of daily skills such as money management, self-esteem, and selecting healthy relationships.")
3. B (lines 39–41: "…invited the young girls who attended the event to dance on the stage.")
4. A (lines 54–59: "Some of the parents attended also, and almost 40 stayed for a two hour workshop about educating children in two cultures…")
5. D (lines 65–67: "Fathers are finally understanding," Rivera Algarín mentioned…"
6. B (lines 76–79: "It is a great way to express yourself and they should not be afraid to attend because they will learn about their heritage.")
7. A (lines 18–22 and 54–59)

Longer Reading Passage 9

1. D (the title of the Web page)
2. B (lines 14–15: "To create and promote a spirit of understanding among the peoples of the world.")
3. D (lines 18–19: "…it is about a unique opportunity for cultural learning.")
4. A (line 23, second bullet: "To be sponsored by a Lions Club.")
5. C (lines 30–33: "…frequently Lions Clubs organize oratory competitions, essay competitions or personal interviews to select the students who will participate in the exchanges.")
6. B (lines 35–36: "The majority of the exchanges have a duration of between four and six weeks.")
7. D (lines 39–41: "The preparation for the trip for the participants is the responsibility of the International Exchange from the region sponsoring the trip and from the region hosting the trip.")
8. A (lines 42–47: "The cost of transportation (including tickets, insurance, airport taxes, customs taxes, the cost of layovers and one night's lodging) are the responsibility of the sponsoring Lions Club. These costs can be paid for by the club with district funds (if there are any), by the youth, by the family of the youth or by some combination of these.")
9. A (lines 48-49: "The expenses for food and lodging are the responsibility of the hosting Lions Club.")
10. C (fourth section under "more information": "Opinions of the participants in the exchanges.")

Longer Reading Passage 10

1. C (lines 2–4: "…I arrived with complete happiness in this place of my birth ")

2. D (lines 23–24: "Everything seems smaller to me, much smaller;")

3. A (lines 30, 34, 36, 47–48, 49–50, 53)

4. B (line 30: "…a rich laborer;…")

5. D (lines 65–66: "…my obsession with becoming a cleric…")

6. B (lines 76–79: "The only defect they find in me is that of being very skinny, from studying too much.")

7. A (lines 103–104: Nobody here is unaware that my father is courting her.")

8. D (lines 166–170: "Don Gumersindo had excellent qualities: he was affable, obliging, compassionate, and he would go out of his way to please and to be useful to everyone…")

9. C (lines 175–177: "I have already said he was Pepita's uncle. When he was getting on to being 80, she was going to be 16." [80−16=64]

10. B (lines 178–179: "He was powerful; she was poor and destitute.")

CHAPTER 7

Exam Section II, Part A

Paragraph Completion with Root Words

IN THIS CHAPTER

Summary: In this part of the examination, you will be given one short reading selection, which will have several numbered blanks. For each numbered blank, there will be a word that you must fit correctly into the blank. These may be adjectives, adverbs, or verbs. In some cases, you may not have to change the word at all, but be sure to write it again on the line provided. This portion of the examination, is worth 2.5 percent of the total. The total amount of time given for the cloze passage is 7 minutes. Answers and explanations are at the end of this chapter.

- Read the entire passage before you try to fill in the blanks. Consider the following:
  ○ Is the passage narrated in the present or past?
  ○ In what person is it narrated (first or third)?
  ○ Is the subject a single male or female?
  ○ Is the subject plural (a group of males, a group of females, or a mixed group)?
- If the word given is an adjective, check to see to what, or to whom, it refers. You might have to look at the sentence before or after: **El agua de este lago siempre era bien fría. Pero no le importaba a Juan porque era tan _____ y refrescante. (limpio)** Notice that we say **el agua,** although **agua** is really feminine, as can be see by the adjective **fría.** Therefore, you should fill in the blank with **limpia.**
- If you are unsure of the gender of a word, look for other clues. For example: **No hay _____ problema tan serio que no se puede resolver (ninguno).** Note that the adjective describing **problema (serio)** is in the masculine singular form; therefore, you can deduce that **problema** is masculine and **ningún** is the correct answer.

- If the passage is narrated in the past, you may need to use past tenses or tenses related to the past (preterit, imperfect, pluperfect, conditional, imperfect subjunctive, pluperfect subjunctive).
- If the passage is in the present, you may need to use tenses related to the present (future, present perfect, commands, present subjunctive, present perfect subjunctive).
- Remember to use the past participle of a given verb after **haber** (**-ado, -ido, -cho, -to, -so**).
- Remember that after the verbs **ser** and **estar,** or by itself, the past participle (**-ado, -ido, -cho, -to, -so**) is used as an adjective and needs to agree in gender and number with the noun it modifies: **La ventana,** *rota por la pelota,*...
- Remember that after **estar, seguir, continuar,** and verbs of motion (**llegar, correr, andar,** etc.), the gerund is used (**-ando, -iendo, -yendo, -endo**).
- As you work through these exercises, write your answers on scrap paper. Then, after you have practiced a few, you can go back and redo some of them to see if you understand them any better.
- Look carefully at the explanations provided with the answers for each item as they contain further strategies and review material.
- Do not write or print your answer in all capital letters as you will receive no credit.
- Only use a capital letter for a proper noun or when the word begins a sentence.
- Even if no change is needed, be sure to rewrite the word on the blank. Do not write "the same" or "lo mismo" as you will receive no credit.

Paragraph Completion Practice

Paragraph Completion with Root Words 1

≪*Una carta a Dios*≫ por Gregorio López y Fuentes. *Galeria Hispanica,* Copyright © McGraw-Hill, 1979. Used with permission.

Y, no para desilusionar (1) tesoro de fe, descubierto por una carta que no podía ser (2), el jefe de la oficina tuvo una idea: contestar la carta. Pero cuando (3) abrió era evidente que para contestarla necesitaba algo más que (4) voluntad, tinta y papel. Pero siguió con su determinación: pidió dinero a su empleado, él mismo dio parte de su sueldo y varios amigos suyos (5) que darle algo ≪para una obra de caridad≫.

  Fue imposible para él reunir los (6) pesos pedidos por Lencho, y sólo pudo enviar al campesino un poco más de (7) mitad. Puso los billetes en un sobre dirigido a Lencho y con (8) una carta que tenía sólo una palabra como firma: DIOS.

1._____ (aquello)

2._____ (entregado)

3._____ (lo)

4._____ (bueno)

5._____ (tener)

6._____ (ciento)

7._____ (el)

8._____ (él)

Paragraph Completion with Root Words 2

≪*A los venezolanos*≫ Cuartel general de Caracas, 13 de agosto de 1813" Simón Bolívar.

Nada me es más satisfactorio que (1) venido venciendo tantas dificultades y peligros para daros la libertad de que estabais (2). Lo he conseguido, y defenderé vuestros derechos hasta el último período de mi vida. Se necesitan sacrificios, y cuento con vosotros. No otro interés, no otro deseo debe ser el de todo conciudadano, que el de (3) a toda costa la República. Yo he entrado en (4) Capital a tiempo que la dilapidación y torpeza del Gobierno español (5) agotado todos los recursos, y reducido a la nada los fondos públicos. Aún no ha terminado la guerra, y me he (6) llevar mis huestes vencedoras donde quiera que (7) enemigos de la Patria; pero tocando los inconvenientes que resultan de la inmoderada distribución de los premios en personas que no los hayan merecido por (8) sacrificio extraordinario al Estado: desde ahora os hago conocer que todo empleado, sea militar ó político, (9) será para servirlo, y no para presentarse con pomposas decoraciones, y para obtener sueldos extraordinarios que debilitaron (10) hicieron ridícula nuestra República naciente.

1._____ (haber)

2._____ (privado)

3._____ (conservar)

4._____ (este)

5._____ (haber)

6._____ (proponer)

7._____ (haber)

8._____ (alguno)

9._____ (lo)

10._____ (y)

Paragraph Completion with Root Words 3

≪*Celebración del día de los muertos en México*≫ **por Joseph Sorrrento, prensa, p. 40, octubre, 2006 ≪ConXion≫, la edición mensual en español de The Democrat and Chronicle, Rochester, New York. Used with permission.**

El día de los muertos trae para muchas personas imágenes de calaveras de azúcar, tumbas (1) con flores rojas y amarillas y la noche entera en el cementerio. La atmósfera no es triste, pero tampoco es de fiesta. A menos de que como yo, (2) en San Agustín o alguna otra villa de México (3) Comparsa. (4) celebración inicia al atardecer y termina después del amanecer. Los hombres se disfrazan y marchan a lo largo de la villa acompañados por una banda. Algunos hombres se visten con capas que tienen espejos pequeños ya sea para atraer espíritus de seres queridos que (5) o para ahuyentar al diablo. Se detienen en casas en las que bailan y aprovechan para descansar un poco. Después de 14 horas o más, la música (6) se detiene y los hombres, exhaustos pero orgullosos de su hazaña (7).

1._____ (decorado)

2._____ (estar)

3._____ (celebrar)

4._____ (Este)

5._____ (fallecer)

6._____ (final)

7._____ (desplomarse)

Paragraph Completion with Root Words 4

≪*El Gato de Sèvres*≫ **por Marco A. Almazán.** *Galeria Hispanica,* **Copyright © McGraw-Hill, 1979. Used with permission.**

El coleccionista llegó hasta la esquina y después (1) sobre sus pasos, aparentando fastidio (2) indiferencia. Como quien no quiere la cosa, (3) frente al escaparate de la tienda y paseó la mirada (4) por el amontonamiento de cachivaches que se exhibían: violines viejos, mesas y sillas cojas, figurillas de porcelana, óleos desteñidos, pedazos de cacharros supuestamente mayas o incaicos y, en fin, las mil y (5) menudencias que (6) acumularse en tiendas de (7) especie. Con el rabillo del ojo, el coleccionista atisbó una vez más el plato en que (8) leche el gato. No cabía duda: Sèvres legítimo. Posiblemente del (9) tercio del siglo XVIII. Estos animales – pensó el experto, (10) a los dueños… —no saben lo que tienen entre manos…

1._____ (volver)

2._____ (y)

3._____ (detenerse)

4._____ (desdeñoso)

5._____ (uno)

6._____ (soler)

7._____ (este)

8._____ (beber)

9._____ (segundo)

10._____ (referirse)

Paragraph Completion with Root Words 5

≪*Grupo literario ConXion lee "El cuento de la isla desconocida*≫ **por Diana Chapoy-Callahan, coordinadora, p. 42, septiembre, 2006 ≪ConXion≫, la edición mensual en español de The Democrat and Chronicle, Rochester, New York. Used with permission.**

El escritor portugués José Saramago, (1) la literatura hispana y sus escritores de distintas maneras. Sus combinaciones únicas de historia, cuentos, leyendas y surrealismo le han otorgado un especial reconocimiento a lo largo del mundo.

Saramago ha sido parte del Partido (2) Portugués desde 1969 y sus diferentes ideas y posturas han causado controversia en Portugal y muchos otros países.

El grupo literario ConXion, (3) uno de los cuentos de Saramago, titulado *El cuento de la isla desconocida*, una fábula simple y (4), con un mensaje significativo para el lector. Es una obra perfecta para (5) a adentrarse en el estilo (6) ideología del escritor. Otros libros importantes escritos por Saramago son *El año de la muerte de Ricardo Reis* (1984), *Ensayo sobre la ceguera* (1995), y *Todos los nombres* (1997), entre (7).

Saramago también (8) libros de poesía, ensayos, y obras de teatro, y (9) el Premio Nóbel de Literatura en 1998.

El grupo literario ConXion (10) para conversar acerca de *El cuento de una isla desconocida* el jueves 21 de septiembre a las 7:30 p.m.

1._____ (influenciar)
2._____ (Comunista)
3._____ (leer)
4._____ (directo)
5._____ (comenzar)
6._____ (y)
7._____ (otro)
8._____ (escribir)
9._____ (recibir)
10._____ (reunirse)

Paragraph Completion with Root Words 6

≪*El Mensajero de San Martín*≫ *Galeria Hispanica,* Copyright © McGraw-Hill, 1979. Used with permission.

Entre (1) que presenciaron los golpes se encontraba un soldado chileno que, como todos sus compatriotas, (2) con la causa de (3) libertad. Tenía dos hermanos, agentes de San Martín, y él mismo (4) la ocasión favorable para abandonar el ejército real. El valor del muchacho lo llenó de admiración.

A medianoche el silencio más profundo (5) en el campamento. Los fuegos estaban (6) y sólo los centinelas velaban con (7) arma en el brazo.

Miguel estaba en una choza, donde lo (8) bajo cerrojo, sin (9) más de él.

Entonces, en el silencio de la noche, (10) un ruido como el de un cerrojo corrido con precaución. La puerta se abrió despacio y apareció la figura de un hombre. Miguel se levantó sorprendido.

1._____ (el)
2._____ (simpatizar)
3._____ (el)
4._____ (esperar)
5._____ (reinar)

6._____ (apagado)
7._____ (el)
8._____ (dejar)
9._____ (preocuparse)
10._____ (oír)

Paragraph Completion with Root Words 7

≪*Una Medalla de Bronce*≫ por **Álvaro de Laiglesia.** *Galeria Hispanica,* **Copyright © McGraw-Hill, 1979. Used with permission.**

Una noche, después de avanzar durante todo el día sin encontrar resistencia, mi pelotón (1) en una casucha abandonada. (2) seis hombres al mando de un cabo. Estábamos cansadísimos y nos quedamos (3) dormidos. Tan profundamente, que al amanecer nuestra compañía (4) la orden de retirarse y nosotros no nos enteramos. A la mañana siguiente, nos despertó un tiroteo: estábamos aislados del resto de nuestras fuerzas y el enemigo (5) la casucha. Nos defendimos (6) desde las ventanas durante todo (7) día. Por fortuna, los atacantes eran escasos y malos tiradores. Al (8) una patrulla llegó a liberarnos y el capitán nos echó una bronca por (9). Pero como luego resultó que aquella casucha era un punto estratégico, el propio capitán no (10) más remedio que condecorarnos por haberla defendido.

1._____ (refugiarse)
2._____ (ser)
3._____ (profundo)
4._____ (recibir)
5._____ (rodear)
6._____ (disparar)
7._____ (el)
8._____ (anochecer)
9._____ (dormirse)
10._____ (tener)

Paragraph Completion with Root Words 8

≪*Argentino Gustavo Santaolalla gana Oscar*≫ **por Diana Chapoy-Callahan, coordinadora, p. 44, abril, 2006** ≪**ConXion**≫**, la edición mensual en español de The Democrat and Chronicle, Rochester, New York. Used with permission.**

La comunidad hispana fue bien (1) en la pasada entrega de los premios Oscar con varios nominados y

(2) ganador en la categoría a la mejor canción escrita para una película, el argentino Gustavo Santaolalla, quien compuso (3) tema de la película *Brokeback Mountain*.

Este premio es un reconocimiento importante a su arduo trabajo y experiencia, la cual va más allá de fronteras y culturas.

"A Love that Will Never Grow Old" le dio un Golden Globe por la canción más original y hace unas semanas (4) el Oscar presentado por Salma Hayek, no pudo (5) el podio de una mejor manera, (6) su reconocimiento a todos los latinos, "Para todos los latinos, muchas gracias," comentó emocionado el compositor.

Es bueno (7) el talento de (8) hispanos que día tras día colaboran en (9) creación del séptimo arte. Esperamos que la lista (10) en la entrega de premios Oscar el año entrante.

1._____ (representado)
2._____ (uno)
3._____ (el)
4._____ (llevarse)
5._____ (dejar)
6._____ (dedicar)
7._____ (reconocer)
8._____ (tanto)
9._____ (el)
10._____ (aumentar)

Paragraph Completion with Root Words 9

«*Manuel*» por Pedro Villa Fernández. *Galería Hispanica,* Copyright © McGraw-Hill, 1979. Used with permission.

Manuel era el indio más popular de un pequeño pueblo que (1) entre las montañas a unas (2) millas al sur de Ciudad Bolívar. Allí vivía con un pequeño grupo de (3) humanos inconscientes todos de su pobreza, rodeados de (4) libertad y abundancia de miseria, hablando una mezcla de español e indio, medio desnudos, con el pelo y las uñas largas, los pies grandes y duros como piedras, los labios secos, la inteligencia atrofiada y el instinto tan despierto como (5) de un animal de la selva.

Todos se parecían, (6) y psicológicamente, todos menos Manuel, quien tenía algo diferente. (7) una luz en sus ojos y en su mente. Parecía menos indio que los demás. Su piel era más (8). Era más alto. Hablaba español mucho mejor. Tenía una imaginación viva. Manuel tocaba una pequeña guitarra que siempre

llevaba consigo, y cantaba canciones que los demás indios jamás (9). Había venido al pequeño pueblo cuando (10) unos catorce años. ¿De dónde? «De allá», era todo lo que les decía que muy lejos. ¿Quiénes eran sus padres? No lo sabía. Así fue que el chico (11) a formar parte del pequeño grupo de indios que lo recibieron con gusto, pues traía una guitarra y cantaba como un ángel.

1._____ (hallarse)
2._____ (ciento)
3._____ (ser)
4._____ (relativo)
5._____ (el)
6._____ (físico)
7._____ (Haber)
8._____ (blanco)
9._____ (oír)
10._____ (tener)
11._____ (venir)

Paragraph Completion with Root Words 10

«*Niebla*» por Miguel de Unamuno, Edición Cátedra, S.A. 1999. Used with permission.

Al (1) Augusto a la puerta de su casa (2) el brazo derecho, con (3) mano palma abajo y abierta, y (4) los ojos al cielo quedóse un momento (5) en (6) actitud estatuaria y augusta. No era que tomaba posesión del mundo exterior, sino era que observaba si llovía. Y al recibir en el dorso de la mano el frescor del lento orvallo frunció el entrecejo. Y no era (7) que le (8) la llovizna, sino el (9) que abrir el paraguas. ¡Estaba tan elegante, tan esbelto, plegado y dentro de su funda! ¡(10) paraguas cerrado es tan elegante como es feo un paraguas (11)!

1._____ (aparecer)
2._____ (extender)
3._____ (el)
4._____ (dirigir)
5._____ (parado)
6._____ (este)
7._____ (también)
8._____ (molestar)
9._____ (tener)
10._____ (Uno)
11._____ (abierto)

Answers and Explanations

Paragraph Completion with Root Words 1

1. **aquel: Aquel** is the demonstrative adjective (*that*). Here it modifies **tesoro**, which is a masculine singular noun.
2. **entregada:** After the verb **ser** the past participle (**-ado, -ido, -cho, -to, -so**) is used to form the passive voice ("...*that could not be delivered,*"). After **ser** it functions as an adjective and must agree in gender and number with the noun to which it refers, here **carta**.
3. **la: La** (it) is the direct object pronoun of the verb **abrió** and refers to **la carta**.
4. **buena:** Words that end in **-tad** are feminine (words that end in **-sión, -ción, -dad, -tud,** and **-umbre** are also feminine).
5. **tuvieron:** The preterit is used here as they "*had to give*" and did. The action is completed.
6. **cien: Ciento** becomes **cien** when used in front of a noun and the numbers **mil** and **millones**.
7. **la:** Words that end in -tad are feminine (words that end in **-sión, -ción, -dad, -tud,** and **-umbre** are also feminine.
8. **ellos** (them): Here **ellos** is a prepositional pronoun and refers back to **los billetes** ("He put the bills in an envelope addressed to Lencho and with *them* a letter...").

Paragraph Completion with Root Words 2

1. **haber:** As there is no second subject here we leave the verb in the infinitive ("Nothing pleases me more than *to have* come..."). The infinitive is being used as a noun.
2. **privados** (deprived): After the verbs **estar** and **ser**, and referring to a noun, the past participle (**-ado, -ido, -cho, -to, -so**) is used as an adjective and agrees in gender and number with the noun or pronoun it modifies (here, **os**).
3. **conservar:** After a preposition (**de**) the only form of the verb that may be used in Spanish is the infinitive.
4. **esta:** The word **capital** when refering to a city is feminine. It is masculine when referring to money.
5. **ha:** Here the present perfect (**ha agotado**) is being used to refer to something that has recently happened ("...the squandering and stupidity of the Spanish government *has depleted* all resources...").

6. **propuesto:** After any form of the verb **haber** the past participle (**-ado, -ido, -cho, -to, -so**) is used to form the perfect tense. Here the present perfect, **me he propuesto** ("I have *proposed*...") is used.
7. **haya:** After the indefinite expression **dondequiera** (in the original speech written as two words) the subjunctive is used. Here, as the narration is in the present, the present subjunctive is used.
8. **algún: Alguno** (some) becomes **algún** before masculine singular nouns.
9. **lo:** The direct object pronoun is used here as to refer back to **empleado**.
10. **e: E** is used instead of **y** (and) in front of words beginning in **i** or **hi** for correct pronunciation.

Paragraph Completion with Root Words 3

1. **decoradas:** After the verbs **estar** and **ser**, and to refer to a noun, the past participle (**-ado, -ido, -cho, -to, -so**) is used as an adjective and agrees in gender and number with the noun it modifies (here, **tumbas**).
2. **estés/esté/estén/estéis:** After the expression **a menos que** (unless) the subjunctive is used. Here, as the narration is in the present, one uses the present subjunctive. In the original article the author used **estés** but **esté, estén** or **estéis** could have been used as well for **usted, ustedes,** or **vosotros**.
3. **celebrando:** After **estar, seguir, continuar** and other verbs indicating motion use the gerund (**-ando, -iendo, -yendo, -endo**). Here **celebrando** goes with **estés**.
4. **Esta:** Words ending in **-ción** are feminine. Be sure to capitalize the first letter at the beginning of the sentence.
5. **han fallecido:** As the narration is in the present, use the present perfect to indicate an action that has recently occured. ("Some men dress in capes that have small mirrors for attracting the spirits of loved ones who *have died*..." It should be noted that **fallecieron** could be acceptable. In Mexico as well as some other Spanish-speaking countries, the use of the preterit instead of the present perfect is quite common.

6. **finalmente** (finally): Here we change the adjective **final** to the adverb **finalmente** which modifies the verb **se detiene**.

7. **se desploman:** After the conjunction **y** another conjugated verb is needed. As the passage is narrated in the present use the present tense. The subject here is **los hombres**.

Paragraph Completion with Root Words 4

1. **volvió:** Here the preterit is used to indicate an action that has occurred. ("The collector arrived at the corner and after *retraced* his steps,…")

2. **e:** E is used instead of **y** (and) in front of words beginning in **i** or **hi** for pronunciation.

3. **se detuvo:** Here the preterit is used to indicate an action that has occurred. ("Like someone who did not want the thing, he *stopped* in front of the store window…") (…an action that occurred and had been completed.)

4. **desdeñosamente:** Here the adjective **desdeñoso** needs to be changed to an adverb as it modifies a verb, **paseó**. To form the adverb, if the adjective ends in **–o**, change it to **–a** and add **–mente**. If it ends in **–e** or a consonant, just add **–mente**.

5. **una:** Here **uno** changes to **una** as it is being used before a feminine noun, **menundencias**. Remember that with numbers **uno** will change to **un** or **una** depending on the noun that follows (**veintiún chicos, veintiuna chicas**).

6. **suelen/solían:** As the verb **soler** means "to be in the habit of" both the present and the imperfect could be used here. The preterit could not be used because the verb indicates repetition or habituality. In the original it is in the present to indicate that these things "*tend* to accumulate in these types of stores."

7. **esta:** Words that end in **–ie** are feminine.

8. **bebía:** The imperfect is used here to indicate an action that was in progress: "… en que bebía leche el gato." (… in which the cat *was drinking* milk.")

9. **segundo:** The word **segundo** does not drop the **o** before masculine singular nouns as **primero** and **tercero** do.

10. **refiriéndose:** *Referring* to the owners. The gerund is used here to indicate what he was *saying*. ("These animals –thought the expert, *referring* to the owners…")

Paragraph Completion with Root Words 5

1. **ha influenciado:** (has influenced) Here you could use the present tense (**influencia**) as well as the present progressive (**está influenciando**). As the next few lines use the present perfect, indicating what he *has done*, the present perfect would be the best choice here.

2. **Comunista:** Adjectives that end in **–ista** are both masculine and feminine. You must capatalize as this is a proper name (the Portuguese Communist Party).

3. **leerá:** As this article is refering to an upcoming event, use the future. Also the immediate future, **va a leer**, as well as the present, **lee**, could be used here as well. (Remember, the future is also used to indicate an action that is going to take place in the near future.)

4. **directa:** This adjective agrees with **una fábula** which is feminine singular.

5. **comenzar:** In Spanish, the only form of the verb that can be used after a preposition, **para** (*to, in order to*), is the infinitive.

6. **e:** Remember **y** changes to **e** before nouns beginning in **i** and **hi** for the pronunciation.

7. **otros:** This adjective agrees with **libros importantes** at the beginning of the sentence.

8. **ha escrito:** Again, as the present perfect has been used in other parts of the paragraph to indicate what *he has done*, the present perfect would be used here. You could also use the preterit, **escribió** (*he wrote*).

9. **recibió:** Use the preterit here as we are referring to something that took place at a specific point in the past. (He *received* the Nobel Prize for literature in 1998.)

10. **se reunirá:** The future is used here as it is referring to an upcoming event. (The ConXion Literary Group *will meet*…). The immediate future, **va a reunirse/se va a reunir**, as well as the present, **se reúne**, could be used here.

Paragraph Completion with Root Words 6

1. **los: Los que**, *those who*. **Los que** serves as the subject of **presenciaron**. Remember, sometimes you will need to look ahead to see who the subject of the sentence is. It is **los que**, referring

to **soldados**, as can be seen later in the same sentence.

2. **simpatizaba:** This passage is narrated in the past. With verbs of thought and emotion, use the imperfect past unless there is an abrupt change. As this is a mood, use the imperfect.

3. **la:** Words that end in –**tad** are feminine (words that also end in -**sión**, -**ción**, -**dad**, -**tud**, and –**umbre** are also feminine).

4. **esperaba:** Here the imperfect is used as " he *was waiting for* a favorable occasion to abandon the royal army." The action had not yet happened and/or is in progress.

5. **reinaba:** The imperfect tense is also used for descriptions in the past. Here a scene is being described. ("At midnight the most profound silence *reigned* in the camp.")

6. **apagados:** After the verbs **estar** and **ser**, and to refer to a noun, the past participle (-**ado**, -**ido**, -**cho**, -**to**, -**so**) is used as an adjective and agrees in gender and number with the noun it modifies (here, **fuegos**).

7. **el: arma** is a feminine noun, but as it begins with the **a** stressed and ends in **a**, the masculine article is used for pronunciation's sake. In the plural, because of the **s**, there is no problem. Other such words include **el agua** (water), **el hada** (fairy), **el hacha** (ax), and **el alma** (soul).

8. **habían dejado:** Here the pluperfect tense is used to indicate an action that *had happened* prior to another past action ("Miguel was in a shack, where *they had left* him under lock and key.")

9. **preocuparse:** In Spanish, the only form of the verb that can be used after a preposition (**sin** = *without*), is the infinitive.

10. **oyó:** The preterit is used here to indicate an action that happened and was completed ("he *heard* a noise like that of a lock being opened, carefully.").

Paragraph Completion with Root Words 7

1. **se refugió:** The preterit is used here to refer to a specific night ("**Una noche**,…). This happened once.

2. **Éramos:** The imperfect is used here to describe the scene (*We were* six men under the command of a corporal.) Be sure to capatalize the first letter at the beginning of a sentence.

3. **profundamente:** Here the adjective **profundo** needs to be changed to an adverb as it modifies

an adjective, **dormidos**. To form the adverb, if the adjective ends in –**o**, change it to –**a** and add –**mente**. If it ends in –**e** or a consonant, just add –**mente**.

4. **recibió:** The preterit is used here to indicate an action that happened and was completed ("…that our company *received* the order to retreat…").

5. **había rodeado:** Here the pluperfect tense is used to indicate an action that *had happened* prior to another past action ("…we were isolated from the rest of our forces and the enemy *had surrounded* the shack."). The imperfect (**rodeabo**) could also be used here to describe the scene ("…we were isolated from the rest of our forces and the enemy was surrounding the shack.")

6. **disparando:** Here the gerund is used after the verb **defender** to indicate *by* what means they were defending themselves (We defended ourselves *by firing* from the window…").

7. **el:** The noun **día** is masculine: **el día**, **los días**.

8. **anochecer:** The expression is **al anochecer** = *at nightfall*. Here **anochecer** is a noun. **Anochecer** is also a verb and the infinitive is used after a preposition (**a**) in Spanish.

9. **habernos dormido:** In Spanish, the only form of the verb that can be used after a preposition (**por** = *for*), is the infinitive. Here the perfect infinitive (*for having fallen asleep*) is used to indicate an action that *had happened* prior to another past action ("…the captain scolded us for *having fallen* asleep."). Remember that English uses the gerund, "having," after a preposition; in Spanish, the infinitive is used.

10. **tuvo:** The preterit is used here to indicate an action that happened and was completed ("The captain *didn't have* any choice.").

Paragraph Completion with Root Words 8

1. **representada:** After the verbs **estar** and **ser**, and to refer to a noun, the past participle (-**ado**, -**ido**, -**cho**, -**to**, -**so**) is used as an adjective and agrees in gender and number with the noun it modifies (here, **la comunidad**).

2. **un:** The indefinite article **uno** drops the **o** when used in front of a masculine singular noun, **ganador**.

3. **el:** While many words ending in –**ma** in Spanish are masculine, notable exceptions

include **la dama** (*the lady*), **la trama** (*the plot of a story*), **la forma** (*the form*).

4. **se llevó:** The preterit is used here to indicate an action that happened and was completed ("…and a few weeks ago he *carried off* the Oscar…"). With the expression **hace + time + preterit** the **hace** means *ago*.

5. **haber dejado:** In Spanish, after the verb **poder**, the infinitive is used (as in English following *to be able*). Here the perfect infinitive (… he could not *have left* the podium in a better manner…) is used to indicate an action that *had happened*. It would be possible also to just use **dejar** (…he could not *leave* the podium in a better manner…).

6. **dedicando:** Here the gerund is used after the verb **no poder haber dejado** to indicate *by* what means he left the podium (…he could not have left the podium in a better manner, *by dedicating* his recognition to all Latinos,…").

7. **reconocer:** After an impersonal expression, **es bueno**, where there is not a second subject, use the infinitive just as in English ("It is good *to recognize* the talent of…").

8. **tantos:** Tanto (so many) agrees in gender and number with the noun that folllows it, **tantos hispanos**.

9. **la:** Words that end in **–ción, -dad, -tad, -tud, -umbre,** and **–sión** in Spanish are feminine.

10. **aumente:** After verbs which convey desire, command, or emotion (**esperamos que**) the subjunctive is used. As this passage is narrated in the present, with a look toward the future, the present subjunctive is used ("We hope that the list *might/will increase*…").

Paragraph Completion with Root Words 9

1. **se hallaba:** The passage is narrated in the past and here the imperfect is used as part of the setting ("… of a small town that *was located* among the mountains…").

2. **cien:** Ciento becomes **cien** when used in front of a noun (**unas cien millas** = *some one hundred miles*) and the numbers **mil** and **millones**.

3. **seres:** Nouns that end in a consonant are made plural by adding **–es**. (**seres** = *beings*).

4. **relativa:** Words that end in **–tad** are feminine (words that end in **-sión, -ción, -dad, -tud,** and

–umbre are also feminine. Here **relativa** agrees with **libertad** which is feminine.

5. **el:** Here **el** is an elipsis. That is, it is taking the place and referring back to a word already mentioned, in this case **instinto** ("…and the **instinct** as awake as *that* of an animal…"). The **el** is understood as instinct.

6. **física:** In Spanish, when you have a series of adverbs (*physically* and *psychologically*) only the last adverb has the **–mente** attached. The others in the series are put into the feminine singular form of adjective, **física**, which you would do before making an adjective into an adverb.

7. **Había:** (*There was*) Here the imperfect is used for this description in the past ("*There was* light in his eyes and mind."). Be sure to capitalize the first letter at the beginning of a sentence!

8. **blanca:** The adjective **blanca** agrees in gender and number with the noun it modifies, **la piel**.

9. **habían oído:** Here the pluperfect tense is used to indicate an action that *had happened* prior to another past action. The perfect tense is usually associated with **jamás**. As this passage is narrated in the past, the pluperfect is used ("…he would sing songs that the other indians *had never heard*.") The preterit tense (**oyeron**) could also be used here ("…he would sing songs that the other Indians never heard.")

10. **tenía:** In Spanish the age of something or someone is always expressed in the imperfect as it is a description.

11. **vino:** The preterit is used here to indicate an action that happened and was completed ("And that was how the boy *came* to form part of the small group…").

Paragraph Completion with Root Words 10

1. **aparecer:** After **al** the infinitive is used to mean *upon doing* something ("*Upon appearing* at the door of his house"). In Spanish, the infinitive is always used after a preposition.

2. **extendió:** The preterit is used to express an action completed in the past ("he *extended* his right arm").

3. **la:** The word **mano** is a feminine noun.

4. **dirigiendo** (*directing*): The gerund is used here to show an action in progress.

5. **parado:** After the verbs **estar** and **ser**, and to refer to a noun, the past participle (**-ado, -ido, -cho, -to, -so**)

is used as an adjective and agrees in gender and number with the noun it modifies (here, **Augusto**).

6. **esta:** Words that end in **–tud** in Spanish are feminine (so are words ending in **-sión**, **-ción**, **–tad**, **-dad**, and **–umbre**).

7. **tampoco** (*neither*): **Tampoco** is used instead of **también** (*also*, *too*) if the sentence is negative.

8. **molestase/molestara:** After impersonal expressions, such as **no era que** (*it wasn't that*) use the subjunctive. As the expression is in the past, use the imperfect subjunctive, which may end in either **–ra** or **–se**.

9. **tener:** Any verbal infinitive can be used as a noun ("*having*"). Often the infinitive is preceded by the article **el**. In English the gerund is used to make a verb into a noun.

10. **Un:** Compound nouns (**paraguas**) are masculine. **Uno** becomes **un** before a masculine singular noun. Be sure to capitalize the first letter at the beginning of a sentence!

11. **abierto:** After the verbs **estar** and **ser**, and to refer to a noun, the past participle (-**ado**, -**ido**, -**cho**, -**to**, -**so**) is used as an adjective and agrees in gender and number with the noun it modifies (here, **el paraguas**).

CHAPTER 8

Exam Section II, Part A

Paragraph Completion without Root Words

IN THIS CHAPTER

Summary: In this part of the examination, you will be given two short reading selections, which will have five numbered blanks each. There will be no words provided for the blanks. You must read each passage and fill in the 10 blanks, 5 in each passage, with the most appropriate words based on the content provided in the passage. These may be function words, prepositions, helping verbs, present perfect, conjunctions, demonstrative pronouns, set expressions, articles, relative pronouns as well as other parts of speech. It would be a good idea to review/study Appendices I through VI pages 257–297. This portion of the examination is worth 2.5 percent of the total. The total amount of time given for this part is 8 minutes. Answers and explanations are at the end of this chapter. Please note, while on the actual examination there are only 5 blanks per passage here, for practice, there are more than 5.

- Read the entire passage before you try to fill in the blanks. Consider the following:
   Is the passage narrated in the present or past?
   In what person is it narrated (first or third)?
   Is the subject a single male or female?
   Is the subject plural (a group of males, a group of females, or a mixed group)?
- If the word needed is an adjective, check to see to what, or to whom, it refers. You might have to look at the sentence before or after: **El agua de este lago siempre era bien fría. Pero no le importaba a Juan porque era tan __ y refrescante.**

Notice that we say el **agua**, although **agua** is really feminine, as can be see by the adjective **fría**. Therefore, you should fill in the blank with the feminine form of an adjective such as **limpia**.

- If you are unsure of the gender of a word, look for other clues. For example: **No hay __ problema tan serio que no se puede resolver**. Note that the adjective describing **problema** (**serio**) is in the masculine singular form; therefore, you can deduce that **problema** is masculine and as the sentence is negative **ningún** is the correct answer.

- If the passage is narrated in the past, you may need to use tenses related to the past (pluperfect, conditional perfect, pluperfect subjunctive).

- If the passage is in the present, you may need to use tenses related to the present (present perfect, future perfect, present perfect subjunctive).

- Remember to use the past participle of a given verb after **haber** (**-ado, -ido, -cho, -to, -so**).

- Remember that after the verbs **ser** and **estar**, or a noun, the past participle (**-ado, -ido, -cho, -to, -so**) is used as an adjective and needs to agree in gender and number with the noun it modifies: **La ventana, *rota* por la pelota,...**

- Remember that before the gerund (**-ANDO, -IENDO, -YENDO, -ENDO**) **estar, seguir, continuar**, and verbs of motion (**llegar, correr, andar, etc.**) are used as the helping verbs.

- As you work through these exercises, write your answers on scrap paper. Then, after you have practiced a few, you can go back and redo some of them to see if you understand them any better.

- Look carefully at the explanations provided with the answers for each item, as they contain further strategies and review material.

Paragraph Completion Practice

Directions: For each of the following passages, first read the passage and then write, on the line after each number, an appropriate word to complete the passage correctly, logically and grammatically. In order to receive credit, you must spell and accent the word correctly. Only ONE Spanish word should be inserted. You have 8 minutes to read the passages and write your response.

Instrucciones: Para cada uno de los pasajes siguientes, primero lee el pasaje y entonces escribe en la línea a continuación de cada número una palabra apropiada para completar el pasaje de manera lógica y correcta. Para recibir crédito, tienes que escribir y acentuar la palabra correctamente. Debes escribir UNA SOLA palabra en cada línea. Tienes 8 minutos para leer los pasajes y escribir tus respuestas.

When you write your answers, be careful to spell and accent the word correctly. In addition, unless the word begins a sentence do NOT capitalize the word. Do NOT write the word in all capital letters and be sure to write legibly. Words written in all capital letters and words with a capital first letter that does not start a sentence will not be counted as correct!

Paragraph Completion without Root Words 1

≪*Marianela*≫ **por Benito Pérez Galdós.**

descansado. Siguieron adelante, hasta llegar a la entrada del bosque que hay más allá de Saldeoro. Detuviéronse entre un grupo de nogales viejos, (1) troncos y raíces formaban en el suelo (2) serie de escalones, con musgosos huecos y recortes tan apropiados para sentarse, que el arte no (3) hiciera mejor. Desde lo alto del bosque corría un hilo de agua, saltando de piedra en piedra, hasta dar (4) su fatigado cuerpo en un estanquillo que servía de depósito para alimentar el chorro de (5) se abastecían los vecinos. Enfrente, el suelo se deprimía poco (6) poco, ofreciendo grandioso panorama de verdes colinas pobladas de bosques y caseríos, de praderas llanas donde pastaban con tranquilidad vagabunda centenares (7) reses. En el último término, dos lejanos y orgullosos cerros, (8) eran límite de la tierra, dejaban ver en un largo segmento el azul purísimo del mar. Era un paisaje cuya contemplación revelaba al alma sus excelsas relaciones con (9) infinito.

1._____
2._____
3._____
4._____
5._____
6._____
7._____
8._____
9._____
10._____

Paragraph Completion without Root Words 2

≪*Doña Perfecta*≫ **por Benito Pérez Galdós**

Después de media hora de camino, durante (1) cual el señor don José no se mostró muy comunicativo, (2) el señor Licurgo tampoco, apareció a los ojos de entrambos apiñado y viejo caserío asentado en una loma, del cual se destacaban algunas negras torres y la ruinosa fábrica de un despedazado castillo en (3) más alto. Un amasijo de paredes deformes, de casuchas de tierra pardas y polvorosas como el suelo, formaba la base, con algunos fragmentos de almenadas murallas, a cuyo amparo mil chozas humildes alzaban sus miserables frontispicios (4) adobes, semejantes a caras

anémicas y hambrientas (5) pedían una limosna al pasajero. Pobrísimo río ceñía, como un cinturón al pasar algunas huertas, única frondosidad que alegraba la vista. Entraba y salía la gente en caballerías o (6) pie, y el movimiento humano, aunque escaso, daba cierta apariencia vital a aquella gran morada, cuyo aspecto arquitectónico era más (7) de ruina y muerte que de prosperidad y vida. Los repugnantes mendigos (8) se arrastraban a un lado y otro del camino pidiendo el óbolo del pasajero, ofrecían lastimoso espectáculo. No podían verse existencias que mejor encajaran en las grietas de aquel sepulcro donde una ciudad estaba, no sólo enterrada, (9) también podrida. Cuando nuestros viajeros se acercaban, (10) campanas, tocando desacordemente, indicaron con su expresivo son que aquella momia tenía un alma.

1._____
2._____
3._____
4._____
5._____
6._____
7._____
8._____
9._____
10._____

Paragraph Completion without Root Words 3

≪*¿Te molesta esto? Entonces di algo*≫ **por Julio Sáenz, editor y gerente de *ConXion*, January, 2007 la edición mensual en español de The Deomocrat and Chronicle, Rochester, New York. Used with permission.**

¿Te molesta que muchos jóvenes hispanos de nuestra ciudad abandonen la escuela?

¿Te molesta que tus propios hijos sean estudiantes con honores pero aún así (1) clasificados junto (2) la mayoría como estudiantes de bajo rendimiento cuando no (3) son?

Te molesta ser nombrado hispano cuando (4) raíces y cultura de tus antepasados tienen nombres específicos?

¿Crees que necesitamos líderes jóvenes o liderazgo veterano?

Si una persona más asume que eres experto (5) salsa sólo porque tu apellido es Rodríguez, ¿gritarías?

Si (6) de estos temas origina alguna opinión en tu mente, entonces compárte (7). Nuestra edición de enero marca la llegada de nuestra nueva sección de conversaciones comunitarias llamada «Tu voz», y todos en la comunidad pueden (8) sus cartas al editor.

El debate de inmigración y (9) elecciones del 2006 mostraron a la nación que nuestra opinión cuenta. El número de temas depende (10) ti porque todos los asuntos son asuntos latinos.

1._____

2._____

3._____

4._____

5._____

6._____

7._____

8._____

9._____

10._____

Paragraph Completion without Root Words 4

Adoptado del artículo «*La salud de los hispanos, Mezcla de tradiciones y genética*» por Diana Chapoy-Callahan, prensa, *ConXion*, January, 2007 la edición mensual en español de The Democrat and Chronicle, Rochester, New York. Used with permission.

Es difícil hablar de (1) comunidad hispana (2) un ente en general cuando se trata (3) términos médicos. Existen numerosas características (4) hacen a sus miembros diferentes de acuerdo al país de procedencia.

Cada país hispanohablante tiene sus propias características y necesidades dependiendo (5) área geográfica y de su historia, por lo que nos hace diferentes (6) incomparables en muchos aspectos.

"Todos (hispanos) (7) diferentes, y (8) único que nos mantiene unidos es (9) idioma, con todas sus variaciones", menciona Carlos Jiménez-Rueda, médico general quien vino de Paraguay en 1957. "Nosotros (hispanos) no somos (10) comunidad monolítica, es lo más heterogéneo que puedes encontrar."

1._____

2._____

3._____

4._____

5._____

6._____

7._____

8._____

9._____

10._____

Paragraph Completion without Root Words 5

«*Moda masculina*» por Francisco Baeza Linares. *Galería Hispánica*. Copyright © McGraw-Hill, 1979. Used with permission.

Acusan ustedes a la juventud de tantas cosas… De todas las cosas. (1) niegan la totalidad de (2) virtudes y no dudan (3) atribuirle todos los vicios. Se muestran dispuestos no a condenarla sin juzgarla, sino sin siquiera oírla. Yo no pretendo, naturalmente, que se la debe absolver como norma general. (4) que sí quisiera pedir es comprensión: que hicieran un esfuerzo (5) llegar hasta ella. Que se dieran (6) de que vivimos en un mundo muy distinto a (7) en que ustedes vivieron su juventud. Que precisamente por esta continua amenaza que pende sobre nuestras cabezas, por esta incertidumbre del vivir actual, la juventud no (8) dispuesta a frenar sus ansias de vida. Y quiere saborear el día, el minuto, ignorar la preocupación (9) un mañana incierto al que ni (10) sabemos si se le va a permitir llegar…

1._____

2._____

3._____

4._____

5._____

6._____

7._____

8._____

9._____

10._____

Paragraph Completion without Root Words 6

≪*Grupo literario ConXion lee 'Retrato en Sepia'*≫ *por Diana Chapoy-Callahan,* **prensa,** de *ConXion,* **January, 2007, la edición mensual en español de The Deomocrat and Chronicle, Rochester, New York. Used with permission**.

Isabel Allende, (1) en Perú y criada en Chile, tiene un estilo novelístico descriptivo y único, (2) cual enriquece sus escritos y cautiva al lector.

Reconocida nacionalmente (3) uno de sus más importantes libros, *La casa de los espíritus*, Allende (4) jugado un (5) muy importante en la literatura latinoamericana.

El grupo literario ConXion (6) su obra titulada *Retrato en Sepia*, una continuación a su exitoso libro *La Hija de la fortuna*. (7) trama toma (8) en Chile, en donde Aurora Valle (9) atormentada por un pasado incierto — cinco años de su vida que no (10) recordar – y por una serie de pesadillas que la llevan a descubrir sus raíces familiares ligadas a un doctor chino en California y a Eliza Summers (presentes en *La Hija de la Fortuna*) descubriendo así un mundo de misterios rodeados de personajes fascinantes.

1._____
2._____
3._____
4._____
5._____
6._____
7._____
8._____
9._____
10._____

Paragraph Completion without Root Words 7

≪*Acabo de alistarme…* ≫ por José Corrales Egea, *Galería Hispánica.* **Copyright © McGraw-Hill, 1979. Used with permission.**

No queréis comprender que no soy un viejo como (1), que quiero vivir, vivir, ¿me (2) oído?, disfrutar de la vida. (3) que lo sepáis: prefiero disfrutar dos años a vegetar cincuenta como vosotros, como todos vosotros… Sí: vegetar, mediocremente, vulgarmente, arrastrándoos por en medio de la pobretería, de la

mezquindad, de la estrechez… Como gran diversión una vez (4) mes al cine, a un cine de barrio naturalmente, de (5) baratos; como fiesta extraordinaria, medio litro de vino (6) domingos, para acompañar el cocido; para vestirse, un traje cada tres o cuatro años… No, no y no. Estoy (7); quiero vivir, ¿me habéis oído? vivir…

Se levantó de la mesa. Le centelleaban las pupilas. Se le (8) alborotado el cabello y la garganta le escocía de gritar, seca de rabia. Le parecía que la existencia se le escapaba de las manos, (9) siempre e inútilmente, y que todos los que le rodeaban tenían la (10).

1._____
2._____
3._____
4._____
5._____
6._____
7._____
8._____
9._____
10._____

Paragraph Completion without Root Words 8

≪*Cuando las nubes cambian de nariz*≫ por **Eduardo Criado (fragmento de Acto I, Cuadro III: Automóvil en circulación).** *Galería Hispánica.* **Copyright © McGraw-Hill, 1979. Used with permission.**

Juan: Es una frase que utilizamos Guillermo y yo. Moreno es un cliente (1) que cuando tiene (2) asunto urgente guarda la documentación en una carpeta especial. Al (3) de quince días (4) abre, y como el asunto ya (5) dejado de ser urgente, puede resolverlo con calma. Hay mucho Moreno suelto, hijo. Y hoy, con calma, no se puede resolver (6). De (7) y en directa. Si tienes diez problemas, resuelve hoy (8) diez. Te equivocarás en uno, en dos quizá; pero si quieres resolverlos con calma, cada día dejarás nueve pendientes de solución…

Jorge: Es que yo…

Juan: (*sonriente*) ¿(9) preocupado porque a tu máquina (10) falla una bujía o por los exámenes trimestrales? ¿No? ¡Je! A tu edad no se tienen problemas. Ya sabrás lo que son cuando (11) hombre. (*cambiando el tono*) No te distraigas y cambia de marcha. Aquí ya puedes poner la directa. (*sigue* (12) *en sus papeles*)

1._____

2._____

3._____

4._____

5._____

6._____

7._____

8._____

9._____

10._____

11._____

12._____

Paragraph Completion without Root Words 9

≪*El Tren De Los Momentos*≫ *de Alejandro Sanz* **por Julio Sáenz, editor y gerente de *ConXion*, January, 2007 la edición mensual en español de The Deomocrat and Chronicle, Rochester, New York. Used with permission**.

Alejandro Sanz, superestrella (1) España, está de (2) con su primer CD (3) el 2003, y la espera valió la (4). El primer sencillo "A la primera persona" es un (5) poético y melancólico con una trompeta espectacular. Sin (6), el verdadero éxito en (7) nuevo álbum es su dueto bossa-nova (8) Shakira ≪Te lo agradezco, Pero No≫. Y como si eso no (9) suficiente, Sanz tiene (10) joya llamada ≪La Peleita≫ con los raperos puertorriqueños de Calle 13 y el colombiano Juanes en la guitarra.

1._____

2._____

3._____

4._____

5._____

6._____

7._____

8._____

9._____

10._____

Paragraph Completion without Root Words 10

≪*En Nueva York, A Demetrio Aguilera Malta*≫ **por José Luis González, *Galería Hispánica*. Copyright © McGraw-Hill, 1979. Used with permission.**

El trabajo era el más duro y el (1) pagado de la fábrica. (2) ocho horas diarias cargaba fardos, empujaba carretones llenos de rollos de tela, subía mercancía a los aparadores, trajinaba y se afanaba de (3) que cuando terminaba la jornada, a las cinco (4) la tarde, sentía que (5) dolía el último hueso.

Por lo (6), todo marchó bien durante un mes. Pero nunca llegaba a ahorrar los cinco dólares semanales que se (7) propuesto. Con lo que enviaba a la madre en Puerto Rico, el alquiler del cuarto, la comida, el transporte, la lavandería, los plazos del abrigo que había (8) a crédito, la mala película del domingo y todos los pequeños gastos imposibles (9) prevenir, los miércoles sólo venían a (10) le cuatro dólares y pico de los veintidós que le pagaban cada sábado.

1._____

2._____

3._____

4._____

5._____

6._____

7._____

8._____

9._____

10._____

Answers and Explanations

Paragraph Completion without Root Words 1

1. **Habían** along with **descansado** forms the pluperfect tense. Remember to use **haber** to form the perfect tenses, a form of the verb **haber** plus the past participle (-**ado**, -**ido**, -**cho**, -**to**, -**so**). Looking at the passage you will see that it is written in the past and therefore you should use the pluperfect or past perfect. The next sentence indicated the subject is in the third person plural (**siguieron**).

2. **cuyos** (*whose*) is the relative possessive and agrees with the noun that follows it, **troncos**.

3. **una** (*a*): remember that generally words that ending in –**ie** are feminine.

4. **los** (*them*) refers back to "**escalones**" "–that art would not have made *them* better."

5. **con** (*with*): the expression is **dar con** (to run into, to find, to come upon).

6. **que** (*which*) is a relative pronoun; it indicates a thing after the short prepositions **a**, **de**, **con** and **en**: **de que** = "from which".

7. **a** "**poco a poco**" = "little by little."

8. **de** (*of*) "**centenares de**" = "hundreds of" / "**millares de**" = "thousands of."

9. **que** (*that*) relative pronoun; "que eran el límite de…" = "that were the end of the land."

10. **lo** (*the*) is the neuter definite article; it is used before adjectives used as abstract or general nouns.

Paragraph Completion without Root Words 2

1. **la** is used with **cual** as a relative pronoun that refers back to "**media hora**". After longer prepositions, such as "**durante**" use **el / la cual**, **los / las cuales** or **el / la / los / las que** to refer back to the aforementioned antecedent in a sentence.

2. **ni** (*nor*) is used here with "**tampoco**" to say "José didn't show himself "to be very communicative, *nor* did Mr. Licurgo *either*."

3. **lo** (*the*) is the neuter definite article and it is used before adjectives (**alto**) that are used as abstract or general nouns: "**en lo más alto**" = "on the top of".

4. **de** (*of*): **de** plus a material, such as **adobes**, is used to tell what something is made *of*.

5. **que** (*who/that*) is a relative pronoun used to refer back to things and people already mentioned in the sentence: "…similar *to* anemic and hungry faces *who* are asking for alms from passersby."

6. **a** part of the expression "**a pie**" = "on foot."

7. **bien**: part of the expression "**más bien**" = "rather": "…whose archectectual appearance was ruin and death *rather* than prosperity and life."

8. **que** (*who/that*) is a relative pronoun used to refer back to things and people already mentioned in the sentence when there is no preposition present. "The repugnant beggars *who* were creeping from one side to the other…"

9. **sino** (*but*) is used when the first part of the sentences is negative and the second part contradicts the first: "was not only burried *but* rotted also.".

10. **Algunas / unas / las (some / some / the):** **Cuando nuestros viajeros seacercaban, algunas / unas / las campanas, tocando desacordemente…** "When our travelers were approaching, some bells / the bells, playing out of tune…"

Paragraph Completion without Root Words 3

1. **son** (*they are*) here is part of the passive voice: "…they are classified …"

2. **con** (*with*) is part of the expression **junto con**: "together with."

3. **lo** (*it*) here is the neuter direct object referring back to adjective "**de bajo rendimiento**": use **lo** to refer back to adjectives, actions, and adjectival phrases: "they are not [low functioning]."

4. **las** (*the*) **raíces** is feminine plural.

5. **en** (*in*): **experto en salsa**: "an expert in salsa"

6. **alguno/uno** (*one*): **Si alguno/uno de estos temas origina…**: "If one of these themes gives rise to…"

7. **la** (*the*) is the feminine direct object referring back to **opinión**: **Si alguno de estos temas origina alguna opinión en tu mente, compárte*la***: "If one of these themes gives rise to some opinion in your mind, share it."

8. **enviar/mandar** (*to send*) is the logical completion to this sentence: **… todos en la comunidad**

pueden enviar/mandar sus cartas al editor.
"…everyone in the community can send their letter to the editor."

9. **las** (*the*): remember words that end in **–dad, –tad, tud, –umbre, –ción** and **–sión** in Spanish are feminine.

10. **de**: the verb **depender** is followed by de in Spanish, whereas in English we say "to depend on."

Paragraph Completion without Root Words 4

1. **la** (*the*): remember words ending in **–sión, –ción, –dad, -tad, -tud** and **–umbre** are feminine.

2. **como** (*as/like*): **Es difícil hablar de la comunidad hispana como un ente** …: "It is difficult to speak of the Hispanic community as/like one entity …"

3. **de** (*about*): the verbal expression **tratarse de** means "to be about" in English.

4. **que** (*that*) is the relative pronoun used to refer to antecedents that are people or things if there is no preposition present: **Existen numerosas características que hacen a sus miembros…**: "There exist numerous characteristics that make their members …"

5. **del**: the verbal expression **depender de** means "to depend on" in English. Remember **de + el = del**. Remember, too, that **área** is actually feminine, but as it begins with a stressed **a**, and ends in **a**, we use the masculine article in the singular.

6. **e** (*and*): remember **y** changes to **e** before words beginning in **hi** or **i**.

7. **somos/son** (*we/they are*): **todos** can be both "we" or "they". Actually here **somos** would be better as **nos** is the object used after: **"Todos (hispanos) somos diferentes, y lo único que nos mantiene unidos …"**: "*We* (all Hispanics) are different, and the only thing that unites *us* …"

8. **lo** (*the*): the neuter **lo** is used when an adjective is used as a noun: **lo único que nos mantiene unidos…**: "*the* only thing that unites us …"

9. **el** (*the*): remember many words in Spanish that end in **–ma** are masculine. Notable exceptions include **la trama** (*plot*) and **la forma** (*form*).

10. **una** (*a*): remember that words that end in **–sión, –ción, –dad, -tad, -tud** and **–umbre** are feminine.

Paragraph Completion without Root Words 5

1. **le** (**to it**): the indirect object pronoun is used here with the verb **negar** to indicate *to whom* the

totality of their virtues are being denied: **Le niegan la totalidad de las virtudes… (a la juventud)**: "They deny *them* the totality of their virtues…"

2. **las** (*the*): remember that words that end in **–sión, –ción, –dad, -tad, -tud** and **–umbre** are feminine

3. **en** (*in*): the verbal expression **dudar en** means "to hesitate to."

4. **Lo**: the relative pronoun **lo que** is used at the beginning of sentences to mean "*what*" when there is no aforementioned antecedent or what is being referred to is not mentioned until later in the sentence, in this case **comprensión**, "*understanding*."

5. **para** (*to/in order to*): use the preposition **para** before a verb infinitive to mean *to* or *in order to*: "**…que hicieran un esfuerzo *para* llegar hasta ella.**": "…that they might make an effort *to/in order to* achieve it."

6. **cuenta**: the expression is **darse *cuenta* de**, "to realize."

7. **aquél/ése** (*the one*) is the demonstrative pronoun. Here it refers back to **un mundo**: "**… vivimos en un mundo muy distinto a *aquél/ése* en que ustedes vivieron su juventud.**": "… we live in a very different world from *the one* in which you lived your youth." It should be noted that you no longer must put a written accent on demonstrative pronouns.

8. **está** (*is*): use **estar** with a past participle to indicate a condition or state of mind/being: "**… la juventud no está dispuesta a frenar sus ansias de vida.**": "… youth *is* not willing to put the brakes on its desire to live."

9. **por** (*about/for*): **la preocupación por** = the worry *about/for*.

10. **siquiera**: the expression **ni siquiera** means "not even".

Paragraph Completion without Root Words 6

1. **nacida** (*born*) would be the logical word to insert in the sentence: "**Isabel Allende, nacida en Perú y criada en Chile,…**": "Isabel Allende, born in Peru and raised in Chile,…"

2. **el**: part of **el cual** (*which*) is the relative pronoun used to refer back to the antecedent **un estilo novelístico** descriptivo y único: "**…tiene un estilo novelístico descriptivo, el cual enriquece sus escritos …**": "…she has a descriptive novelistic style *that* enriches her writings…"

3. **por** (*for/because of*): **reconocido por** = recognized for/because of.

4. **ha** (*has*): the helping verb **haber** is used with the past participle (**-ado, -ido, -cho, -to, -so**) to form the perfect tenses. As this passage is narrated in the present, we will use the present perfect and therefore the present of the helping verb **haber** (**he, has, ha, hemos, habéis, han**).

5. **papel** (*role*) "...Allende **ha jugado un papel muy importante**...": "...Allende has played an important *role* ..."

6. **leerá/va a leer/lee** (*will read/is going to read/ is reading*): "**El grupo literario ConXion leerá, va a leer, lee su obra titulada...**": "The literary group ConXion *will read/is going to read/is reading*..."

7. **La** (*the*): the word **trama** (*plot*) is feminine.

8. **lugar** (*place*) is part of the expression **tomar lugar** = to take place.

9. **es** (*is*) **ser** is used to form the passive voice [passive subject + **ser** + the past participle as an adjective + **por** + the agent or doer]: "...**Aurora Valle es atormentada por un pasado incierto**...": "...Aurora Valle *is* tormented by an uncertain past..."

10. **puede** (*is able to*) "**...-cinco años de su vida que no puede recordar-**...": "...-five years of her life that *she can* not remember-..."

Paragraph Completion without Root Words 7

1. **vosotros** (*you all* [familiar plural used in Spanish]). As the subject of the verb **queréis** is **vosotros**, we will use **vosotros** after the adverb **como** = *like*: "**... no soy un viejo como vosotros,**...": "I'm not an old man like *you all*..."

2. **habéis** (*you all have*): the helping verb **haber** is used with the past participle (-**ado, -ido, -cho, -to, -so**) to form the perfect tenses. As this passage is narrated in the present we will use the present perfect and therefore the present of the helping verb **haber** (**he, has, ha, hemos, habéis, han**). As he is addressing a group using **vosotros**, use the **vosotros** form of **haber**.

3. **Para** (*for*) **para que** + the subjunctive = so that: "**Para que lo sepáis:**...": "*So that* you know it:..." Be sure to start a sentence with a capital letter.

4. **al/por** (*per/a*) **al mes / por mes: una vez al/por mes** = "once a month"

5. **los** (*the... ones*): here **los** is referring to **los cines del barrio**: "**...de *los* [cines] baratos;...**": "... of *the* cheap *ones*;..."

6. **los** (*the*) "on Sundays" = **los domingos**

7. **harto** (*fed up*) **estoy harto** = "I am fed up" or also **cansado** = "I am tired"

8. **había** (*had*): the helping verb **haber** is used with the past participle (-**ado, -ido, -cho, -to, -so**) to form the perfect tenses. As this passage is narrated in the past, we will use the pluperfect and therefore the imperfect of the helping verb **haber** (**había, habías, había, habíamos, habíais, habían**). "**Se le había alborotado el cabello**...": "His hair *had* become ruffled up..."

9. **para**: "for ever" = **para siempre**.

10. **culpa** (*blame*) **tener la culpa** = "to be to blame"

Paragraph Completion without Root Words 8

1. **nuestro** (*ours*) possessive pronoun: "**Es una frase que utilizamos Guillermo y yo. Moreno es un cliente *nuestro*...**": "It's a phase that Guillermo and I use. Moreno is a client of *ours*..." We use "ours" here to relate to the subjects of the first sentence (Guillermo and I) = we.

2. **algún/un** (*some/an*) "**...que cuando tiene algún asunto urgente...**": "...who, when he has *an/some* urgent matter..."

3. **cabo** (end) **Al cabo de** = "At the end of"

4. **la** (*it*) is the direct object pronoun referring to **la carpeta** = "the folder": "**Al cabo de quince días la abre,...**": "At the end of fifteen days he opens *it*, ..."

5. **ha** (*it has*): the helping verb **haber** is used with the past participle (-**ado, -ido, -cho, -to, -so**) to form the perfect tenses. As this passage is narrated in the present we will use the present perfect and therefore the present of the helping verb **haber** (**he, has, ha, hemos, habéis, han**).

6. **nada** (*nothing*) fits best here: "**Y hoy, con calma, no se puede resolver nada.**": "And today, calmly, *nothing* can be resolved."

7. **frente** "head on/resolutely" = **de frente**

8. **los** (*the*): here **los** refers to **problemas**: "**Si tienes diez problemas, resuelve hoy los diez.**" "If you have ten problems, resolve *the* ten today."

9. **Estás** (*are you*): **estar** plus a past participle used as an adjective to describe a condition or state: "**¿Estás preocupado porque a tu máquina …**": "*Are* you worried because your car…" (in some countries **máquina** is used for car). Notice that Juan has been addressing Jorge with **tú**.

10. **le** (*to it*) "**…porque a tu máquina le falla una bujía…**": "…because a sparkplug has failed in your car…" **fallar** works like **gustar**, the thing failing is the subject and *to whom or what* it fails is the indirect object (**me, te, le, nos, os, les**).

11. **seas** (*are*): after an expression of time, **cuando**, use the subjunctive as the action that follows has not yet occurred. As the first part of the sentence is in the future, use the subjunctive: "You will know what they are *when* you *are* a man."

12. **escribiendo** (*writing*): after the verbs **estar, continuar, seguir** and other verbs indicating motion, use the gerund (-**ando**, -**iendo**, -**yendo**, -**endo**). The verb **escribir** would make the most sense here: "(he continues *writing* on his papers.)" **Dibujando** (*drawing*) might also be used.

Paragraph Completion without Root Words 9

1. **de** (*from*) used here to indicate origin: "**…superestrella de España,…**": "superstar *from* Spain,…"

2. **regreso** (*back*) "to be back" = **estar de regreso**.

3. **desde** (*since*) "**…con su primer CD desde el 2003,…**": "…with his first CD *since* 2003,…"

4. **pena** "to be worth it" = **valer la pena**.

5. **éxito** (*success/hit*): "**A la primera persona" es un éxito poético…**": "To the first person" is a poetic *success/hit*…"

6. **embargo / duda** "nevertheless" = **sin embargo** / "without a doubt" = **sin duda**.

7. **este** (*this*) or **el** (*the*): "**…el verdadero éxito en este/el nuevo álbum es…**": "…the true success/hit on *this/the* new album is…"

8. **con** (*with*): "**…es su dueto bossa-nova *con* Shakira …**": "…is his bossa-nova duet *with* Shakira…"

9. **fuera / fuese** (*were*): "**Y como si eso no *fuera / fuese* suficiente,…**": "And if that *were* not enough…" Remember that after **como si**, *as if*,

you must use the subjunctive. **Ser suficiente** = "to be enough".

10. **otra/una** (*another/one*) "**Sanz tiene *otra / una* joya llamada…**": "Sanz has *another/one* jewel called…"

Paragraph Completion without Root Words 10

1. **peor** (*worse*): "**…el más duro y *el peor* pagado…**": "…the hardest and *worst* paid…" This is the superlative that is formed using **el/la/los/las más/menos**. Remember that *worst* and *best* are **el/la/los/las mejor(es)/peor(es)**. Since we are talking about a job, **trabajo**, it is **el peor**.

2. **Durante/Por** (*for*) "**Durante/Por ocho horas diarias…**": "*For* eight hours daily…" Remember to always start a sentence with a capital letter.

3. **modo/manera** (*way/manner*) "in a way or manner that" = **de modo/manera que**.

4. **de**: when telling a specific time use **de** with the part of the day: "**… a las cinco *de* la tarde,…**": "…at five *in* the afternoon …"

5. **le** (*him*): the verb **doler** functions like the verb **gustar**, that is to say what is aching is the subject and whom the ache is affecting is the indirect object (**me, te, le, nos, os, les**).

6. **demás** "otherwise" = **por lo demás**.

7. **había** (*he had*): the helping verb **haber** is used with the past participle (-**ado**, -**ido**, -**cho**, -**to**, -**so**) to form the perfect tenses. As this passage is narrated in the past we will use the pluperfect and therefore the imperfect of the helping verb **haber** (**había, habías, había, habíamos, habíais, habían**).

8. **comprado** (*purchased*): "to buy on credit" = **comprar a crédito**. As there is the imperfect of the verb **haber**, we need to use the past participle of the main verb, **comprar** (-**ado**), which forms the pluperfect.

9. **de**: "impossible to foresee/anticipate" = **imposible de prevenir**.

10. **quedar** (*to have left/to remain*): "**…sólo venían a quedarle cuatro dólares…**": "…he would *have* only four dollars *left*…"

CHAPTER 9

Exam Section II, Part A
Informal Writing (Interpersonal)

IN THIS CHAPTER

Summary: On the Advanced Placement Spanish Language Examination, you will be required to write an e-mail message, a letter, a journal entry, or a postcard of at least 60 words in length based on one prompt provided in the examination booklet. The informal writing task is worth 5 percent of the total. This chapter will give you some ideas on how to write the best response possible in the time allotted. You will also be given some suggestions on how to go about preparing for this part of the examination.

- Read the question carefully. Look for the main idea or theme and related ideas or themes.

- Determine to whom the e-mail message, letter or postcard is being address. If it is to a friend or relative, use familiar forms (tú, vosotros, ustedes). If it is to a company, an adult or someone whom you do not know, use the formal forms (usted, ustedes). Of course, for a journal/diary entry you would used tú.

- Try to make a short quick list of nouns, verbs, adjectives, and adverbs that you might want to use. Remember, however, that you are to write an e-mail message, letter or postcard, not just a list of answers or ideas.

- Remember the *purpose* of the piece of writing. For example, if it is to get information, resolve a dispute, make plans, etc., you will want to be sure to let the person to whom you are writing know that you want a response and how to get back to you.

- Set a timer or alarm for 10 minutes, then open to one of the topics and start writing. Be sure to stop immediately when the time is up so that you have an accurate idea of what you can do in 10 minutes.

- Once you know what you can do in 10 minutes, try each time thereafter to do a little more or to improve upon the quality of the work.
- Be sure to look at the rubric provided on page 127 to see how you will be assessed.

Informal Writing Practice

Some key words to look for:
- Un mensaje electrónico = an e-mail
- Una anotación en tu diario = an entry in your diary
- Una carta breve = a brief letter
- Un mensaje / recado = a message
- Una tarjeta postal = a postcard
- Una tarjeta = a card
- Una nota = a note
- Querido/a = Dear (informal)
- Estimado/a = Dear (formal)
- Un abrazo = a way to close a familiar letter
- Atentamente = a way to close a formal letter

Directions: For the following questions, you will write a message. You have 10 minutes to read the question and write your response. Your response should be at least 60 words in length.

Instrucciones: Para las preguntas siguientes, escribirás un mensaje. Tienes 10 minutos para leer la pregunta y escribir tu respuesta. Tu respuesta debe tener una extensión mínima de 60 palabras.

1. Escribe un mensaje electrónico. Imagina que escribes a un/a amigo/a que te ha invitado a una fiesta. Saluda a tu amigo/a y…
   - dale las gracias y acepta la invitación
   - pídele la información necesaria
   - pregúntale sobre el motivo de la fiesta
   - despídete de tu amigo/a.

2. Escribe una tarjeta. Imagina que tu primo/a ha sido seleccionado/a para el equipo de fútbol. Salúdalo/la y…
   - menciona su logro
   - expresa tu reacción a las noticias
   - ofrécele a tu primo/a deseos apropiados
   - despídete de tu primo/a.

3. Escribe una anotación en tu diario. Imagina que fuiste a una fiesta en casa de un/a amigo/a y…
   - explica cómo te fue la fiesta
   - describe qué hiciste
   - menciona a una persona que conociste
   - da tus impresiones de esta persona
   - da tu opinión de la fiesta.

4. Escribe una carta breve. Imagina que quieres trabajar en una tienda de ropa. La jefe de la tienda te pide que le escribas una carta breve para decirle por qué serías un/a candidato/a apropiado/a para el trabajo. Salúdala a la señora López y…
   - dale sus datos personales
   - indícale por qué te crees ser buen/a candidato/a para el trabajo
   - explica cómo estás preparado/a para este tipo de trabajo
   - despídete de ella.

5. Escribe un mensaje electrónico. Imagina que pediste por Internet una cámara digital. La has recibido pero no estás satisfecho/a con ella. Escríbele una carta breve a la compañía. Salúdalos y…
   - describe el artículo que compraste
   - explica por qué no estás satisfecho/a
   - pregúntales cómo remediar la situación
   - despídete.

6. Escribe un correo electrónico. Imagina que tú quieres hacer un viaje con unos amigos durante las vacaciones este verano y quieres conseguir información de una agencia de viajes. Salúdalo al señor Bianco y…
   - indentifícate
   - explica adónde quisieras ir
   - dile cuánto podrías gastar
   - pídele recomendaciones sobre transportación y alojamiento
   - indícale quiénes irían
   - despídete de él.

7. Escribe una tarjeta postal. Imagina que tú estás de vacaciones con tu familia. Escríbele una postal a tu mejor amigo/a. Salúdalo/la y…
   - dile cómo son las vacaciones
   - comenta sobre el tiempo y el lugar donde estás
   - menciona lo que ya has hecho
   - dile los planes que todavía tienes
   - despídete de él/ella.

8. Escribe una nota. Imagina que recibiste una llamada de un/a amigo/a que quiere tu ayuda con algo. Escríbele una nota a tu mamá y…
   - dile adónde has ido
   - por qué has salido
   - qué tienes que hacer para ayudar
   - cuándo volverás a casa
   - despídete de ella.

9. Escribe una nota. Imagina que estás en la oficina de uno de tus profesores. Tenías una cita con él para recibir ayuda pero no está. Escríbele una nota a tu profesor y…
   - dile por qué viniste
   - con que querías que él te ayudara
   - pregúntale cuándo sea posible verlo
   - despídete de él.

10. Escribe una carta breve. Imagina que hoy es tu cumpleaños. Has recibido una tarjeta de tu abuela. Ella incluyó en la carta un cheque para que puedas comprar algo que te guste. Escríbele una carta breve y…
    - salúdala
    - dale las gracias
    - explícale cómo piensas usar el dinero
    - dile qué planes tienes para celebrar tu cumpleaños
    - despídete de ella.

11. Escribe una anotación en tu diario. Imagina que mañana van a comenzar las clases para el próximo semestre. Es la noche antes. Escribe una anotación en tu diario y…
    - comenta sobre cómo te sientes
    - explica por qué te sientes así
    - escribe por qué será diferente este semestre
    - expresa tus deseos para el semestre
    - concluye tus pensamientos.

12. Escribe un mensaje electrónico. Imagina que acabas de volver de un programa de intercambio. Escríbele a la familia donde te quedaste y…
    - diles cómo te fue tu viaje de regreso
    - dale las gracias por recibirte en su casa
    - diles cómo te fue la experiencia y por qué
    - menciona alguna memoria que siempre tendrás
    - despídete de ellos.

13. Escribe una nota. Imagina que tienes que trabajar el miércoles en la tienda donde trabajas pero no puedes. Escríbele una nota a tu jefe y…
    - salúdalo/la
    - explica por qué le escribes
    - explícale por qué no puedes trabajar
    - pídele perdón
    - ofrécele una solución
    - despídete de él/ella.

14. Escribe una carta breve. Imagina que acabas de volver de unas vacaciones. Descubres que dejaste algo en el hotel. Escríbeles una carta breve y…
    - salúdalos
    - identifícate
    - explica el problema
    - pídeles su ayuda
    - despídete de ellos.

15. Escribe un mensaje electrónico. Imagina que tienes un examen muy importante esta semana. Escribes un mensaje electrónico a un/a amigo/a y…
    - explícale la situación
    - pregúntale si quiere estudiar contigo
    - dile cuándo podrías hacerlo
    - sugiérele dónde podrían hacerlo
    - despídete de él/ella.

16. Escribe una anotación en tu diario. Imagina que te ha aceptado la universidad a que prefieres asistir. Escribe una anotación en tu diario y…
    - escribe lo que te ha pasado
    - escribe lo que te sientes y piensas
    - explica por qué te es tan importante
    - expresa tus deseos para los próximos cuatro años.

17. Escribe un mensaje electrónico. Imagina que habrá un evento especial en tu escuela. Escribe un mensaje electrónico a tu amigo/a y…
    - salúdalo/la
    - describe el evento
    - dile dónde y cuánto será
    - invítalo/la a asistir contigo
    - despídete.

18. Escribe una carta breve. Imagina que un/a amigo/a tuyo/a te ha pedido ayuda con un problema. Escribe una carta breve y
    - salúdalo/la
    - identifica el problema que fue mencionado
    - dale unas opciones para resolverlo
    - dile lo que tú harías
    - despídete.

19. Escribe una nota. Imagina que el club español ha ganado el dinero necesario para su fiesta para el fin del año. Y hay más dinero del que se necesita. Escribe una nota a tu profesor/a y…
    - ofrécele unas ideas sobre cómo el club podría usar el dinero que sobra
    - explícale por qué cada una de tus ideas sería buena
    - recomienda que todos los socios hablen de las ideas
    - despídete.

20. Escribe una carta breve. Imagina que el periódico de tu escuela ha pedido a sus lectores nominaciones para "la persona del año" de tu colegio. Escríbele al editor y…
    - nomina a una persona
    - explica por qué esta persona es digna de tal honor
    - explica como él/ella te ha influenciado
    - despídete.

INFORMAL WRITING RUBRIC: BASED ON THE DRAFT RUBRIC FROM HTTP:// APCENTRAL.COLLEGEBOARD.COM

	Description	Task Completion	Topic Development	Language Use
5 High	• demonstrates excellence in interpersonal writing*	• completes the task fully • covers all or most of the parts of the prompt • response is appropriate	• relevant response • completely or almost completely addresses prompt • excellent organization of ideas • social and cultural references are accurate	• few errors in complex structures • no pattern of errors • rich vocabulary • appropriate register for type of correspondence • register is very appropriate • excellent command of spelling, syntax, paragraphing and punctuation
4 mid range	• demonstrates command of the language in interpersonal writing*	• completes task appropriately • covers all or most of the parts of the prompt appropriately • task is completed appropriately	• relevant response • well developed • good organization and cohesive • compares and contrasts rather than quotes • social and cultural references generally correct	• complex structures used but contain more than a few errors • vocabulary well used • register is correct for type of correspondence • generally correct spelling, syntax, paragraphing and punctuation
3 mid range	• demonstrates competent use of the language in interpersonal writing*	• completes the task • adequate treatment of most parts of the prompt	• relevant response • organized adequately and flows adequately • social and cultural references are more or less appropriate to the task	• simple structures are handled well but not complex ones • adequate vocabulary with some interference from first language • register generally correct for type of correspondence • may have errors with regard to spelling, syntax, paragraphing and punctuation

Continued

INFORMAL WRITING RUBRIC: BASED ON THE DRAFT RUBRIC FROM HTTP:// APCENTRAL.COLLEGEBOARD.COM—cont'd

	Description	Task Completion	Topic Development	Language Use
2 mid-low	• demonstrates barely competent use of the language in interpersonal writing*	• only partially completes the task • parts of the response are inappropriate to the prompt	• parts of the response are irrelevant • organization is inadequate in part • information from the sources is limited or incorrect • social and cultural references may be inaccurate to task	• simple structures are not handled well • limited vocabulary • interference from the first language is present • register is not totally appropriate for type of correspondence • frequent errors with regard to spelling, syntax, paragraphing and punctuation
1 low	• demonstrates lack of competent use of the language in interpersonal writing*	• the task is not completed • response is mostly inappropriate to the prompt	• the response is irrelevant • presentation is disorganized • information from the sources is limited and mostly incorrect • social and cultural references are inaccurate to the task	• numerous errors in grammatical structures • very limited vocabulary • frequent interference from first language • register is not appropriate to task • overwhelming errors with regard to spelling, syntax, paragraphing and punctuation
0	• a zero may be given to a task when the response is totally off task or irrelevant, the student's response is in a language other than Spanish or the student just restates the topic	*Interpersonal writing is where one is writing to another person or persons and may receive or require a response.		

CHAPTER 10

Exam Section II, Part A

Formal Writing / Integrated Skills (Presentational)

IN THIS CHAPTER

Summary: You will be given some ideas on how to write the best essay possible in the time allotted. You will also be given some suggestions on how to go about preparing for this part of the examination. For the essay, you are given 55 minutes total: 10 minutes to work with the sources, 5 minutes to prepare your thoughts and 40 minutes to write.

On the Advanced Placement Spanish Language Examination, you will be required to write a formal essay integrating reading and listening skills. The essay must contain at least 200 words on one topic provided in the examination booklet. To aid you in writing this essay you will be given three sources to consult, two written and one listening. You will have 7 minutes to read the two prompts. Then you will have approximately 3 minutes to listen to, and take notes on, the audio material. You should take notes on all of these sources and cite ALL of the sources in your essay. The essay is worth 20 percent of the total and therefore is a very important component of the examination.

This essay is designed to test your ability to interpret written and oral texts and use these to support your ideas in the essay. You should reference ALL three sources and cite them. Caution: do not just simply summarize the sources.

- Read the question carefully.
- You may wish to sketch a simple graphic organizer like one of those in this chapter on pages 131, 132, and 133 to help you organize your ideas.

- Under each related idea, write down one or two examples to illustrate it, using the sources provided.
- Under the examples, make a short list of nouns, verbs, adjectives, and adverbs that you might want to use. Remember, however, that you are to write an essay, not just a list of answers or ideas.
- Now you are ready to write. Having used the five minutes to prepare, you have a guide to assist you in your writing. You may make each of the "related ideas" a separate paragraph. The *introduction** will briefly restate the main theme and introduce the three related ideas. The fifth and final paragraph will briefly recap the main idea or theme and draw a personal *conclusion*. You will answer the question presented using the three sources and citing them appropriately. Remember that no new idea should appear in the last paragraph.
- Be sure to look at the rubric on page 160 to see how you will be assessed.
- Be sure to study new vocabulary and expressions in the Appendix to enrich your writing and make it flow more smoothly.

---

*Some people prefer to write the body of the essay first as their ideas and/or examples might change. In that case, you should leave some space at the beginning of your essay to go back and write the introduction once you have finished the body of the essay. If you do this, try to do it only in the first few practices. With practice, and an organizer, you should be able to write the essay from introduction to conclusion without needing to go back.

Graphic Organizer I: Flowchart

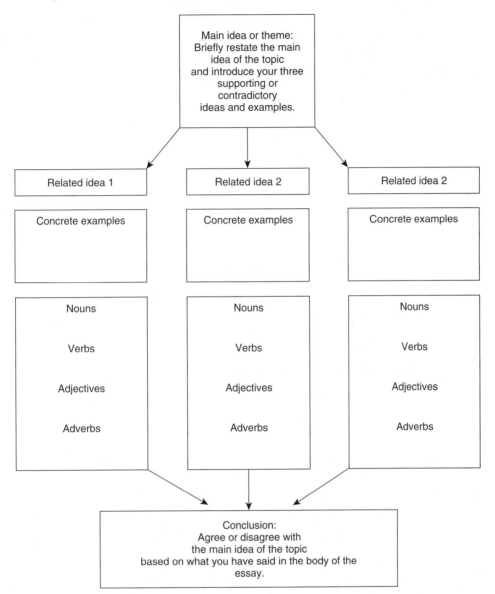

Graphic Organizer II: Venn Diagram

Another type of organizer that is quite useful when you are comparing and contrasting ideas is a Venn Diagram. A Venn Diagram is composed of two overlapping circles. Similarities are written where the circles overlap; differences are written in the nonoverlapping parts.

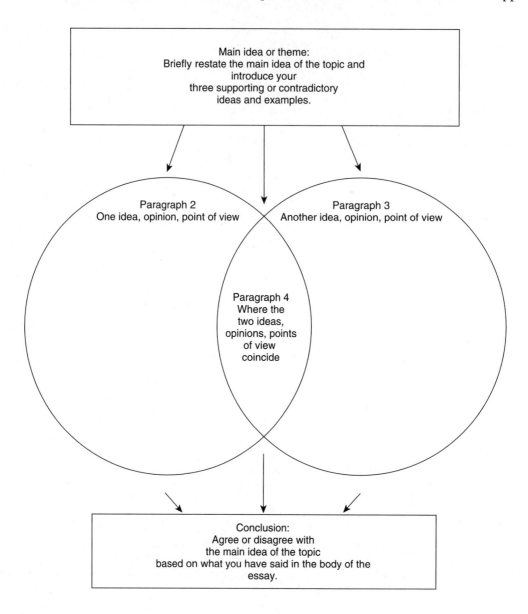

Graphic Organizer III: The "T" Chart

Another type of graphic organizer that might be useful is the basic "T" chart. On your exam booklet you can draw a "T" chart to compare two sides of a question, for example.

Una posición	Otra posición

Self-Assessment / Peer Checklist

The following is a checklist that you may use to check your work before turning it in to your teacher. You may also choose to copy this page and give it, along with your essay, to a classmate or two to help them critique your work.

The content:

- ☐ Addresses the essay topic
- ☐ Is understandable and clear
- ☐ Contains 200–250 words
- ☐ Is organized into paragraphs
- ☐ Has an introduction
- ☐ Has a conclusion
- ☐ Is written entirely in Spanish

The mechanics:

- ☐ Correct spelling
- ☐ Correct word choice (no false cognates or slang: e.g., **realizar** = *to fulfill, realize one's dreams;* **darse cuenta de** = *to realize, become aware*
- ☐ Verb-subject agreement (***Tú y yo* nos habl*amos.***)
- ☐ Adjective-noun agreement (**Ést*a* es un*a* cas*a* bonit*a*.**)
- ☐ Correct syntax (word order) (*noun + descriptive adjective:* **una ciudad moderna;** *indicator of quantity + noun:* **algunos libros**)
- ☐ Correct tenses
- ☐ Correct genders (**Es *un* problema muy gord*o*.**)

The Writing Process

When you are practicing your writing, you can learn a great deal, and become a better writer, by following the writing process outlined below.

Step 1: Sketch out your ideas using one of the graphic organizers shown on pages 131, 132, and 133 or another one.

Step 2: Write your first draft.

Step 3: Exchange your first draft with two other students. You might wish to give them a copy of the Self-Assessment / Peer Checklist. One student could review the message, and the other could review the mechanics.

Step 4: Revise your work in light of the suggestions received from your classmates. Look at the spelling and grammar but, most important, look at the message and its clarity. Were your classmates able to understand the message?

Step 5: Give your second draft to your teacher, tutor, or any person with whom you are working. Have that person critique your work.

Step 6: Take the comments/suggestions you received and write a final draft, clarifying your ideas, adding any additional details, and eliminating unnecessary or tangential information.

The actual day of the examination you will not have the luxury of following this process. You will have 55 minutes to prepare and write your essay, so the more you can practice beforehand, the better prepared you will be.

The day of the exam, pace yourself. Take 5 minutes to make an outline (try to use a graphic organizer), 30 minutes to write, and the final 10 minutes to reread and make any necessary corrections (agreement, spelling, word choice) or amendments (additional thoughts or ideas to bolster your argument). *You will not have time to write a first draft and then a second.*

Formal Writing Practice

Below are some practice essay topics. On the Advanced Placement Language Examination, you will be given only *one* topic on which you must prepare and write an essay of at least 200 words in 45 minutes. The instructions will be given in both English and Spanish; the question will be given only in Spanish.

After you have practiced a few essays using the writing process, you may wish to write some just as you will have to on the examination. Set a clock for 55 minutes and begin. Remember *not* to use a dictionary or any other aids during your time trial!

Pregunta 1: ¿Debe Puerto Rico hacerse el estado cincuenta y uno de los Estados Unidos?

Fuente N° 1

Fuente: Éste es un fragmento de un artículo por Julio Sáenz, editor que apareció en april de 2006 en *ConXion*, el periódico bilingüe mensual del Democrat and Chronicle de Rochester, Nueva York. Used with permission.

¿Debería Puerto Rico ser un estado?

El 25 de julio de 1898, los Estados Unidos declararon guerra contra España, iniciando la Guerra de Cuba. Las colonias españolas de Cuba, Puerto Rico y las Filipinas fueron entregadas a los Estados Unidos como parte de un trato que terminó la guerra. Mientras Cuba y las Filipinas comenzaron el siglo como países independientes, Puerto Rico siguió siendo territorio de los Estados Unidos bajo la administración de un gobernador nombrado por los Estados Unidos.

En 1917, el congreso americano les otorgó la ciudadanía a los puertorriqueños pero no fue hasta 1948 que la isla tuvo el derecho de elegir su propio gobernador. Puerto Rico adoptó su propia constitución en 1952, en la cual el termino «estado libre asociado» fue aplicado para definir el estatus político que ha tenido hasta hoy en día. Hubo tres votos en las décadas recientes para decidir si Puerto Rico debe pedir su independencia, continuar y mejorar su estatus de estado libre asociado, o ser un estado de los Estados Unidos. De acuerdo al servicio de noticias, Reuter, menos del tres por ciento de los puertorriqueños que votaron favorecieron la independencia en un referéndum en 1999. Las opiniones de las 3.8 millones de personas que habitan la isla están igualmente divididas en si Puerto Rico se queda como estado libre asociado o si se convierte en estado.

Fuente N° 2

E1 maps de Puerto Rico con datos sobre la isla.

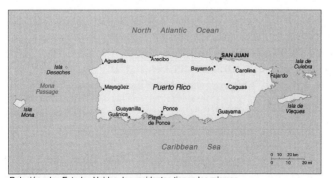

Relación a los Estados Unidos: los residentes tienen los mismos derechos y obligaciones que los de un ciudadano de los Estados Unidos, tales como el servicio militar y el pago de los impuestos para la seguridad social. Sin embargo, no pueden votar en las elecciones presidenciales y están obligados a pagar impuestos puertorriqueños sobre la renta (pero no los federales).

Datos: Puerto Rico

Nombre: el Estado Libre Asociado de Puerto Rico.

Capital: San Juan.

Gobierno: Democracia. Líderes el presidente George W. Bush; el gobernador Ánibal Acevedo-Vila.

Población: 3.9 millones.

Grupos étnicos: origen español 81%, origen africano 8%, origen mixto y otros 11%.

Religiones: Católicos 85%, Protestantes y otros 15%.

Idiomas: español, inglés.

Capacidad de leer y escribir: 94%.

Producto interior bruto: $72 mil millones, per cápita $18,500.

Fuente N° 3

Fuente: Éste es un fragmento de un artículo por Julio Sáenz, editor que apareció en april de 2006 en ConXion, el periódico bilingüe mensual del Democrat and Chronicle de Rochester, Nueva York. Used with permission.

> Las personas que participan en la entrevista:
> Iván Ramos, hijo, nacido en los Estados Unidos
> José Ramos, padre, nacido en Rincón, Puerto Rico
> Domingo García, nacido en Puerto Rico

A friend, teacher, tutor or parent will need to read this to you. The listening sources are located on pages 158–163 for these activities.

Pregunta 2: ¿Se les debería conceder la amnistía a los inmigrantes?

Fuente N° 1

Fuente: Ésta es una carta del editor, Julio Sáenz que apareció en mayo de 2006 en *ConXion*, el periódico bilingüe mensual del Democrat and Chronicle de Rochester, Nueva York. Used with permission.

El tema de la inmigración estalló de nuevo causando controversia en la conciencia de la nación. Es un tema que atrae a una multitud interesante: defensores de los inmi-grantes, xenófobos y patriotas que usan la bandera americana para defender sus puntos de vista de un lado o del otro.

Mi madre se tomó el tiempo de cumplir con el proceso legal de inmigración para venir a este país, por lo que apenas me parece justo que aquellos que rompen las reglas deban de ser recompensados.

Por otro lado, apenas parece justo que compañías puedan atraer a los inmigrantes, explotarlos y desecharlos después de que su sudor ha ayudado a construir este país.

Lo más importante aún, si escuchan con cuidado, más allá de todo el estrépito de los políticos y policías, se escuchan historias humanas – las historias de las personas que han arriesgado sus vidas para venir aquí, de la misma manera en la que todos los americanos lo han hecho.

Fuente N° 2

Fuente: Ésta es adoptada de un artículo que apareció en Prensa Latina, el 3 de mayo, 2007, http://www.prensa-latina.cu/article.asp?ID=%7BDD8B156D-FF96-49D2-8F10- B766282CAB2E%7D&language=ES#TopOfPage, "Reiteran importancia de mano de obra inmigrante en EE.UU."

¿Se debe legalizar a los inmigrantes indocumentados ya en los EE.UU.?

Parte importante del debate sobre la inmigración ilegal a los Estados Unidos tiene que ver con la economía. Mientras hay algunos que afirman que los inmigrantes rompen la ley y toman el trabajo de los ciudadanos, la realidad es que la economía se hundiría sin la mano de obra que los inmigrantes le brindan a la economía estadounidense. Estos inmigrantes ilegales hacen muchos trabajos en que los ciudadanos no tienen el menor interés. En adición, con una tasa relativamente baja de desempleo y de natalidad conjunto con un nivel más alto de educación entre los ciudadanos, no hay quienes que puedan llenar todos los trabajos disponibles en ciertos sectores.

En campos tales como la agricultura y la construcción muchos empresarios tienen miedo de que el Congreso estadounidense restringa aún más la entrada de los inmigrantes y les obligará a los que ya están que salgan. En una carta fechada el 20 de abril, 2007, ≪el sector constructivo estadounidense reiteró la importancia de la mano de obra de los inmigrantes y apoyó la legalización de estos trabajadores que ya se encuentran en el país.≫ La industria de la construcción emplea ahora unos 7 millones de personas y la necesidad de la mano de obra continuará a aumentar en el futuro.

En el estado de Nueva York, como en otros estados, los agricultores temen que el Servicio de Inmigración lleve a sus braceros, lo cual dejaría pudrir en los árboles y los campos las frutas y vegetales que ellos recogen. Ya en el otoño de 2006 algunos agricultores no podían encontrar la mano de obra necesaria porque muchos inmigrantes ilegales tenían miedo de que el Servicio de Inmigración hiciera redadas en los campos para buscarlos y deportarlos.

Se calcula que ahora hay alrededor de 12 millones de inmigrantes ilegales en los Estados Unidos. En una encuesta realizada por USA Today y la Organización Gallup, 78% de los encuestados favorecen que los inmigrantes que ya están en los Estados Unidos reciban la oportunidad de cambiar su estatus a ser legal.

Fuente N° 3

Fuente: Ésta es de la página de opinión que apareció en mayo de 2006 en *ConXion*, el periódico bilingüe mensual del Democrat and Chronicle de Rochester, Nueva York en que los entrevistados respondieron a la pregunta: "¿Se les debería conceder la amnistía a los inmigrantes? Used with permission.

> Las personas que participan en la entrevista:
> Domingo Martínez, de Salinas, Puerto Rico
> Roberto Burgos, de Aibonito, Puerto Rico
> Lili Vega, Rochester, Nueva York
> Héctor Vargas, Rochester, Nueva York

A friend, teacher, tutor or parent will need to read this to you. The listening sources are located on pages 154-157 for these activities.

Pregunta 3: ¿Se debe ofrecer programas de educación bilingüe?

Fuente N° 1

Fuente: Ésta es una carta del editor, Julio Sáenz, que apareció en febrero de 2007 en *ConXion*, el periódico bilingüe mensual del Democrat and Chronicle de Rochester, Nueva York. Used with permission.

La educación bilingüe les ofrece ventajas a todos

Cuando estaba cursando la educación primaria, le pregunté a mis padres si podía seguir a mis amigos, los cuales se habían transferido a un programa de educación bilingüe. La respuesta fue un determinante ≪¡no!≫, el cual traducido al inglés significa no.

Es sorprendente para muchos que los mismos padres inmigrantes se opongan a la educación bilingüe de sus hijos. En muchos casos, la oposición está basada en la creencia errónea que dicha educación atrasa el aprendizaje ya que las clases son repetidas en ambos idiomas. Este punto de vista anticuado es incluso promovido por la página de Internet del Departamento de Educación de los Estados Unidos, la cual dice que el programa de educación bilingüe ≪es un programa educacional para estudiantes con limitaciones en inglés. ≫

Esta definición ignora las necesidades de la economía global de nuestros días. Una educación bilingüe es la herramienta perfecta para preparar a nuestros hijos para ser competitivos en el mercado del siglo 21. La educación bilingüe no es sólo para niños que no pueden hablar inglés; provee ventajas para todos los niños en general.

Rochester cuenta con un buen ejemplo, la escuela Eugenio María de Hostos, localizada en la avenida Clifford, en la cual el 55 por ciento de los miembros de dicha institución educativa no son latinos.

Fuente N° 2

Fuente: Las estadísticas vienen de the National Center for Educational Statistics, http://nces.ed.gov/programs/youthindicators/Indicators.asp?PubPageNumber=20&ShowTablePage=TablesHTML/20.asp. El mapa y la lista de Estados vienen de Wikipedia, the free encyclopedia, el 12 de mayo, 2007.

Estados donde el inglés es la lengua oficial en negro

Con la cuestión de la inmigración ilegal, principalmente de Latinoamérica, en cada temporada de elecciones, el tema de la educación bilingüe se pone candente otra vez. La situación ha llegado a tal punto que ha habido varias propuestas en el Congreso y en los cuerpos legislativos de algunos estados y hasta ciudades para hacer que el inglés sea la lengua ≪oficial≫ de la nación, el estado, o la ciudad. Aunque el gobierno no reconoce ninguna lengua oficial sus documentos se publican en inglés. En la actualidad, los estados donde el inglés es la lengua oficial incluyen Alabama (1990), Arizona (2006), Arkansas (1987), California (1986), Colorado (1988), Florida (1988), Georgia (1996), Illinois (1960), Indiana (1984), Iowa (2002), Kentucky (1984), Mississippi (1987), Missouri (1998), Montana (1995), Nebraska (1920), New Hampshire (1995), North Carolina (1987), North Dakota (1995), South Carolina (1987), South Dakota (1995), Tennessee (1984), Utah (2000), Virginia (1996) y Wyoming (1996). (English Only Movements, from Wikipedia, the free encyclopedia, el 12 de mayo, 2007) Hasta ciertos políticos se han metido en el debate emocional sobre la educación bilingüe. Newt Gingrich, el ex-Presidente de la Cámara de los Representantes de los Estados Unidos, metió la pata cuando dijo en un discurso que el concepto de la educación bilingüe perpetuaría ≪la lengua de vivir en los barrios bajos. ≫ Para él y muchos otros, para tener éxito en América es necesario hablar inglés y abandonar las lenguas y culturas de los antepasados. Muchos todavía ven el éxito de los Estados Unidos en lo que se llama ≪el crisol cultural≫ donde todos se mezclan y cambian para ser más o menos uniformes. Para los que favorecen la educación bilingüe, ellos la ven como puente entre su lengua materna y el inglés mientras ayuda a conservar su identidad, tradiciones y, hasta cierto punto, su cultura.

Quizá no haya nada más personal que la lengua materna de un individuo. Pero, ¿se debe tener miedo de los programas bilingües? ¿Es que funcionan, como dicen sus partidarios, o es que no según sus detractores? En un artículo publicado en la página Web Kappan (de Phi Delta Kappa), a Richard Rothstein, en lo que él ha estudiado, parece que no existe la crisis en la educación bilingüe que algunos piensen. Aquí hay unas estadísticas del National Center for Educational Statistics que nos muestran los cambios desde 1975 hasta 2004. Teniendo en cuenta la explosión en la inmigración hispana desde 1975 hasta ahora, estas estadísticas tienden a indicar que sí ha habido progreso. Pero como el mismo Sr. Rothstein dice en su artículo, «Tal vez podamos hacer mejor. Tal vez pudiéramos hacer mejor con menos educación bilingüe. Pero, tal vez que no. Lo que podemos decir con seguridad es que los datos no revelan una crisis, y el sistema para la educación de inmigrantes con el que hemos salido de paseo, con todos sus problemas, no parece estar en un estado de fracaso total. »

El porcentaje de los que terminan sus estudios secundarios:

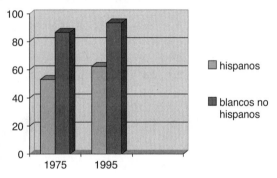

El porcentaje de los que se graduaron y se matricularon en una universidad:

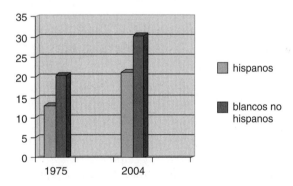

El porcentaje de los que se graduaron después de cuatro años de universidad:

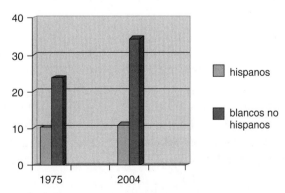

Fuente N° 3

Fuente: Ésta es adaptada de un artículo por Ana Femin en que los entrevistados dieron sus opiniones sobre la cuestión de la educación bilingüe que apareció en febrero de 2007 en *ConXion*, el periódico bilingüe mensual del Democrat and Chronicle de Rochester, Nueva York. Used with permission.

Las personas que participan en la entrevista:
Luz López, madre
Miriam Vázquez, director de la escuela Eugenio María de Hostos
María Messina, una de las fundadoras del programa bilingüe en la escuela Monroe
    Middle School
Domingo García, presidente de la junta educacional

A friend, teacher, tutor or parent will need to read this to you. The listening sources are located on pages 154–157 for these activities.

Pregunta 4: ¿Puede el ecoturismo servir para proteger el medio ambiente?

Fuente N° 1

Fuente: Information from The Nature Conservancy web site, www.nature.org/aboutus/travel/ecoturismo/about/art15170.html

En cuanto al ecoturismo, The Nature Conservancy, una organización que tiene como su misión la de «preservar las plantas, los animales y las comunidades naturales que representan la diversidad de vida sobre la Tierra por proteger las tierras y aguas que necesitan para sobrevivir,» apoya la práctica denominada «ecoturismo.» Las estrategias que plantean incluyen generar ganancias económicas del turismo para usarlas en la conservación, la reducción de peligros que corren la vida silvestre y las comunidades naturales y el apoyo para el ecoturismo. Este apoyo incluye la participación de la comunidad donde tiene lugar.

El problema que quizá sea el más grande es la preservación de la biodiversidad y los recursos naturales de sitios en peligro de ser desarrollados. Lo que pretende hacer el ecoturismo bajo The Nature Conservancy es poder generar el dinero para mantener y proteger los parques nacionales y otros lugares de importancia natural mientras les da a sus habitantes la manera de mantener la salud, la educación, el bienestar y el desarrollo de sus comunidades. El dinero recibido de lo que se cobra por la admisión, las concesiones, las visitas guiadas y las actividades como el buceo provee el financiamiento para conservar estos recursos naturales.

Con su doble enfoque, la preservación de la naturaleza y el desarrollo económico, la educación y la participación local, organizaciones como The Nature Conservancy esperan que lo que se llama el «ecoturismo comunitario» pueda servir a todos por el bien de todos.

Fuente N° 2

Fuente: Adapted from information from the Center on Ecotourism and Sustainable Development (CESD) and The International Ecotourism Society (TIES), CESD/TIES Working Paper No. 104, revised April 2005, prepared by Zoë Chafe, Edited by Martha Money.

En un estudio realizado por el Center on Ecotourism and Sustainable Development (CESD) y The Internacional Ecotourism Society (TIES) se ve cuales serían posibles índices para el éxito de ofrecer un turismo responsable. Aquí hay algunos de los datos que resultaron de sus investigaciones sobre las preferencias y opiniones de turistas americanos y británicos:

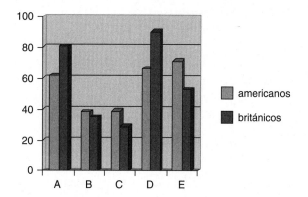

(A) Es importante aprender algo de la cultura, geografía y costumbres del país que se visita.
(B) Pagarían más para proteger el medio ambiente en el país que se visita.
(C) Escogerían compañías que protegen aspectos culturales e históricos en el país que se visita.
(D) Les importa la protección del medioambiente en el país que se visita.
(E) El bienestar de la población local les importa en el país que se visita.

Estos datos podrían indicarnos la viabilidad de tales programas y el interés que tendrían turistas en participar en ellos.

Fuente N° 3

Fuente: Ésta es adaptada de un artículo que apareció en lasprovincias.es, http://www.lasprovincias.es/valencia/20070411/internacional/ecuador-declara-emergencia-i

> Las personas que participan en la entrevista:
> Locutor de radio, Juan Miguel Ruíz

A friend, teacher, tutor or parent will need to read this to you. The listening sources are located on pages 154–157 for these activities.

Pregunta 5: ¿Cómo pueden los jóvenes de hoy contribuir al bienestar de sus conciudadanos y promover la paz e igualdad en el mundo?

Fuente N° 1

Fuente: La información presentada en esta fuente es adaptada de la página Web del Cuerpo de Paz, http://www.peacecorps.gov/index.cfm?shell=learn

Una oportunidad que ha existido desde 1961 para contribuir al bienestar humano y para compartir nuestros valores americanos es el Cuerpo de Paz, establecido durante la presidencia de John F. Kennedy. Ahora el Cuerpo de Paz sirve a 73 países en África, Asia, el Caribe,

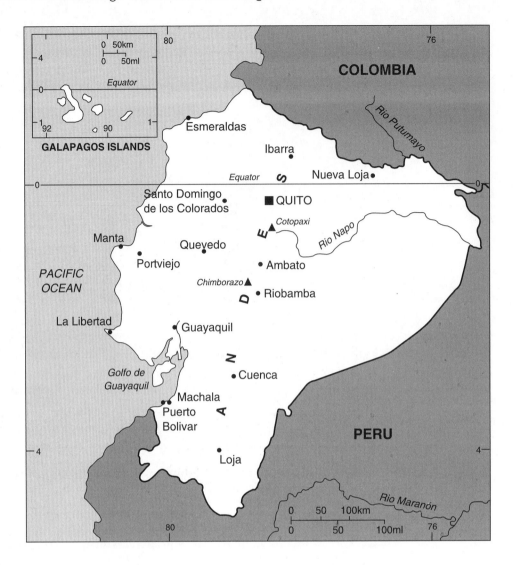

la América Central, la América del Sur, Europa y el Medio Oriente. Los voluntarios colaboran con miembros de las comunidades locales en educación, el desarrollo comunitario, el medioambiente, la informática, la medicina, la salud (incluso el SIDA) y la juventud. Mientras muchos voluntarios son de varias edades, que incluyen jubilados y estudiantes universitarios, muchos son jóvenes.

En el campo de la educación, los voluntarios sirven de profesores de inglés, matemáticas, ciencias y comercio. Para servir a los jóvenes, los voluntarios trabajan con los jóvenes de 10 años a 25 años de edad que corren el riesgo de la delincuencia. El Cuerpo de Paz les ayuda a las comunidades a desarrollar programas para ayudarlos. En el campo de la salud, los voluntarios enseñan y promueven el conocimiento sobre temas como el agua potable, el SIDA y la nutrición. En la tecnología, los voluntarios ayudan en enseñarles como funciona la informática, en desarrollar bancos de datos regionales y en establecer redes para las empresas y los gobiernos locales.

Un joven que participó en el Cuerpo de Paz por dos años y medio en Guatemala es Chris. Después de graduarse de la universidad, y antes de seguir sus estudios posgraduados y doctorales, Chris ingresó en el Cuerpo de Paz. Chris les enseñó a miembros de su comunidad en Guatemala como plantar otros tipos de vegetales y legumbres para enriquecer su dieta y nutrición. Por ejemplo, Chris les enseñó a plantar zanahorias. Después de cosecharlas, un amigo suyo, otro voluntario, vino para enseñarles recetas tales como para la tarta de zanahorias para que supieran como usar estas nuevas plantas. Hasta durante visitas a casa, Chris visitaba el colegio local para compartir sus experiencias con los estudiantes allí.

Cada mes los voluntarios reciben una cuota para pagar los gastos. También pueden recibir créditos hacia la educación, beneficios médicos, dinero para ayudar con la transición después de su servicio, y, claro, experiencias invaluables para servirles en cualquier campo que sigan.

¿Puede ser el trabajo de voluntario en el Cuerpo de Paz una opción para ti?

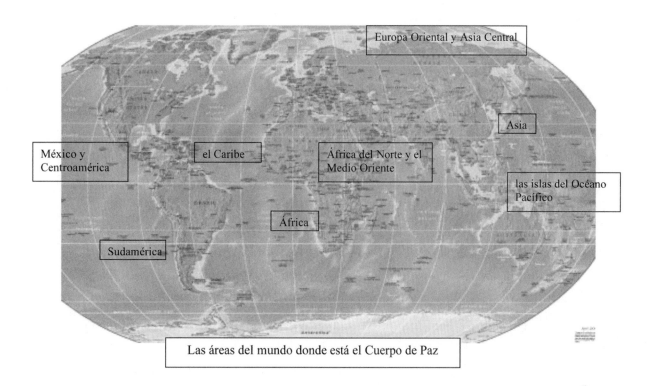

Las áreas del mundo donde está el Cuerpo de Paz

Fuente Nº 2

Fuente: La información en ésta se basa, en parte, en la página Web AmeriCorps, http://www.americorps.org/abut/ac/index.asp

En 1994 AmeriCorps se estableció y ahora sirve más de 2.000 organizaciones no lucrativas, agencias públicas y organizaciones religiosas. Esta organización les da a sus voluntarios la oportunidad de conectarse con la comunidad, conocer los problemas que afectan su comunidad, participar en actividades comunitarias (tales como la limpieza y seguridad de la comunidad), y la habilidad de crear nuevos programas según las necesidades específicas de la comunidad.

Los participantes pueden elegir entre una carrera en la educación, el trabajo social, el ejército y la seguridad pública. Pueden servir de tutores para los jóvenes necesitados, participar en programas de alfabetización, mejorar los servicios médicos, enseñar informática, limpiar parques, dirigir programas estudiantiles después de las clases, y ayudar en casos de desastre. En cambio por su participación, los miembros de AmeriCorps ganan $4.725 para pagar la universidad o los estudios pos-graduados, o pueden usar el dinero para pagar préstamos que ya tienen para la educación. Desde 1994 350.000 americanos han servido en AmeriCorps.

Los miembros de AmeriCorps ganan muchas veces más de lo que reciben. Ganan no sólo algún dinero sino también la experiencia, la educación y la oportunidad de hacer una diferencia en la vida de sus conciudadanos. Como dice su lema, «necesitas ser el cambio que quieres ver en el mundo.» Y esta experiencia puede cambiarlos.

Un ejemplo es Emily que después de graduarse de la universidad y antes de seguir sus estudios para la maestría, decidió alistarse y pasó dos años enseñando el español a niños menos afortunados en un colegio de St. Louis, Missouri. La experiencia le abrió los ojos a las necesidades que tienen los estudiantes menos privilegiados, algo que le impactó mucho. Al hablar con estudiantes compartiendo sus fotos y sus experiencias, ella les mostró como un individuo podía hacer una diferencia y como esta experiencia puede cambiar no sólo a los que reciben sino a los que dan.

Fuente N° 3

Fuente: Un monografía del autor de este libro, Dennis Lavoie, informada en parte por "Burlington High School Community Service Policy" http://www.bsdvt.org/schools/bhs/Services/Linking/Comm_Serv_Req%20New.html y "Community Service Requirements Can Discourage Those 'Not Ready' for Volunteering" http://www.locateadoc.com/articles.cfm/search/76

> Las personas que participan:
> Dennis Lavoie, autor y profesor de lengua española y francesa

A friend, teacher, tutor or parent will need to read this to you. The listening sources are located on pages 154–157 for these activities.

Pregunta 6: ¿Es buena idea que los adolescentes trabajen a tiempo parcial mientras asisten al colegio?

Fuente N° 1

Fuente: Esta información es adaptada de ACRN (American Career Resource Network), http://www.acrnetwork.org//parents/workopt.htm#1

Los adolescentes, el trabajo y los estudios …
¿Una buena idea o no?

Un dilema que existe tanto para los padres como sus hijos es el de si sus hijos deben mantener un trabajo mientras asisten al colegio. Las razones son varias por apoyar el trabajar durante la adolescencia. Algunos piensan que el trabajo les ayuda a los jóvenes relacionar lo que aprenden en la escuela con una carrera en el futuro. En adición, la experiencia puede enseñarles como mejor manejar su tiempo y planear para respetar fechas límites para la entrega de proyectos y tareas. Mientras los jóvenes trabajan, aprenderán a seguir instrucciones, comunicarse con otros y como trabajar en equipo con otros. Hasta pueden ganar experiencia en el liderazgo. El trabajo puede servir para hacerles ver cómo es trabajar, descubrir lo que les gusta o no, y conocerse a sí mismos en cuanto a sus habilidades.

El trabajo puede ser a tiempo parcial independiente del curso académico del estudiante, o puede estar relacionado directamente con sus estudios en el colegio.

Algunos programas existen para combinar los estudios académicos tales como los siguientes:

- programas de aprendizaje que combinan el trabajo con la instrucción que se recibe en la escuela.
- programas que se llaman «de educación cooperativa» donde el empleador, los padres y la escuela colaboran para que el joven reciba instrucción en destrezas necesarias para realizar cierto tipo de trabajo.
- puestos de interno donde las actividades del trabajo se estructuran para complementar lo que se aprende en las clases. El alumno puede ganar créditos mientras trabaja. Puede ser un puesto pagado o no.
- empresas basadas en la escuela tales como «Junior Achievement» donde los estudiantes organizan y dirigen una empresa en la escuela, como una librería.
- el estudio por servicio donde se combinan lo académico con un proyecto de servicio a la comunidad.
- programas de emparejar al alumno con un mentor que sigue la carrera que le interesa al alumno donde se desarrolla una relación de largo plazo. El mentor le da al alumno apoyo, motivación, dirección y ayuda.
- acompañar a un profesional donde el alumno puede observar a un trabajador trabajando en la profesión que le interesa; puede ser de un día a varios.

Como se puede ver, existen muchas oportunidades para combinar la experiencia del mundo del trabajo con los estudios. El éxito en combinar las dos cosas depende del estudiante, el empleador, los padres y la escuela y como lo hacen. En el mejor caso puede ser de provecho para el estudiante ayudándole a hacer la transición al mundo del trabajo, o por lo menos ayudándole a decidir qué carrera seguir.

Fuente Nº 2

Fuente: Ésta es adaptada de un artículo escrito por Steven Greenhouse, "Problems Seen for Teenagers Who Hold Jobs", The New York Times ON THE WEB, January 29, 2001. http://www.nytimes.com/2001/01/29/nyregion/29TEEN.html?pagewanted= all&ei=50070&

La polémica de los adolescentes y el trabajo

Mientras muchos adultos piensan que el tener un trabajo a tiempo parcial sea una cosa positiva en cuanto a la maduración de sus hijos, puede también arriesgar su desarrollo académico. Muchos jóvenes que tienen trabajos a tiempo parcial los días de clase dicen que muchas veces se encuentran bastante cansados el día siguiente. Algunos reportan que a veces llegan tarde a clase, se duermen en clase o hasta faltan parte del día o el día completo por haber trabajado hasta tarde la noche anterior. Lo que pasa es que los beneficios de tener un trabajo, tales como aprender a ser responsables, ganar dinero y no meterse en líos, desaparecen cuando los chicos trabajan muchas horas. La Academia Nacional de Ciencias junto con El Consejo Nacional de Investigaciones y el Instituto de Medicina han descubierto que si un adolescente trabaja más de veinte horas por semana resulta en notas más bajas, un aumento en el abuso del alcohol y menos tiempo para pasar con los amigos y familiares. En un estudio realizado por El Consejo Nacional de Investigaciones con profesores de las universidades de Stanford, Temple y Minnesota encontraron efectos negativos cuando los jóvenes de dieciséis y diecisiete años trabajan más de 20 horas por semana. Notaron que estos jóvenes no tienen bastante tiempo ni energía para sus tareas, pierden actividades extracurriculares como clubes y deportes donde pueden desarrollarse social e intelectualmente. Otro dato que no se menciona a menudo es que cada año hay adolescentes que se matan en el trabajo por la falta de entrenamiento, supervisión y experiencia.

Este debate a veces llega a tal punto que hay un enfrentamiento entre los estudios y el trabajo y muchas veces los estudios sufren. Hay algunos grupos que han comenzado a pedir más restricciones en cuanto al trabajo de los jóvenes. Estos grupos incluyen asociaciones de pedíatras, clubes de mujeres, sindicatos educativos, la Liga Nacional de Consumidores y la Asociación de Padres y Profesores (PTA). Claro está, hay grupos de empresarios, y hasta padres que trabajaron cuando eran jóvenes, que no quieren más regulaciones.

A pesar de todo, muchos expertos, profesionales y padres dicen que un trabajo, con horas responsables, sí puede ser de provecho para los adolescentes. Puede enseñarles a ser responsables, a trabajar con otros y hasta a contribuir dinero a la familia si le hace falta. En algunos estudios se ha visto que para los niños pobres el trabajo sí puede ser bueno. Los expertos dicen que el trabajar entre 25 y 30 horas o más por semana es excesivo si uno valora la educación, la participación en los deportes y actividades extracurriculares, el tiempo con la familia y los amigos.

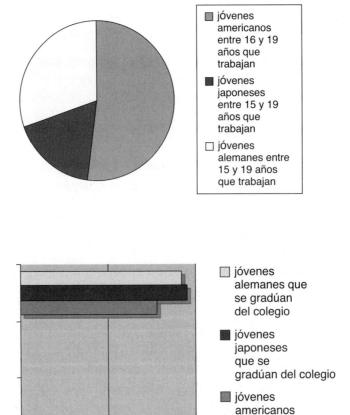

Fuente N° 3

Fuente: Una entrevista con un consejero de estudiantes de secundaria en un colegio del estado de Nueva York.

> Participantes en la entrevista:
> Dennis Lavoie, entrevistador
> Craig Howe, consejero

A friend, teacher, tutor or parent will need to read this to you. The listening sources are located on pages 154–157 for these activities.

Pregunta 7: ¿Tiene la inclusión de las artes valor en el currículo escolar?

Fuente N° 1

Fuente: Ésta se informó en parte del libro "Teaching with the brain in mind", por Eric Jensen, © 1998, the Association for Supervision and Curriculum Development.

El valor del arte en el currículo

Aunque algunas personas piensen que las artes (el arte, la música, el drama y el baile) no deben ser partes del currículo secundario. Con el aventamiento de «Que no se quede atrás ningún niño,» algunas personas piensan que se debe enfocar en las materias esenciales tales como matemáticas, ciencias, literatura y composición. Se sorprenderá saber que hay mucha evidencia que indica lo contrario. Además de servir como actividades agradables, también pueden contribuir al aprendizaje del alumno hasta en clases como lengua, matemáticas, historia y ciencias. No sólo pueden enriquecer estas clases, sino que pueden hacer que el alumno haga mejores conexiones con la materia y que la aprenda mejor. En su libro «Enseñar teniendo en cuenta la mente» *(Teaching with the brain in mind)*, Eric Jensen expone que «una base artística nutria la creatividad, la concentración y la atención a valores y la autodisciplina.» (página 36). Según Jensen, los estudios indican que el estudio del arte no sólo enriquece al individuo estéticamente sino que puede ayudar el cerebro humano a hacer más y mejores conexiones. (página 38).

Un ejemplo de esto se puede ver en una clase de lengua española donde se lee el cuento «A la deriva» por Horacio Quiroga. Al entrar en la clase el profesor ha bajado las luces y toca una cinta de sonidos de una selva tropical. Los estudiantes encuentran papel y lápices de pastel en sus pupitres. El profesor les dice que escuchen los sonidos con los ojos cerrados unos momentos y luego que dibujen lo que ellos oyen y ven en su mente. Después de unos diez minutos los estudiantes comparten sus dibujos y hablan de las sensaciones que han producido los sonidos. Esta actividad ha servido como introducción a un cuento que tiene lugar en las selvas amazónicas de la provincia de Misiones, Argentina. Para cerrar la lección, los estudiantes dibujan escenas del cuento para 'contar' la historia.

Como se ve de este ejemplo, esta combinación de arte, lengua y literatura enriquece la experiencia total de los alumnos y les ayuda a comprender más a fondo un cuento naturalista algo difícil.

Fuente N° 2

Fuente: Ésta información se informo de "AMERICANS for the ARTS,"
http://www.artsusa.org/public_awareness/facts/

Lo saliente de las investigaciones realizadas sobre la enseñanza de las artes

En el campo académico, se ha visto que la inclusión de las artes en la educación general del alumno le puede brindar los siguientes resultados. Para el alumno que estudia las artes:

- es cuatro veces más probable que sea reconocido por sus logros académicos
- es tres veces más probable que sea elegido a un puesto en el gobierno estudiantil de su clase
- es cuatro veces más probable que participe en un concurso de matemáticas o ciencias
- es tres veces más probable que sea premiado por su asistencia a la escuela
- es cuatro veces más probable que gane un premio por escribir un ensayo o poema.

En la misma página Web se nota que los que estudian las artes, comparados con sus compañeros de clase, tienden a participar más en clubes juveniles, leer como pasatiempo, participar en programas al servicio de la comunidad y asistir a clases de arte, música y baile. (*Living the Arts through Language + Learning: A Report on Community-based Youth Organizations*, Shirley Brice Heath, Stanford University and Carnegie Foundation For the Advancement of Teaching, *Americans for the Arts Monograph*, November 1998.)

En la página Web http://www.culture.gov.on.ca/english/about/b050506.htm, en un informe del College Board (http://www.nasaa-arts.org/publications/critical-evidence.pdf) se puede ver claramente el impacto que el arte puede tener en el campo académico.

El padrón de los que toman arte y calificaciones en el examen SAT, 2005

	VERBAL	MATEMÁTICAS
4+ años de arte	534	540
4 años	543	541
3 años	514	516
2 años	508	517
1 años	501	515
1/2 año o menos	485	502
El promedio de todos que tomaron el examen SAT	508	520

Fuente: 2005 College-Bound Seniors: Total Group Profile Report, The College Board, 2005, Table 3-3; SAT Scores of Students Who Study the Arts: What We Can and Cannot Conclude about the Association, Kathryn Vaughn and Ellen Winner (Fall 2000).

Hasta los negocios entienden el valor del arte en el desarrollo completo del alumno. En la misma página Web, se nota que la inclusión del arte en el currículo fomenta la disciplina, la habilidad de solucionar problemas, la imparcialidad en el razonamiento valorativo, la apreciación de la calidad de su trabajo, y la habilidad de establecer metas. En adición puede ayudar a los estudiantes que corren el riesgo de la delincuencia.

Más que una frivolidad, las artes sí tienen una importancia en la educación total del individuo, no sólo estéticamente, sino académica y socialmente también.

Fuente N° 3

Fuente: Una entrevista con unos profesores de Fairport High School, Fairport, New York sobre el uso del arte.

> Participantes en la entrevista:
> Dennis Lavoie, entrevistador
> Sra. Gillette, profesora de inglés
> Sra. Griffith, profesora de teatro
> Sra. Karr, profesor de inglés
> Sra. Steffer, profesora de arte

A friend, teacher, tutor or parent will need to read this to you. The listening sources are located on pages 154–157 for these activities

Pregunta 8: ¿Vale la pena participar en un programa de intercambio?

Fuente N° 1

Fuente: Ésta se informó en parte de la página Web de AFS, una organización que ofrece programas de intercambio internacionales, http://www.afs.org/afs_or/view/ 3150

¿Vale la pena participar en un programa de intercambio escolar?

Cada año millones de estudiantes de todo el mundo participan en programas de intercambio estudiantil. Las razones quizá sean tan numerosas como estudiantes que participan. Algunos lo hacen para pasar unas semanas o meses agradables en un lugar exótico. Otros quieren conocer a nuevas personas y nuevas culturas o mejorar su habilidad de comunicarse en otra lengua. La realidad es que se puede realizar todas estas metas y más. Un programa, AFS, realizó un estudio independiente de sus programas y encontró que los que participan en estos programas se hacen más competentes en funcionar en otras culturas, traban más amistades con personas de otras culturas, hablan con más soltura lenguas extranjeras y conocen más sobre otras culturas (http://www.afs.org/afs_or/view/3150).

Existen varios tipos de programas que les ofrecen a los estudiantes la oportunidad de experimentar un intercambio estudiantil. Hay programas en que los estudiantes pueden visitar por un par de semanas a un país extranjero quedándose con una familia y asistiendo a clases como observadores en el colegio anfitrión. También existen programas en que los estudiantes pueden pasar un semestre, o hasta un año, viviendo con una familia anfitriona y asistiendo a clases por las cuales pueden recibir crédito en su escuela. Además se ofrecen programas en plan de excursión en que los estudiantes se quedan en hoteles y viajan de ciudad en ciudad dando un vistazo de pájaro al país anfitrión.

Cada opción tiene su propio valor según lo que el estudiante quiera llevar consigo de la experiencia. De todos modos, sí que es una experiencia que vale la pena. El estudiante y su familia son los que necesitan determinar lo que quieren conseguir, el tiempo que les es disponible y los recursos financieros.

Fuente N° 2

Fuente: Ésta se informó en parte de la página Web de la Universidad de Maryland, Programas Internacionales, http://www.international.umd.edu/studyabroad/623

Los beneficios de estudiar en el extranjero

El estudiar en el extranjero puede enriquecer la vida de cualquier individuo que se arriesgue. Como los Estados Unidos es un país tan enorme muchos no tenemos la oportunidad de conocer a otros que son cultural y lingüísticamente diferentes de nosotros. La experiencia de pasar algún tiempo en otro país puede ser una experiencia que cambia nuestra vida por lo mejor. En la página Web de la Universidad de Maryland, International Programs, ellos enumeran los beneficios para los que participan en programas en el extranjero. Según ellos, el participar en programas así estimula la disciplina académica, ayuda al alumno a funcionar en sistemas diferentes, anima la independencia y puede hasta ayudarle al momento de buscar trabajo. Al nivel práctico, si uno estudia en un país extranjero le facilita la adquisición de una lengua. Cuando todo que le rodea está escrito en otra lengua, cuando todos alrededor de uno hablan otra lengua, es mucho más fácil adquirir la lengua que en una clase en el colegio o la universidad. Además, la experiencia da vida a lo que se ha aprendido en los salones de clase. Se puede conocer de primera mano el arte, la cultura y la historia del país. Hasta algunos estudios han mostrado que los que se han aprovechado de programas de estudios en el extranjero tienden a hacer mejor en sus estudios en la universidad.

Al nivel personal, yo vine de un pueblecito a la orilla del lago Ontario en el Estado de Nueva York. La población del pueblo era de unos 1.500 habitantes y mi clase en el colegio de 151 estudiantes. En el verano de 1971, entre mi primer año y segundo año en el colegio, yo fui a Saltillo, México para pasar ocho semanas. Viví con una familia en que nadie hablaba inglés y seguí cursos de lengua, música y baile en un instituto. Fue una experiencia inolvidable que me llevó más tarde a pasar mi año junior estudiando en la universidad Complutense de Madrid en España.

Aquella primera experiencia en 1972 fue un momento clave en mi vida y me ha llevado a vivir en otros países y a aprender otros idiomas. Me dio de veras una vida muy distinta de la que habría tenido si no me hubiera arriesgado.

Fuente N° 3

Fuente: Una entrevista con unos estudiantes de secundaria que han participado en programas de intercambio.

> Participantes en la entrevista:
> Dennis Lavoie, entrevistador
> Shaughn, un estudiante de último año
> Courtney, una estudiante de último año
> Justin, un estudiante de último año

A friend, teacher, tutor or parent will need to read this to you. The listening sources are located on pages 154–157 for these activities.

Pregunta 9: ¿Puede la ayuda directa tener éxito en países del tercer mundo?

Fuente N° 1

Fuente: Ésta se basa en el sitío Web del Peace Corps, http://peacecorpsonline.org/messages/2629/2014416.html y Wikipedia, http://en.wikipedia.org/wiki/ AccionInternacional

Ayudando al individuo para llegar a ser autosuficiente

Desde la emergencia de los estados modernos los gobiernos se han dado ayuda militar y financiera, los unos a los otros, a veces por motivos altruistas y muchas veces teniendo en cuenta sus propios fines. Muchas veces el dinero que se ofrecía para el desarrollo y bienestar de los ciudadanos de un país subdesarrollado ha beneficiado a los líderes y a sus amigos y no al desarrollo humanitario. Algunos de los casos más notables de la historia del siglo XX incluyen lo que ocurrió en las Filipinas bajo el presidente Marcos (su mujer Imelda y sus mil y un pares de zapatos) y el presidente de Haití por la vida, Baby Doc Duvalier (su mujer Michelle y sus abrigos de piel en refrigeradores en un clima tropical). En ambos casos el dinero bien intencionado se encontró en los bolsillos de los líderes y sus partidarios mientras las masas sufrían.

Entonces unas personas visionarias pensaron —¿Por qué no ayudar directamente a la gente para que pudiera conseguir el dinero para llevar a cabo sus ideas y así lograr la autosuficiencia? Joseph Blatchford es una de estas personas. En 1961 Joseph, entonces un jugador amateur de tenis de los Estados Unidos visitó a Caracas, Venezuela y quedó horrorizado por la pobreza que vio. Entonces fundó Acción Internacional. Al principio ellos animaron a otros a donar dinero y hacer trabajo voluntario al estilo del Cuerpo de Paz. En los años setenta, la organización descubrió que no ayudaban a los más pobres a quienes les faltaban oportunidades económicas, trabajo y no tenían ningún sistema de apoyo nacional. Entonces Acción Internacional comenzó a darles préstamos a pequeños empresarios, el promedio de estos préstamos siendo de 500 dólares y algunos tan pequeños como de 75 dólares. Estos empresarios tenían dos problemas, los bancos no querían prestarles dinero porque no tenían nada de valor para garantizar el préstamo. En cambio, las personas que sí les prestarían dinero les cobrarían un interés usurero. Acción Internacional les da préstamos con tazas de interés muy bajas. Para asegurar que los prestatarios repaguen los préstamos Acción Internacional une el prestatario con otros prestatarios, parientes suyos y familiares, para que todos se apoyen. Por eso ellos han realizado un por ciento admirable de devolución de los préstamos que es superior de 96% que la de los bancos comerciales.

Ahora en el mundo hay más de 7.000 'micro-prestamistas'. Muchos de los préstamos se hacen a mujeres. De ellas, los beneficios corren a miembros de sus familias y comunidades. Donde se practican programas de 'micro-préstamos' se ha notado mejoramientos en la salud y la educación. Más que nunca estos programas reciben mucha atención. En 2006 Muhammad Yunus con su Banco Grameen recibió el Premio Nóbel de la Paz por su banco que hace 'micro-préstamos' a las mujeres de Bengla Desh.

Fuente N° 2

Fuente: Ésta se basa en la página Web de "Pro Mujer", http://www.promujer.org/mission.html

Ayudando a las más necesitadas

Como dice en su declaración sobre su misión, la razón de ser de Pro Mujer ≪es de proveer a las mujeres más necesitadas de Latino América la manera de crear sustento para ellas mismas y el futuro de sus familias por medio de micro-préstamos, entrenamiento en la operación de un negocio y apoyo médico.≫ Pro Mujer fue fundada en 1990 por Lynne Patterson, de los Estados Unidos, y Carmen Velasco, de Bolivia. Ellas estudiaron el éxito del Banco Grameen en Bengla Desh en el campo de micro-préstamos pero descubrieron que las mujeres a quienes querían ayudar necesitarían más ayuda que la del préstamo. Conjunto con el préstamo, sus clientas necesitarían ayuda para manejar sus empresas y ayuda médica para sostenerse a sí mismas y a sus familias. Así es como el modelo de Pro Mujer nació.

Ahora Por Mujer funciona en la Argentina, Bolivia, Nicaragua, el Perú y México. ¿Por qué este enfoque en la mujer? Como las mujeres por todo el tercer mundo, las que reciben ayuda de Pro Mujer son las más pobres siendo mujeres sin acceso a la educación, fuentes financieras y servicios de salud. Las mismas que también están encargadas de criar a la próxima generación de sus países. Por su situación estas mujeres no sólo necesitan ayuda financiera para establecer un negocio sino que también necesitan ayuda médica para sanarse o mantener su salud y la de su familia para en primer lugar poder trabajar y después el entrenamiento para un oficio y como mantener su empresa. Según su página Web, esta combinación puede hacer una diferencia muy grande en la vida de estas mujeres, sus familias y sus comunidades.

Fuente N° 3

Fuente: Adaptada de la página Web de Oxfam America: Micro Loans, Macro-Impact, http://www.oxfamamerican.org/whatwedo/where_we_work_camexca/news_publications/art6081.html

A friend, teacher, tutor or parent will need to read this to you. The listening sources are located on pages 154–157 for these activities.

Pregunta 10: ¿Debe importarnos la extinción de ciertas lenguas en el mundo?

Fuente N° 1

Fuente: Ésta es adaptada de ≪Lengua muerta≫ de Wikipedia, la enciclopedia libre, http://es.wikipedia.org.wiki/Lengua_muerta

Lenguas en vías de extinción

A través de la historia humana, comunidades de personas han desarrollado sistemas de comunicación. En los tiempos prehistóricos sólo se puede adivinar en cuanto a lenguas habladas. Pero estos seres prehistóricos sí nos han dejado un lenguaje pictórico en lugares como la Cueva de Altamira en el Principado de Asturias y la Cueva de las Manos en la Patagonia argentina. En el Perú los incas desarrollaron un sistema de comunicación a base de cuerdas anudadas llamadas quipos que desgraciadamente no se pueden descifrar hoy en día.

Según la enciclopedia libre de Wikipedia, las razones son varias por la extinción de ciertas lenguas. Estas razones incluyen la violencia (provocada por guerras, invasiones y colonizaciones), desastres naturales y enfermedades (que hacen desaparecer comunidades de hablantes), la evolución lingüística (un ejemplo sería el latín que a través de los siglos y contactos con otras culturas se convirtió en otras lenguas como el español), presiones económicas (cuando un pueblo se ve obligado a hacer que sus hijos aprendan otra lengua para tener éxito en la sociedad predominante), el llamado prestigio cultural (cuando una lengua extranjera se pone de moda por su prestigio) y el cambio voluntario.

En la actualidad, en Latinoamérica, hay 123 lenguas que se encuentran amenazadas con la extinción; pero, ¿es qué debe preocuparnos? El hecho es que con cada lengua que se desaparece, corremos el riesgo de perder no sólo la lengua y la cultura que van juntas, sino también la sabiduría y los conocimientos de los cuales las generaciones futuras podrían aprovecharse. Sólo tenemos que considerar los descubrimientos que se realizan en las selvas amazónicas en que vemos descubrimientos importantes en el campo de la medicina gracias a culturas y lenguas que se ven en peligro.

Fuente N° 2

Fuente: Ésta es adaptada de un informe del Consejo Ejecutivo, 176ª reunión, París, el 12 de abril de 2007, Organización de las Naciones Unidas para la Educación, la Ciencia y la Cultura.

¿Se puede proteger las lenguas en peligro de extinción?

En la 176ª reunión del Consejo Ejecutivo de la Organización de las Naciones Unidas para la Educación, la Ciencia y la Cultura ellos trataron la polémica de las lenguas en peligro de extinción. Algunos de los datos que salieron de esta reunión incluyen que 50% de las 6.000 lenguas que existen en el mundo hoy corren el riesgo de extinción, 96% de las 6.000 lenguas habladas en el mundo son habladas por sólo 4% de la población mundial, 90% de las lenguas en el mundo no aparecen en Internet, una lengua desaparece casi cada dos semanas y a 80% de las lenguas les falta una transcripción escrita.

El comité reconoce que con la extinción de ciertas lenguas no sólo se pierden sistemas de comunicación sino sistemas culturales también. Cada lengua expresa prácticas sociales y humanas que su pérdida nos empobrece. La cuestión de la preservación de lenguas en peligro de extinción está en las manos del gobierno en el país en que se encuentran. Al tener en cuenta este hecho, este comité ha pedido al Director General de realizar un estudio sobre la preservación y protección de las lenguas en peligro de extinción al nivel mundial por las Naciones Unidas.

Fuente Nº 3

Fuente: Ésta es adaptada de ≪Lengua muerta≫, de Wikipedia, la enciclopedia libre, http://es.wikipedia.org/wiki/Lengua_muerta

A friend, teacher, tutor or parent will need to read this to you. The listening sources are located on pages 158–163 for these activities.

Listening Sources for the Formal Writing Questions

Question 1:

Iván Ramos: Puerto Rico lo tiene todo, y aún más que otros países independientes, así que, ¿por qué no puede ser independiente?

Yo estoy por la independencia pero manteniendo lazos fuertes con los Estados Unidos porque las personas tienen el derecho a elegir su propio destino.

José Ramos: Es una isla con pocos recursos naturales y no puede sobrevivir sola… Si tuviéramos petróleo, minas o hasta fincas de cañas, pues quizás. Las fincas que teníamos ya no están y ahora están cubiertas en cemento. Las construcciones nuevas han endeudado a Puerto Rico e hipotecado su futuro. ¿Cómo podrán pagar eso si llegan a ser independientes?

Iván Ramos: ¿Qué recursos naturales tienen el Japón? Ellos tienen gente, la riqueza de Puerto Rico está en su población educada.

Domingo García: La independencia es una noción romántica pero si uno le pregunta a la gente que está en la isla, aún aquellos que prefieren el estatus de estado libre asociado elegirían ser un estado sobre la independencia. Ya no es una opción, estamos muy integrados. Miles de los nuestros han muerto defendiendo este país en sus guerras, aún así, técnicamente, todavía somos ciudadanos de segunda clase.

Question 2:

Domingo Martínez: Yo estoy de acuerdo con la amnistía, pero ahora mismo no hay una legislación clara de lo que se podría ofrecerles. Este movimiento (las manifestaciones pro inmigrantes) hace que los políticos piensen y creo que saldrá una formula muy favorable para todos los hispanos, no solamente para los inmigrantes… Los hispanos en América se están despertando.

Roberto Burgos: Yo creo que la gente que está aquí ilegalmente por la promesa de un mejor futuro y están aquí para perseguir el sueño de esa promesa. Y creo que deberíamos de crear esa oportunidad para todas esas personas que están aquí con sus familias y niños, trabajando o buscando trabajo.

Lili Vega: Ellos (los inmigrantes) deberían de quedarse aquí, no deberíamos de ser tan duros con esa ley, ellos no son criminales, son seres humanos y necesitamos tratar a todos como seres humanos y todos deberíamos de ser libres.

Héctor Vargas: Yo estoy de acuerdo con la amnistía. Estas personas están aquí, y se están aprovechando de ellas, y no sólo eso, sino que están aquí por diferentes razones, no sólo por trabajo… los necesitamos a todos, hay mucha gente aquí y a veces nos olvidamos de quienes son.

Question 3:

Narrador: Para Luz López, madre de Carlos de Jesús, un chico de 7 años, fue importante inscribir a su hijo en un programa bilingüe porque quería que aprendiera acerca de sus raíces hispanas, a pesar de que nació aquí.

Luz López: Quería que mi hijo dominara ambos idiomas, el español y el inglés. Él puede ahora leer y escribir en inglés y español.

Narrador: Para María Messina, quien ayudó a fundar el programa bilingüe en la escuela Monroe Middle School hace 21 años, ella cree que una de las barreras que los estudiantes enfrentan es el nivel de comprensión en su idioma natal.

María Messina: Puede ser que estén aprendiendo el contexto. Pero, si no tienen habilidades en el idioma, no aprenderán lo que se supone que tienen que aprender.

Narrador: El presidente de la junta directiva educacional, Domingo García, reconoce que la educación bilingüe es importante para estudiantes que no entienden instrucciones en inglés.

Domingo García: Tenemos muchos estudiantes de Cuba, la República Dominicana y Puerto Rico que no saben ni una palabra de inglés. Los que no se aprovechan del programa se arriesgan a retrasarse por el idioma.

Narrador: También, Domingo García explica el programa dual que se ofrece sólo hasta el sexto grado. Es un programa diseñado para estudiantes que quieren aprender un segundo idioma. Para entrar en el programa el estudiante necesita tener buenos conocimientos del inglés o del español.

Domingo García: Blancos, negros e hispanos están en la lista de espera para este programa. Cuando se completa, los estudiantes son completamente bilingües.

Narrador: Para María Messina, el programa bilingüe ayuda a los estudiantes recién llegados a este país a poder adaptarse a la cultura y al nuevo idioma.

María Messina: Las escuelas deberían de continuar con el programa para estudiantes recién llegados para que aprendan como funcionan las cosas aquí y que se sientan que pertenecen. Cuando se sienten fuera de lugar, se sienten perdidos y se quieren ir.

Narrador: Para Miriam Vázquez, directora de la escuela Eugenio María de Hostos, el ser bilingüe es casi una necesidad.

Miriam Vázquez: Adondequiera que vayas, ves información en inglés y español. Las personas bilingües tienen más oportunidades de trabajo en esta población creciente. Los estudiantes de programas bilingües están aprendiendo en español e inglés. Todas las personas tienen la habilidad de aprender más de un idioma.

Question 4:

Juan Miguel Ruíz: Muy buenas tardes radioyentes, les habla Juan Miguel Ruíz desde Madrid con las noticias en breve.

Por Internet hoy el sitio Web http://www.lasprovincias.es presenta un informe sobre las Islas Galápagos de Ecuador. Estas islas fueron denominadas Patrimonio de la Humanidad en 1979 por las Naciones Unidas como representan un recurso único de nuestro planeta que contiene especies de animales y vegetales únicas en el planeta. Fue en estas islas donde el científico británico Charles Darwin realizó sus investigaciones sobre la evolución de que salió su libro "El origen de las especies". Una delegación de UNESCO ha llegado a las islas para averiguar si hace falta incluirlas en la lista de patrimonios naturales en riesgo. En este momento estas joyas naturales sufren una crisis institucional, ambiental y social según el presidente de Ecuador. Esta crisis se debe a varios factores como la pesca indiscriminada, la introducción de especies no nativas y el crecimiento en el número de residentes y turistas. Ha llegado la situación a tal punto que el presidente de la República ha lanzado un decreto para suspender temporalmente el permiso para permitir nuevas licencias turísticas, operaciones aéreas y nuevas residencias. Por su parte la UNESCO ha discutido con las autoridades ecuatorianas los problemas que las islas enfrentan e ideas para asegurar su conservación.

Éste ha sido Juan Miguel Ruíz con las noticias en breve. Muy buenas tardes a todos.

Question 5:

el autor: En años recientes ha habido un debate fuerte sobre la cuestión de obligar a los estudiantes secundarios a hacer servicio comunitario como requisito para la graduación, un diploma especial o hasta como requisito para ciertos cursos u organizaciones. Los que requieren el servicio comunitario ven los beneficios de él como una conexión más estrecha con la comunidad, el conocer a nuevas personas, la oportunidad de compartir con otros sus conocimientos mientras se ganan nuevos y la experiencia que les puede servir en el futuro.

El programa del Bachillerato Internacional requiere que los alumnos hagan lo que se llama CAS (Creatividad, Acción y Servicio) como parte de los requisitos para sacar su diploma. El candidato necesita cumplir 150 horas en CAS durante los dos años del programa. Éstas no sólo tienen que ver con el servicio comunitario sino también con la participación en los deportes, las artes y otras actividades.

El Colegio de Burlington, Vermont es un ejemplo entre varios que tienen una norma sobre el servicio comunitario. Su norma requiere que cada alumno haga 10 horas de servicio comunitario cada año que está en el colegio. No se puede esperar hasta el último año para cumplir con la norma de 40 horas en total, 10 por año. Si no se cumplen las diez horas cada año, el alumno puede recibir más horas y corre el riesgo de no graduarse.

En el colegio donde enseño yo hay cursos que requieren servicio comunitario como parte de su currículo. Hay un curso electivo para los estudiantes de último año que ofrece el departamento de Estudios Sociales sobre el gobierno. Cada alumno en el curso necesita cumplir diez horas y mantener un diario de la experiencia. También la Sociedad Honoraria Nacional y la Sociedad Honoraria Hispánica requieren que sus socios hagan actividades para el beneficio de la comunidad.

A pesar de estos programas bienintencionados, algunos piensan que si el alumno no está listo para hacer el servicio comunitario, puede tener un impacto negativo en cuanto a su participación futura en estas actividades. El doctor Arthur A Stukas de la Universidad de Colorado del Norte indica que se puede mitigar los efectos negativos si la escuela les ofrece la posibilidad de seleccionar actividades que les interesan o en que tienen las destrezas necesarias para tener éxito.

Question 6:

entrevistador: ¿Es que muchos de sus estudiantes tienen puestos a tiempo parcial después de las clases y los fines de semana?

consejero: ¡Huy!, Sí un número significativo de mis estudiantes tienen trabajos. Si adivinara, diría que entre veinte y cinco por ciento y treinta y tres por ciento los tienen.

entrevistador: ¿Encuentras que el trabajo puede chocar con el trabajo escolar de los estudiantes?

consejero: Muchas veces puede causar problemas, principalmente entre el horario de trabajo y los requisitos escolares. Por ejemplo, si un estudiante tiene un examen o un proyecto para el lunes y tiene que trabajar el domingo. Depende también del turno que trabaja el alumno. Trabajar un turno de las cuatro hasta las siete puede ser menos problemático que un turno de las seis hasta las diez. Normalmente los empleadores dirán que los estudios son más importantes que el trabajo… pero en la actualidad, si el alumno tiene que trabajar un turno el día antes de un examen, el empleador no puede fácilmente dejarlo no trabajar.

entrevistador: ¿Cómo son los padres cuando ocurre un conflicto entre el trabajo y los estudios?

consejero: Los padres normalmente son fantásticos y dicen que los estudios siempre son más importantes que el trabajo… claro, puede ser que lo dicen porque creen que es lo que yo quiero oír. Por lo general van a decir que o el estudiante tiene que trabajar menos o dejar el trabajo. Pero a veces hay problemas financieros y el estudiante sí tiene que trabajar.

entrevistador: En tu experiencia, ¿has visto a estudiantes que dejan un curso o cambian a un curso menos riguroso por un trabajo parcial?

consejero: Sí, se ve estudiantes, en particular de último año, que dejarán un curso o cambiarán su curso a uno menos difícil, sobre todo si es un curso que no necesitan para graduarse. Los de último año también tienen actividades como los deportes, la vida social y, claro, el trabajo.

entrevistador: ¿Hay un tipo de trabajo que sea más problemático que otro?

consejero: Ninguno me llama la atención. Es siempre una cuestión de las horas que trabajan y cuándo las trabajan.

entrevistador: ¿Qué dice la ley sobre el trabajo de los jóvenes?

consejero: Esto depende de la edad del estudiante. Entre los de catorce y quince años durante el año escolar pueden trabajar de los lunes a los jueves tres horas por día y los viernes, sábados y domingos ocho horas. Pero no pueden trabajar más de diez y ocho horas por semana. De dieciséis a diez y siete años de los lunes a los jueves pueden trabajar 4 horas por día y los viernes, sábados y domingos ocho horas por día hasta un máximo de 28 horas por semana.

entrevistador: ¿Cuáles son algunos aspectos positivos para los jóvenes de tener un trabajo?

consejero: Pues, sin orden particular, el dinero, y las cosas intangibles como la responsabilidad, la independencia, y la madurez. Hay que tener en cuenta la tienda, el empleador y los clientes.

entrevistador: Si su hijo o hija le dijera que quisiera tener un trabajo, ¿cómo le responderías?

consejero: Esto dependería de su situación. Es decir si hace bien en sus clases, si participa en otras actividades como la música, los deportes o si hace trabajo de voluntario. Si tuviera el tiempo e hiciera bien en sus estudio, sí le permitiría. Cuando yo era consejero al nivel universitario, siempre notaba la diferencia entre los estudiantes que trabajaban para pagar su educación y los que los padres la pagaban. Los que ganaban su propio dinero y pagaban los estudios eran más maduros y los tomaban mucho más en serio.

entrevistador: Muchas gracias por haberme permitido entrevistarlo hoy sobre este tema.

Question 7:

entrevistador: ¿Cómo incluye el arte en sus lecciones?

Sra. Gillette: Pues, lo incluyo en mis lecciones de mitología.

Sra. Griffith: Lo incluyo por emplear la música cuando enseño la poesía.

Sra. Karr: Bueno, en los cursos del penúltimo año vemos la música y el arte cuando estudiamos las décadas de los veinte, los cincuenta y los sesenta.

entrevistador: ¿Qué valor tiene la inclusión del arte en sus lecciones?

Sra. Karr: Añade un poquito de ambiente, o sea color, al plan académico. Los alumnos tienen que aprender muchos datos y el arte los ayuda a ser más equilibrados y también les facilita a veces el trabajo.

Sra. Griffith: Esto depende del alumno. Algunos pueden hacer mejor las conexiones con lo que estudian.

Sra. Gillette: La inclusión del arte en una lección puede atraer a los alumnos que no tienden a participar activamente en la clase.

Sra. Griffith:	Puede ayudar mucho si el alumno aprende mejor visualmente.
Sra. Karr:	Es un cambio de lo usual.
Sra. Steffer:	Les hace que los alumnos puedan solucionar problemas en una manera más creativa. Los alumnos que estudian las artes tienden a enfocar un problema en una manera diferente de lo que se hace en un curso más bien académico. Les da una manera diferente de ver el mundo.
entrevistador:	Les doy las gracias a todas por haber compartido sus ideas conmigo hoy.

Question 8:

entrevistador:	¿Por qué decidieron ustedes participar en un programa de intercambio en España?
Shaughn:	En parte porque mi madre fue una vez y siempre me decía que fue fantástica la experiencia. Yo jamás había viajado al extranjero y pensaba que me hacía falta hacerlo. Quería ver otros países.
Courtney:	Quería viajar al extranjero para tener la experiencia. Quería viajar, tener nuevas experiencias y conocer a nuevas personas. También, pensaba que sería divertida.
Justin:	Muchos en mi familia hablan español y quería mejorar mi español para sentirme más cómodo con la lengua. También, me parecía ser un lugar divertido para visitar.
entrevistador:	Pues, ¿qué aprendieron o cómo los cambió la experiencia?
Shaughn:	Mejoré mucho mi español y, además, ahora tengo amigos en un país extranjero. Ahora deseo aun más estudiar en el extranjero, si me es posible, en la universidad. Me abrió los ojos a una nueva cultura y me mostró que aunque hablan una lengua diferente, todos somos iguales.
Courtney:	No lo sé. Creo que me hizo más abierta a experiencias diferentes. También, como Shaughn, aprendí a ser más abierta y a experimentar cosas nuevas.
Justin:	Yo también me creo ser más abierto a experimentar cosas nuevas. La comida era diferente. Hablo con mayor soltura ahora. La experiencia de adaptarme a una cultura completamente diferente fue muy buena.
entrevistador:	¿Lo harían otra vez en el futuro? ¿Y lo recomendarían a otros?
Shaughn:	Absolutamente. Me encantaba todo. Era muy divertido.
Courtney:	Sí, sin duda alguna.
Justin:	Seguramente. Sin duda alguna yo quiero hacerlo mientras estudie en la universidad. Me gustaría tener un puesto de interno en España. Me fue provechoso y me gustaría hacerlo otra vez.
entrevistador:	Les agradezco su participación en esta entrevista y espero que todos tengan la oportunidad de visitar a España otra vez, tan pronto como sea posible.

Question 9:

¿Es que los programas de micro-préstamos pueden en práctica tener éxito en mejorar las vidas de las personas y comunidades en que se utilizan? En su página Web, la organización norteamericana, Oxfam, dice que sí. En un ejemplo de México se muestra como estos programas pueden impactar la vida de una comunidad. En cooperación con ASETECO (Asesoramiento Técnico a las Comunidades de Oaxaca) Oxfam muestra como los micro-préstamos pueden tener, como dice en su página Web, un macro-impacto.

En las áreas rurales de Oaxaca 70% de las mujeres son analfabetas, son las responsables de educar a sus hijos y les falta comida y acceso a ayuda financiera. En este área ASETECO tiene centros de ahorros y préstamos. Esta ayuda directa ayuda a romper el ciclo de la pobreza apoyando con dinero a estas mujeres pobres a mejorar sus vidas y la de la comunidad. Algunos ejemplos incluyen una fábrica establecida por mujeres que hace muebles con las hojas de la palma. Han tenido tanto éxito que una compañía italiana de muebles compra su producto. Otro ejemplo es Chocolate Yuvila, una fábrica de chocolates organizada por un grupo de mujeres.

También, las mujeres en estas comunidades cultivan vegetales, construyen sanitarios y fabrican hornos que producen menos humo dañino.

Como es fácil de ver, Oxfam en colaboración con ASETECO sí hace una Diferencia.

Question 10:

Lenguas muertas que no lo son

Hay un fenómeno curioso que existe en cuanto a las lenguas muertas y es que aunque dicen "lenguas muertas" algunas todavía son habladas por ciertos grupos de individuos. Algunos ejemplos incluyen el latín, el griego clásico y el sánscrito.

En el caso del latín, sigue siendo la lengua oficial de la Iglesia Católica. No sólo se usa en el Vaticano sino que continúa evolucionando. En un artículo por Pierre Georges en *Le Monde*, él nota que más de 60.000 palabras y expresiones nuevas han sido añadidas al léxico latino. Claro está que el latín sobrevivió en texto científicos y filosóficos hasta el siglo XIX.

La situación no es sin esperanzas. Ha habido casos en que han tratado de rescatar una lengua de la extinción y en que han tenido bastante éxito. El ejemplo que sobresale más es el caso del hebreo, lengua muerta que se ha resucitado. Se había conservado como lenguaje litúrgico pero al nacer el estado de Israel el deseo de tener una lengua "neutral" como su lengua oficial ocasionó el renacimiento del hebreo.

Unos ejemplos de lenguas que luchan para su supervivencia son el vasco de España y Francia y el bretón de Francia que ahora tienen más hablantes que en 1954. En la República de Irlanda el irlandés es lengua oficial y se enseña en sus escuelas aunque el inglés predomina.

Mientras el panorama para la supervivencia de las lenguas minoritarias sea poco favorable, sí, ha habido éxitos y bien puede ser que con un esfuerzo al nivel nacional y mundial más lenguas podrán sobrevivir.

FORMAL WRITING RUBRIC: BASED ON THE DRAFT RUBRIC FROM HTTP://APCENTRAL.COLLEGEBOARD.COM

	Description	Task Completion	Topic Development	Language Use
5 High	• excellent example of presentational writing*	• completes all parts of the task appropriately • cites all sources • sources are well used	• relevant • complete and well organized • correct or mostly correct information • synthesizes well the information rather than summarizing or merely quoting it. • accurate social and cultural references	• few errors • no pattern of errors • rich vocabulary • excellent spelling, syntax, paragraphing and punctuation • appropriate register for the presentation
4 mid-range	• demonstrates a command of the language in a presentational writing*	• cites all sources • task completed appropriately	• relevant • well developed • good organization and cohesive • synthesizes information rather than summarizing or merely quoting it. • social and cultural references generally correct	• complex structures used but contain more than a few errors • vocabulary well used • spelling, syntax, paragraphing and punctuation are generally correct • register is correct for type of presentation
3 mid-range	• competent example of presentational writing*	• cites and includes most of the sources • completes task appropriately	• answer is developed in a relevant way • organized and flows adequately • information is more or less accurate but may not be precise • tends to summarize or quote sources rather than synthesize them • social and cultural references are more or less appropriate to the task	• simple structures are handled well but not complex ones • good use of vocabulary with some interference from first language • spelling, syntax, paragraphing and punctuation display errors • register generally correct for type of presentation

FORMAL WRITING RUBRIC: BASED ON THE DRAFT RUBRIC FROM HTTP://APCENTRAL.COLLEGEBOARD.COM—cont'd

	Description	Task Completion	Topic Development	Language Use
2 mid-low	• barely competent example of presentational writing*	• only includes some sources in the presentation • the subject and task are only completed in part	• presentation of the topic might be irrelevant • organization is inadequate in part • information from the sources is limited or incorrect • very little synthesis of the information is evident • social and cultural references may be inaccurate to task	• simple structures are not handled well • limited vocabulary • frequent interference from first language • frequent errors in spelling, syntax, paragraphing and punctuation • register is not totally appropriate
1 low	• incompetent example of presentational writing*	• only one or two of the sources used in the presentation and used poorly • the task is not completed	• presentation of the topic is irrelevant • presentation is disorganized • information from the sources is limited and mostly incorrect • little or no synthesis of the information is evident • social and cultural references are inaccurate to the task	• numerous errors in grammatical structures • very limited vocabulary • frequent interference from first language • spelling, syntax, paragraphing and punctuation are overwhelmingly incorrect • register is not appropriate to task
0	• a zero may be given to a task when the students has failed write anything, the response is totally off task or irrelevant, the student's response is in a language other than Spanish or the student just restates the topic and source information	*Presentational Writing is a piece of writing that presents a theme or ideas on a topic, as the name implies.		

CHAPTER 11

Exam Section II, Part B

Informal Speaking—Simulated Conversation (Interpersonal)

IN THIS CHAPTER

Summary: In this part of the examination, you will be asked to participate in one simulated conversation. You will be given 30 seconds to look at an outline of the conversation. A setting for the conversation will follow. You will then be given 1 minute to look at the outline of the conversation again. Finally you will be asked to imagine that you are in the situation explained in the setting. Recruit a friend, parent, teacher, or tutor to read the aural prompts to you. After listening to the first line of the conversation, you will have 20 seconds in which to record your answer on your own tape. The conversation will then proceed allowing for you to participate five to six times. This part of the examination is worth 10 percent of the total. The scripts of the simulated conversations start on page 176. A sample rubric, which will help you evaluate your responses, appears at the end of this chapter on page 187.

- When given the first 30 seconds to look at the outline, try to guess what the context will be. Look for any key words that might indicate what you will have to say.

- Once you have heard the setting for the conversation and have another minute to look at the outline, try to jot down some key words or expressions that you might like to use in the margins of the page.

- Once the simulated conversation begins try to concentrate and listen carefully: listening is a skill that must be practiced. How well you understand the question will affect your score.

- Try to determine what tense(s) are being used (present, past, future, conditional, etc.). Make sure you answer in the appropriate tense.
- Try to use some high-order structures in your response, the subjunctive, for example, whenever possible or appropriate.
- Listen for a key word, or words that you might want to use in your response.
- Try not to waste valuable time restating the whole question; get right to the answer! Look at the following example:

   Question: **Cuando no tienes clase, ¿qué haces?**
   - Weak answer: **Cuando no tengo clase, yo salgo con mis amigos...**
   - Better answer: **Salgo con mis amigos y a veces vamos al cine o al centro commercial para visitar con otros amigos allí.**
- Try to use the full 20 seconds for your response. You want to give the raters as long a sample of your speaking as possible. But stop as soon as you hear the tone indicating the speaker is about to continue the conversation, even if your answer is incomplete.
- Answer *every* question, even if you are not completely sure of what is being asked. (Remember that the theme for the conversation could help you make an educated guess about any questions that you might not completely understand).
- Speak clearly and do not be afraid of correcting yourself if you make an error. However, don't waste a lot of time trying to correct yourself; this can bog you down.
- Be sure to follow the proctor's instructions carefully.
- Once you have done one of the conversations, look at the script to clear up any doubts you may have.

Informal Speaking Practice

Directions: You will now participate in a simulated conversation. First, you will have 30 seconds to read the outline of the conversation. Then you will listen to a message and have one minute to reread the outline of the conversation. The conversation will then begin. Each time it is your turn, you will have 20 seconds to respond; a tone will indicate when you should begin and end speaking. You should participate in the conversation as fully and appropriately as possible.

Instrucciones: Ahora participarás en una conversación simulada. Primero, tendrás 30 segundos para leer el esquema de la conversación. Entonces, escucharás un mensaje y tendrás un minuto para leer de nuevo el esquema. Siempre que te toque, tendrás 20 segundos para responder; una señal te indicará cuando debes empezar y terminar de hablar. Debes participar en la conversación de la manera más completa y apropiada possible.

Simulated Conversation #1

(A) El mensaje
    [You will hear the message on the recording. Escucharás el mensaje en la grabación.]
(B) La conversación

[The shaded lines reflect what you will hear on the recording. Las líneas en gris reflejan lo que escucharás en la grabación.]

María	• *Te saluda.*

Tú	• *Salúdala y pregúntale que le pasa.*

María	• *Responde y te explica el problema.*

Tú	• *Trata de calmar y tranquiliar a María.*

María	• *Te pide tu opinión.*

Tú	• *Responde a la pregunta.*

María	• *Te hace otra pregunta.*

Tú	• *Responde a la pregunta.*

María	• *Te pide tu consejo.*

Simulated Conversation #2

(A) El mensaje
[You will hear the message on the recording. Escucharás el mensaje en la grabación.]

(B) La conversación
[The shaded lines reflect what you will hear on the recording. Las líneas en gris reflejan lo que escucharás en la grabación.]

Entrevistadora	• *Te saluda.*

Tú	• *Salúdala y preséntate.*

Entrevistadora	• *Te explica por qué te hace la entrevista.* • *Te hace una pregunta.*

Tú	• *Responde a la pregunta.*

Entrevistadora	• *Continúa la entrevista.* • *Te hace una pregunta.*

Tú	• *Responde a la pregunta.*

Entrevistadora	• *Continúa la entrevista.* • *Te hace otra pregunta.*

| Tú | • *Responde a la pregunta.* |

| Entrevistadora | • *Continúa la entrevista.*
 • *Te hace una pregunta.* |

| Tú | • *Responde a la pregunta.* |

| Entrevistadora | • *Continúa la entrevista.*
 • *Te hace una pregunta.* |

| Tú | • *Responde a la pregunta.* |

| Entrevistadora | • *Termina la entrevista y se despide de ti.* |

Simulated Conversation #3

(A) El mensaje
    [You will hear the message on the recording. Escucharás el mensaje en la grabación.]
(B) La conversación
    [The shaded lines reflect what you will hear on the recording. Las líneas en gris reflejan lo que escucharás en la grabación.]

| Señor Martínez | • *Te saluda.* |

| Tú | • *Salúdalo.*
 • *Responde a la pregunta.* |

| Señor Martínez | • *Te hace una pregunta.* |

| Tú | • *Responde a la pregunta.* |

| Señor Martínez | • *Te pide más información.* |

| Tú | • *Responde a la pregunta.* |

| Señor Martínez | • *Te hace otra pregunta.* |

| Tú | • *Dale las gracias.*
 • *Responde a la pregunta.* |

| Señor Martínez | • *Vuelve.*
 • *Te da lo que buscas.* |

| Tú | • *Dale las gracias y despídete.* |

Simulated Conversation #4

(A) El mensaje
[You will hear the message on the recording. Escucharás el mensaje en la grabación.]
(B) La conversación
[The shaded lines reflect what you will hear on the recording. Las líneas en gris reflejan lo que escucharás en la grabación.]

Agente	• *Te saluda.*

Tú	• *Salúdalo.* • *Preséntate.*

Agente	• *Te hace una pregunta.*

Tú	• *Responde a la pregunta.*

Agente	• *Te pide más información.*

Tú	• *Responde a la pregunta.*

Agente	• *Te hace otra pregunta.*

Tú	• *Responde a la pregunta.*

Agente	• *Te hace una pregunta.*

Tú	• *Hazle una pregunta.*

Agente	• *Se despide de ti.*

Tú	• *Te despides de él.* • *Le agradeces.*

Simulated Conversation #5

(A) El mensaje
[You will hear the message on the recording. Escucharás el mensaje en la grabación.]
(B) La conversación
[The shaded lines reflect what you will hear on the recording. Las líneas en gris reflejan lo que escucharás en la grabación.]

Paco	• *Te saluda.*

Tú	• *Salúdalo.* • *Trata de calmarlo.*

Paco	• *Te da las gracias.* • *Te explica la situación.*

Tú	• *Hazle una pregunta.*

Paco	• *Te responde.* • *Te hace una pregunta.*

Tú	• *Responde a la pregunta.*

Paco	• *Continúa la conversación.* • *Te hace una pregunta.*

Tú	• *Responde a la pregunta.*

Paco	• *Te explica que hay un problema.*

Tú	• *Ofrécele una sugerencia.*

Paco	• *Reacciona a la sugerencia.*

Tú	• *Termina la conversación.*

Simulated Conversation #6

(A) El mensaje
[You will hear the message on the recording. Escucharás el mensaje en la grabación.]

(B) La conversación
[The shaded lines reflect what you will hear on the recording. Las líneas en gris reflejan lo que escucharás en la grabación.]

tu amigo/a	• *Te saluda.* • *Empieza la conversación.*

Tú	• *Salúdalo.* • *Contesta su pregunta.*

tu amigo/a	• *Te dice lo que pensaba hacer.* • *Te hace una pregunta.*

Tú	• *Responde a la pregunta en el afirmativo.* • *Sugiere una opción.*

tu amigo/a	• *Responde.* • *Te hace otra pregunta.*

Tú	• *Responde a la pregunta.*

tu amigo/a	• *Te hace una pregunta.*

Tú	• *Expresa tu opinión.*

tu amigo/a	• *Te hace otra pregunta.*

Tú	• *Expresa tu opinión.*

tu amigo/a	• *Se despide de ti.*

Tú	• *Te despides de tu amigo/a.* • *Repite los planes.*

Simulated Conversation #7

(A) El mensaje
[You will hear the message on the recording. Escucharás el mensaje en la grabación.]
(B) La conversación
[The shaded lines reflect what you will hear on the recording. Las líneas en gris reflejan lo que escucharás en la grabación.]

la taquillera	• *Te saluda.* • *Te hace una pregunta.*

Tú	• *Salúdala.* • *Responde a su pregunta.* • *Pide información sobre el partido.*

la taquillera	• *Te da la información.*

Tú	• *Pídele sobre el precio.*

la taquillera	• *Contesta tu pregunta.* • *Te hace otra pregunta.*

Tú	• *Dile el tipo de entrada que quieres.* • *Dile cuántas quieres.*

la taquillera	• *Te hace una pregunta.*

Tú	• *Responde a la pregunta.*

la taquillera	• *Ella repite la información.* • *Te hace otra pregunta.*

Tú	• *Contesta la pregunta.* • *Dale las gracias.* • *Despídete de ella.*

Simulated Conversation #8

(A) El mensaje
[You will hear the message on the recording. Escucharás el mensaje en la grabación.]

(B) La conversación
[The shaded lines reflect what you will hear on the recording. Las líneas en gris relejan lo que escucharás en la grabación.]

tu mamá argentina	• *Te hace una observación.*

Tú	• *Reacciona a lo que te dice.*

tu mamá argentina	• *Te hace unas preguntas.*

Tú	• *Responde a las preguntas.*

tu mamá argentina	• *Te hace una pregunta.*

Tú	• *Responde a la pregunta.*

tu mamá argentina	• *Te hace una pregunta.*

Tú	• *Responde a la pregunta.*

tu mamá argentina	• *Te hace una pregunta.*

Tú	• *Responde a la pregunta.*

tu mamá argentina	• *Te hace una pregunta.*

Tú	• *Responde a la pregunta.*

Simulated Conversation #9

(A) El mensaje

[You will hear the message on the recording. Escucharás el mensaje en la grabación.]

(B) La conversación

[The shaded lines reflect what you will hear on the recording. Las líneas en gris reflejan lo que escucharás en la grabación.]

la dependienta	• *Te saluda.* • *Te hace una pregunta.*
Tú	• *Salúdala.* • *Responde a su pregunta.*
la dependienta	• *Te hace una pregunta.*
Tú	• *Responde a la pregunta.*
la dependienta	• *Te hace otra pregunta.*
Tú	• *Responde a la pregunta.*
la dependienta	• *Te hace una pregunta.*
Tú	• *Responde a la pregunta.*
la dependienta	• *Te muestra algunas cosas.* • *Te hace una pregunta.*
Tú	• *Reacciona a lo que te muestra.* • *Responde a la pregunta.*
la dependienta	• *Te hace una pregunta.*
Tú	• *Responde a la pregunta.*

Simulated Conversation #10

(A) El mensaje
[You will hear the message on the recording. Escucharás el mensaje en la grabación.]

(B) La conversación
[The shaded lines reflect what you will hear on the recording. Las líneas en gris reflejan lo que escucharás en la grabación.]

la recepcionista	• *Contesta y te saluda.* • *Te hace una pregunta.*

Tú	• *Salúdala.* • *Explícale uno de los problemas.*

la recepcionista	• *Te responde.* • *Te hace una pregunta.*

Tú	• *Explícale otro problema.*

la recepcionista	• *Te hace otra pregunta.*

Tú	• *Responde a la pregunta.* • *Hazle una pregunta sobre dónde se puede comer.*

la recepcionista	• *Responde a la pregunta.* • *Te pide más información.*

Tú	• *Dále la información que te pide.*

la recepcionista	• *Te da unas recomendaciones.*

Tú	• *Pídele recomendaciones para algo que hacer después.*

la recepcionista	• *Te da unas recomendaciones.*

Tú	• *Dale las gracias.* • *Despídete de ella.*

Simulated Conversation #11

(A) El mensaje

[You will hear the message on the recording. Escucharás el mensaje en la grabación.]

(B) La conversación

[The shaded lines reflect what you will hear on the recording. Las líneas en gris reflejan lo que escucharás en la grabación.]

el estudiante	• *Te saluda.* • *Se te presenta a ti.*
Tú	• *Salúdalo.* • *Preséntate a él.*
el estudiante	• *Te hace una pregunta.*
Tú	• *Responde a la pregunta.*
el estudiante	• *Te explica su día.*
Tú	• *Reacciona.* • *Pídele sobre los deportes.*
el estudiante	• *Contesta la pregunta.*
Tú	• *Reacciona.* • *Pregúntale sobre otras actividades.*
el estudiante	• *Responde a la pregunta.* • *Te hace una pregunta*
Tú	• *Responde a la pregunta.* • *Pídele algo sobre las clases.*
el estudiante	• *Te responde.*
Tú	• *Reacciona.* • *Despídete de él.*

Simulated Conversation #12

(A) El mensaje
[You will hear the message on the recording. Escucharás el mensaje en la grabación.]

(B) La conversación
[The shaded lines reflect what you will hear on the recording. Las líneas en gris reflejan lo que escucharás en la grabación.]

el policía	• *Te saluda.* • *Se te presenta a ti.* • *Te pide tu ayuda.*
Tú	• *Salúdalo.* • *Preséntate a él.* • *Reacciona.*
el policía	• *Te hace una pregunta.*
Tú	• *Responde a la pregunta.*
el policía	• *Te hace una pregunta.*
Tú	• *Responde a la pregunta.*
el policía	• *Te hace una pregunta.*
Tú	• *Responde a la pregunta.*
el policía	• *Te hace una pregunta.*
Tú	• *Responde a la pregunta.*

Simulated Conversation #13

(A) El mensaje
[You will hear the message on the recording. Escucharás el mensaje en la grabación.]

(B) La conversación
[The shaded lines reflect what you will hear on the recording. Las líneas en gris reflejan lo que escucharás en la grabación.]

tu amiga	• *Te hace una pregunta.*
Tú	• *Responde a la pregunta.*

tu amiga	• *Te hace una pregunta.*

Tú	• *Responde a la pregunta.*

tu amiga	• *Te hace una pregunta.*

Tú	• *Responde a la pregunta.*

tu amiga	• *Te hace una pregunta.* • *Te pide tu opinión.*

Tú	• *Responde a la pregunta.* • *Dale tu opinión.*

tu amiga	• *Te hace una pregunta.* • *Te pide tu opinión.*

Tú	• *Responde a la pregunta.* • *Dale tu opinión.*

tu amiga	• *Te hace una pregunta.*

Tú	• *Responde a la pregunta.* • *Despídete de tu amigo para ir a clase.*

Simulated Conversation #14

(A) El mensaje

[You will hear the message on the recording. Escucharás el mensaje en la grabación.]

(B) La conversación

[The shaded lines reflect what you will hear on the recording. Las líneas en gris reflejan lo que escucharás en la grabación.]

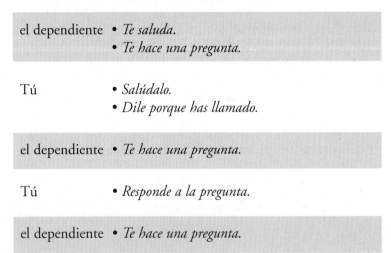

el dependiente	• *Te saluda.* • *Te hace una pregunta.*

Tú	• *Salúdalo.* • *Dile porque has llamado.*

el dependiente	• *Te hace una pregunta.*

Tú	• *Responde a la pregunta.*

el dependiente	• *Te hace una pregunta.*

Tú	• *Responde a la pregunta.*

el dependiente	• *Te hace una recomendación.* • *Te hace una pregunta.*

Tú	• *Reacciona.* • *Responde a la pregunta.*

el dependiente	• *Te da información.* • *Se despide de ti.*

Tú	• *Dale las gracias.* • *Despídete de él.*

Simulated Conversation #15

(A) El mensaje
[You will hear the message on the recording. Escucharás el mensaje en la grabación.]

(B) La conversación
[The shaded lines reflect what you will hear on the recording. Las líneas en gris reflejan lo que escucharás en la grabación.]

tu padre chileno	• *Hace una observación.* • *Te hace una pregunta.*

Tú	• *Reacciona.* • *Responde a la pregunta.*

tu padre chileno	• *Expresa una opinión.* • *Te hace una pregunta.*

Tú	• *Expresa tu opinión sobre el tema.*

tu padre chileno	• *Te explica un programa.* • *Te hace una pregunta.*

Tú	• *Responde a la pregunta.*

tu padre chileno	• *Expresa una opinión.* • *Te hace una pregunta.*

Tú	• *Reacciona.* • *Responde a la pregunta.*

tu padre chileno	• *Te hace una pregunta.*

Tú	• *Responde a la pregunta.*
tu padre chileno	• *Hace una observación.*
Tú	• *Reacciona.*

Scripts for Informal Speaking

Simulated Conversation 1: Script for the recording

(Narrador) Ahora tienes treinta segundos para leer el esquema de la conversación.

(30 seconds)

(Narrador) Imagina que has recibido un mensaje de tu amiga María. Ella va a estudiar un año en España. Ella está nerviosa y quiere hablarte sobre el viaje que ella va a emprender.

(MA) [Answering machine] [Beep] Hola, soy María. Como sabes la semana que viene salgo para pasar un año estudiando en España. Se me ha entrado un ataque de nervios sobre este viaje y me gustaría hablar contigo. Voy a estar en el Café Miraflores esta tarde a las dos. Espero verte allí. Chao.

(Narrador) Ahora tienes un minuto para leer de nuevo el esquema de la conversación.

(1 minute)

Ahora imagina que te encuentras en el Café Miraflores para hablar con tu amiga.

[Now press record to start the recorder.]
[Ahora presiona el botón de grabar para que empiece la grabación.]

(Narradora) ¡Por fin has llegado! Gracias por haber venido.

TONE (20 seconds) TONE

(Narrador) Es que salgo la semana próxima para España y ahora no sé si es una buena idea.

(Narradora) Si tú tuvieras la oportunidad de ir, ¿irías?
TONE (20 seconds) TONE

(Narradora) ¿Piensas de verdad que podré pasar un año entero en el extranjero lejos de mi familia y amigos?

TONE (20 seconds) TONE

(Narradora) ¿Y qué pasa si yo no comprendo lo que me dicen las personas?

TONE (20 seconds) TONE

Simulated Conversation 2: Script for the recording

(Narradora) Ahora tienes treinta segundos para leer el esquema de la conversación.

(30 seconds)

(Narradora) Imagina que recibes un mensaje telefónico de una tienda en que tú has solicitado un trabajo. Quisiera que tú pasaras por la tienda para una entrevista.

(Female voice) [Answering machine] Buenos días, le habla la señorita Pérez. Acabo de leer tu solicitud para un trabajo en nuestra tienda ≪Disco Mundo≫. Quisiera que pasaras por la tienda esta tarde para una entrevista.

(Narrador) Ahora tienes un minuto para leer de nuevo el esquema de la conversación.

(1 minute)

Ahora imagina que te encuentras en la tienda ≪Disco Mundo≫ para la entrevista.

[Now press record to start the recorder.]
[Ahora presiona el botón de grabar para que empiece la grabación.]

(Entrevistadora) Buenas tardes. Siéntese usted, por favor. Yo soy Juana Pérez y soy la encargada de esta tienda.

TONE (20 seconds) TONE

(Entrevistadora) Estoy encantada. Como usted sabe tenemos unos trabajos a media jornada aquí en la tienda. ¿Podría hablarme un poco acerca de usted?

TONE (20 seconds) TONE

(Entrevistadora) Muy bien. Ahora, ¿podría usted decirme que cursos sigues que le ayudarían en un trabajo aquí?

TONE (20 seconds) TONE

(Entrevistadora) Bueno, ¿Y por qué piensa usted que sería persona adecuada para ese tipo de trabajo?

TONE (20 seconds) TONE

(Entrevistadora) ¿Qué experiencia ha tenido usted en vender cosas al público?

TONE (20 seconds) TONE

(Entrevistadora) Entonces, para terminar, ¿cuándo podría usted comenzar?

TONE (20 seconds) TONE

(Entrevistadora) Muchas gracias por venir y hablarme. Le comunicaremos pronto nuestra decisión. Adiós.

Simulated Conversation 3: Script for the recording

(Narrador) Ahora tienes treinta segundos para leer el esquema de la conversación.

(30 seconds)

(Narrador) Imagina que has recibido un mensaje del señor Martínez de la compañía aérea Iberia.

(Sr. Martínez) [Answering machine] [Beep] Buenas tardes, le habla señor Martínez de la compañía aérea Iberia. Hemos encontrado su maleta y puede pasar por nuestras oficinas para recogerla cuando sea conveniente. Gracias.

(Narrador) Ahora tienes un minuto para leer de nuevo el esquema de la conversación.

(1 minute)

Ahora imagina que te encuentras en las oficinas de Iberia para recoger la maleta.

[Now press record to start the recorder.]
[Ahora presiona el botón de grabar para que empiece la grabación.]

(Sr. Martínez) Buenas tardes, por favor, siéntese. Usted ha venido para recoger su maleta, ¿verdad?
TONE (20 seconds) TONE

(Sr. Martínez) ¿Podría usted darme su nombre, dirección y número de teléfono, por favor?

              TONE (20 seconds) TONE

(Sr. Martínez) Muy bien, perfecto. Entonces, ¿podría usted describir su maleta y lo que hay adentro?

              TONE (20 seconds) TONE

(Sr. Martínez) Perfecto. Mientras usted espera, ¿le gustaría tomar algo?

              TONE (20 seconds) TONE

(Sr. Martínez) Bueno, aquí tengo su maleta y parece que todo está en orden. Perdone la inconveniencia y espero poder servirle en el futuro.

Simulated Conversation 4: Script for the recording

(Narrador) Ahora tienes treinta segundos para leer el esquema de la conversación.

              (30 seconds)

(Narrador) Imagina que quieres hacer un viaje al extranjero. Has llamado a una agencia de viajes para planear el viaje. El agente te ha dejado un mensaje telefónico.

(Sr. López) [Answering machine] [Beep] Buenos días, Soy Juan López. Usted me llamó para planear un viaje. Estaré en la oficina esta mañana si puede pasar por aquí. Me quedo a su servicio, adiós.

(Narrador) Ahora tienes un minuto para leer de nuevo el esquema de la conversación.

              (1 minute)

              Ahora imagina que te encuentras en la agencia de viajes.

              [Now press record to start the recorder.]
              [Ahora presiona el botón de grabar para que empiece la grabación.]

(Sr. López) Buenos días. Soy Juan López. Siéntese, por favor.

              TONE (20 seconds) TONE

(Sr. López) Encantado. Bueno, para comenzar, ¿Dónde piensa usted pasar sus vacaciones?

              TONE (20 seconds) TONE

(Sr. López) Muy bien, ¿y cómo le gustaría viajar y en qué tipo de hotel quisiera quedarse?

              TONE (20 seconds) TONE

(Sr. López) ¿Y cuánto dinero desearía pagar?

              TONE (20 seconds) TONE

(Sr. López) Bueno, me parece que tengo el viaje perfecto para usted. Aquí tengo un folleto para revisar. ¿Tiene usted preguntas?

              TONE (20 seconds) TONE

(Sr. López) Llámeme cuando hayan decidido lo que quisieran hacer.

Simulated Conversation 5: Script for the recording:

(Narrador) Ahora tienes treinta segundos para leer el esquema de la conversación.

              (30 seconds)

(Narrador) Imagina que tu amigo necesita comprar un regalo especial. Te ha dejado el siguiente mensaje.

(Paco)   [Answering machine] [Beep] Hola, soy Paco. No te olvides de estar en la entrada del Corte Inglés esta tarde a las cuatro. Quiero que me ayudes a seleccionar un regalo.

(Narrador) Ahora tienes un minuto para leer de nuevo el esquema de la conversación.

(1 minute)

Ahora imagina que te encuentras con tu amigo Paco en el Corte Inglés.

[Now press record to start the recorder.]
[Ahora presiona el botón de grabar para que empiece la grabación.]

(Paco)   Pues hombre, gracias por haber venido. Necesito tu ayuda.

TONE (20 seconds) TONE

(Paco)   Mil gracias, pues necesito comprarle un regalo a mi padre, es su cumpleaños.

TONE (20 seconds) TONE

(Paco)   A mi padre le gustaría cualquier cosa que le compre. ¿Tienes unas ideas?

TONE (20 seconds) TONE

(Paco)   Buenas ideas. Pues, creo que le compraré una camisa, ¿qué te parece?

TONE (20 seconds) TONE

(Paco)   ¡Éste es el colmo! No tengo suficiente dinero conmigo.

TONE (20 seconds) TONE

(Paco)   Gracias, la idea es estupenda.

TONE (20 seconds) TONE

Simulated Conversation 6: Script for the recording

(Narrador) Ahora tienes treinta segundos para leer el esquema de la conversación.

(30 seconds)

(Narrador) Imagina que tú ves a tu amgio en la biblioteca. Tienes una conversación con él/ella sobre planes para el fin de semana.

(Narrador) Ahora tienes un minuto para leer de nuevo el esquema de la conversación.

(1 minute)

Ahora imagina que ustedes se encuentran y hablan sobre el fin de semana.

[Now press record to start the recorder.]
[Ahora presiona el botón de grabar para que empiece la grabación.]

(tu amigo/a) Hola, ¿qué tal? ¿Tienes planes para este fin de semana?

TONE (20 seconds) TONE

(tu amigo/a) Pensaba ver una película este fin de semana. ¿Te gustaría acompañarme?

TONE (20 seconds) TONE

(tu amigo/a) Me parece una buena idea, ¿qué día querrías ir y a qué hora?

TONE (20 seconds) TONE

(tu amigo/a) Bien. Mira, ¿te importa que venga María con nosotros? Ella está sola este fin de semana y es una chica estupenda.

TONE (20 seconds) TONE

(tu amigo/a) ¿Dónde quieres que nos encontremos?

TONE (20 seconds) TONE

(tu amigo/a) Perfecto, nos vemos entonces, chao.

TONE (20 seconds) TONE

Simulated Conversation 7: Script for the recording

(Narrador) Ahora tienes treinta segundos para leer el esquema de la conversación.

(30 seconds)

(Narrador) Imagina que tú estás en México y ves en la televisión que va a haber un partido de fútbol. Tú llamas a la taquilla para información.

(Narrador) Ahora tienes un minuto para leer de nuevo el esquema de la conversación.

(1 minute)

Ahora imagina que contestan el teléfono.

[Now press record to start the recorder.]
[Ahora presiona el botón de grabar para que empiece la grabación.]

(la taquillera) [Sound of the phone ringing and being picked up.] Buenas tardes, la taquilla del estadio municipal, ¿en qué puedo servirle?

TONE (20 seconds) TONE

(la taquillera) Pues, el partido es este sábado a las cuatro de la tarde aquí en el estadio municipal.

TONE (20 seconds) TONE

(la taquillera) Tenemos tres tipos de entradas, las de 160 pesos quedan cerca del campo, las de 80 están más arriba y las de 40 quedan en las andanadas o sea la parte más arriba del estadio.

TONE (20 seconds) TONE

(la taquillera) Pues, muy bien. ¿Y cómo le gustaría pagarlas? Si quiere pagar en efectivo, tendrá que venir al estadio. De otra manera podemos enviarle las entradas o guardarlas aquí en la taquilla para recoger el día del partido.

TONE (20 seconds) TONE

(la taquillera) Muy bien, tengo sus entradas para este sábado en el estadio municipal para el partido de las cuatro. ¿Hay algo más en que puedo servirle?

TONE (20 seconds) TONE

Simulated Conversation 8: Script for the recording

(Narrador) Ahora tienes treinta segundos para leer el esquema de la conversación.

(30 seconds)

(Narrador) Imagina que tú has pasado unas semanas con una familia en la Argentina. Hoy tú vuelves a casa y mientras esperas el vuelo hablas con tu madre argentina sobre tus experiencias.

(Narrador) Ahora tienes un minuto para leer de nuevo el esquema de la conversación.

(1 minute)

Ahora imagina que estás en el aeropuerto esperando tu vuelo de regreso.

[Now press record to start the recorder.]
[Ahora presiona el botón de grabar para que empiece la grabación.]

(tu mamá argentina) [Sound of people talking in the background and a flight announcement.]
Pues, tu tiempo con nosotros se ha volado. No puedo creer que ya sales para los Estados Unidos.

TONE (20 seconds) TONE

(tu mamá argentina) Y ¿cómo has pasado tu tiempo con nosotros? ¿Te ha gustado?

TONE (20 seconds) TONE

(tu mamá argentina) ¿Cuál es tu recuerdo más impresionante de tu visita con nosotros?

TONE (20 seconds) TONE

(tu mamá argentina) ¿Cómo crees que esta experiencia te ha ayudado?

TONE (20 seconds) TONE

(tu mamá argentina) ¿Te gustaría volver a visitarnos algún día?

TONE (20 seconds) TONE

(tu mamá argentina) Si un día pudiéramos visitarte, ¿qué cosas quisieras compartir con nosotros en tu país?

TONE (20 seconds) TONE

Simulated Conversation 9: Script for the recording

(Narrador) Ahora tienes treinta segundos para leer el esquema de la conversación.

(30 seconds)

(Narrador) Imagina que tú estás en una tienda. Necesitas comprar ropa para una ocasión especial.

(Narrador) Ahora tienes un minuto para leer de nuevo el esquema de la conversación.

(1 minute)

Ahora imagina que estás en la tienda para comprar la ropa.]

[Now press record to start the recorder.]
[Ahora presiona el botón de grabar para que empiece la grabación.]

(la dependienta) Buenas tardes, ¿en qué puedo servirle?

TONE (20 seconds) TONE

(la dependienta)   ¿Para qué tipo de evento necesitará usted la ropa?

TONE (20 seconds) TONE

(la dependienta)   ¿Qué artículos de ropa le hará falta y de qué tamaño?

TONE (20 seconds) TONE

(la dependienta)   ¿Hay unos colores que le favorezcan más que otros?

TONE (20 seconds) TONE

(la dependienta)   Perfecto, ¿y cómo le gustaría pagar por lo que ha seleccionado?

TONE (20 seconds) TONE

Simulated Conversation 10: Script for the recording

(Narrador)   Ahora tienes treinta segundos para leer el esquema de la conversación.

(30 seconds)

(Narrador)   Imagina que te quedas en un hotel en Bogotá. Tienes unos problemas y preguntas y llamas la recepción.

(Narrador)   Ahora tienes un minuto para leer de nuevo el esquema de la conversación.

(1 minute)

Ahora imagina que estás en tu hotel El Libertador y llamas la recepción.

[Now press record to start the recorder.]
[Ahora presiona el botón de grabar para que empiece la grabación.]

(la recepcionista)   [Sound of dialing and phone being answered.] Buenos días, Hotel El Libertador, ¿en qué puedo servirle?

TONE (20 seconds) TONE

(la recepcionista)   Lo siento mucho. Llamaré inmediatamente a la consejería para arreglar el problema. ¿Hay algo más que necesite usted?

TONE (20 seconds) TONE

(la recepcionista)   Bueno, lo arreglaremos también, claro. ¿Cuándo vaya usted a estar fuera del cuarto?

TONE (20 seconds) TONE

(la recepcionista)   Mientras usted está fuera arreglaremos el cuarto. En cuanto a restaurantes, depende cuánto dinero le gustaría pagar y el tipo de comida porque hay varios por aquí.

TONE (20 seconds) TONE

(la recepcionista)   Muy bien. Hay uno a dos cuadras del hotel. Salga del hotel y doble a la derecha. Después de pasar el segundo semáforo el restaurante estará a su derecha.

TONE (20 seconds) TONE

(la recepcionista)   Después de comer hay unas discotecas en la misma calle. O si usted prefiere, hay también unos cines en la Calle de la Merced.

TONE (20 seconds) TONE

Simulated Conversation 11: Script for the recording

(Narrador)   Ahora tienes treinta segundos para leer el esquema de la conversación.

(30 seconds)

(Narrador)   Imagina que hablas con el estudiante de intercambio de México que pasa un año en tu escuela. Ustedes hablan de las cosas diferentes y similares entre su escuela y la tuya.

(Narrador)   Ahora tienes un minuto para leer de nuevo el esquema de la conversación.

(1 minute)

Ahora imagina que acabas de conocer al estudiante y ustedes hablan de tu escuela y la de él.

[Now press record to start the recorder.]
[Ahora presiona el botón de grabar para que empiece la grabación.]

(el estudiante)   [Sound of student voices in the background like in a school hallway.]
Hola, me llamo Paco García. Soy de Saltillo México y paso el año aquí en tu colegio.

TONE (20 seconds) TONE

(el estudiante)   Mucho gusto amigo. ¿Puedes describirme como es el día típico aquí en tu escuela?

TONE (20 seconds) TONE

(el estudiante)   Muy interesante. Nuestro día es más largo porque tenemos casi una hora y media para el almuerzo. Así que no terminamos hasta las cuatro y media o las cinco.

TONE (20 seconds) TONE

(el estudiante)   Pues, jugamos al baloncesto y al fútbol en la clase de educación física pero no tenemos equipos para los deportes en la escuela. Podemos participar en equipos de la comunidad.

TONE (20 seconds) TONE

(el estudiante)   Tenemos varios clubes como ustedes pero nuestros clubes tienen sus reuniones durante el recreo. ¿Cuándo tienen ustedes sus reuniones para los clubes? ¿Es fácil o difícil hacerse socio?

TONE (20 seconds) TONE

(el estudiante)   Tenemos las mismas clases que ustedes. Lo diferente es que ustedes cambian de aulas y nosotros nos quedamos en el aula y los profesores cambian de aulas. Hasta tenemos los casilleros en la misma clase.

TONE (20 seconds) TONE

Simulated Conversation 12: Script for the recording

(Narrador)   Ahora tienes treinta segundos para leer el esquema de la conversación.

(30 seconds)

(Narrador)   Imagina que has visto un accidente. Llamaste a la policía para que vinieran. Ahora un policía quiere hacerte unas preguntas sobre lo ocurrido.

(Narrador)   Ahora tienes un minuto para leer de nuevo el esquema de la conversación.

(1 minute)

Ahora imagina que el policía te habla y quiere que tú le digas lo que tú viste.

[Now press record to start the recorder.]
[Ahora presiona el botón de grabar para que empiece la grabación.]

(el policía)   Perdone usted. Yo soy el capitán Villareal. ¿Podría usted darme alguna información sobre lo ocurrido?

TONE (20 seconds) TONE

(el policía)   ¿Aproximadamente a qué hora ocurrió el accidente y dónde estaba usted?

TONE (20 seconds) TONE

(el policía)   Muy bien, ¿y podría usted describirme el coche que entró primero en la bocacalle?

TONE (20 seconds) TONE

(el policía)   ¿Y cómo era el coche que pasó la señal sin parar?

TONE (20 seconds) TONE

(el policía)   Muy bien. Gracias por habernos ayudado. Ahora necesitaré su nombre, dirección y número de teléfono en caso de que necesitemos ponernos en contacto con usted sobre el accidente.

TONE (20 seconds) TONE

Simulated Conversation 13: Script for the recording

(Narrador)   Ahora tienes treinta segundos para leer el esquema de la conversación.

(30 seconds)

(Narrador)   Imagina que tú planeas una fiesta para celebrar el Cinco de Mayo con una amiga del Círculo Español de tu escuela.

(Narrador)   Ahora tienes un minuto para leer de nuevo el esquema de la conversación.

(1 minute)

Ahora imagina que tú y tu amiga hablan de los planes para la celebración.

[Now press record to start the recorder.]
[Ahora presiona el botón de grabar para que empiece la grabación.]

(tu amiga)   Bueno, nos han seleccionado para planear la fiesta para el cinco de mayo. ¿Qué piensas que debamos servir?

TONE (20 seconds) TONE

(tu amiga)   Muy bien, yo puedo ayudar a preparar la comida. ¿Quién podría ayudarme con ella y con las bebidas?

TONE (20 seconds) TONE

(tu amiga)   ¿Qué actividades piensas que debamos tener durante la fiesta?

TONE (20 seconds) TONE

(tu amiga)   ¿Conoces a alguien que tenga discos compactos de música mexicana, o no importa que tipo de música que haya?

TONE (20 seconds) TONE

(tu amiga)	¿A quiénes vamos a invitar y cuánto dinero crees que nos haya falta para las provisiones y decoraciones?

TONE (20 seconds) TONE

(tu amiga)	Muy bien, parece que todos los planes están en orden. Ay, una cosa más, ¿dónde vamos a tener la fiesta y cuándo?

TONE (20 seconds) TONE

Simulated Conversation 14: Script for the recording

(Narrador)	Ahora tienes treinta segundos para leer el esquema de la conversación.

(30 seconds)

(Narrador)	Imagina que compraste una cámara digital pero no funciona bien.

(Narrador)	Ahora tienes un minuto para leer de nuevo el esquema de la conversación.

(1 minute)

Ahora imagina que llamas la tienda donde compraste la cámara.

[Now press record to start the recorder.]
[Ahora presiona el botón de grabar para que empiece la grabación.]

(el dependiente)	[Sound of a phone ringing and being picked up] Buenas tardes, ≪Foto Mundo≫, ¿cómo puedo ayudarle?

TONE (20 seconds) TONE

(el dependiente)	Lo siento mucho que haya tenido problemas con la cámara. ¿Podría usted explicarme el problema con el aparato?

TONE (20 seconds) TONE

(el dependiente)	¿Qué modelo compró usted y cuándo lo compró?

TONE (20 seconds) TONE

(el dependiente)	Bueno, recomiendo que usted traiga la camera a la tienda para que podamos revisarla. ¿Cuándo piensa usted que sea possible?

TONE (20 seconds) TONE

(el dependiente)	Cuando venga, es importante que traiga el recibo. Nos vemos pronto y otra vez siento mucho la molestía.

TONE (20 seconds) TONE

Simulated Conversation 15: Script for the recording

(Narrador)	Ahora tienes treinta segundos para leer el esquema de la conversación.

(30 seconds)

(Narrador)	Imagina que estás en Santiago de Chile de estudiante de intercambio. Tú y tu padre chileno hablan del medio ambiente.

(Narrador)   Ahora tienes un minuto para leer de nuevo el esquema de la conversación.

(1 minute)

Ahora imagina que tú y tu padre chileno tienen una conversación sobre problemas ambientales.

[Now press record to start the recorder.]
[Ahora presiona el botón de grabar para que empiece la grabación.]

(tu padre chileno)   ¡Ay, que día más feo! A veces la contaminación del aire es horrorosa aquí en Santiago. Creo que sea el mayor problema ecológico que tenemos. ¿Cómo es la calidad del aire donde vives?

TONE (20 seconds) TONE

(tu padre chileno)   Es fácil para mí creer en el concepto de calentamiento global con toda esta contaminación. ¿Cuál es tu opinión del calentamiento global?

TONE (20 seconds) TONE

(tu padre chileno)   Pues, por lo menos tenemos un programa de reciclaje. Reciclamos botellas y envases de vidrio y plástico y el papel también. ¿Existe tal programa en tu comunidad?

TONE (20 seconds) TONE

(tu padre chileno)   Me parece muy buena idea. Tenemos que proteger nuestro planeta, es el único que tenemos. Yo trato de ayudar por usar el transporte público, es bueno y barato. ¿Cómo es el transporte público donde vives?

TONE (20 seconds) TONE

(tu padre chileno)   He oído que el agua en botellas es muy popular en los Estados Unidos. ¿Por qué es tan popular? ¿Hay problemas con el agua en los Estados Unidos?

TONE (20 seconds) TONE

(tu padre chileno)   Pues, ojalá que podamos salvar el medio ambiente para lasgeneraciones futuras.

TONE (20 seconds) TONE

INFORMAL SPEAKING RUBRIC: BASED ON THE DRAFT RUBRIC FROM HTTP://APCENTAL.COLLEGEBOARD.COM

	Description	Task Completion	Topic Development	Language Use
5 High	• excellent presentation in interpersonal speaking*	• complete • responds to all parts of conversation • task completed appropriately	• relevant • complete • well organized • accurate social and cultural references	• few errors • no pattern of errors • rich vocabulary • excellent pronunciation • appropriate register for the presentation • highly fluent
4 mid-range	• demonstrates command of the language	• responds to all or most parts of the conversation • task completed appropriately	• relevant • well developed • good organization and cohesive • social and cultural references generally correct	• complex structures used but contain more than a few errors • vocabulary well used • very fluent • very good pronunciation • register is correct for type of presentation
3 mid-range	• presentation is competent	• responds to most of the prompts appropriately • completes task appropriately	• answer is developed in a relevant way • organized and flows adequately • social and cultural references are more or less appropriate to the task	• simple structures are handled well but not complex ones • good use of vocabulary with some interference from first language • good pronunciation • register generally correct for type of presentation
2 mid-low	• presentation is barely competent	• some responses inappropriate • the task is only completed in part	• presentation might be irrelevant • organization is inadequate in part • social and cultural references may be inaccurate to task	• simple structures are not handled well • limited vocabulary • not fluent, choppy • pronunciation may cause problems with comprehension of the message • register is not totally appropriate

Continued

INFORMAL SPEAKING RUBRIC: BASED ON THE DRAFT RUBRIC FROM HTTP://APCENTAL.COLLEGEBOARD.COM—cont'd

	Description	Task Completion	Topic Development	Language Use
1 low	• Presentation is not competent	• most responses inappropriate • the task is not completed	• presentation of the topic is irrelevant • presentation is disorganized • Soical and cultural references are inaccurate to the task	• numerous errors in grammatical structures • very limited vocabulary • frequent interference from first language • barely fluent • pronunciation causes problems with comprehension of the message • register is not appropriate to task
0	• a zero may be given to a task when the student has failed to speak, the response is totally off task or irrelevant, the student's response is in a language other than Spanish or the student just restates the topic and source information	• Interpersonal speaking is a conversation between two people in which ideas are shared, questions asked and questions answered.		

CHAPTER 12

Exam Section II, Part B

Formal Oral Presentation / Integrated Skills (Presentational)

IN THIS CHAPTER

You will be asked to prepare an oral presentation using two sources, one written and one aural. The aural prompt, which is a radio report, will need to be read to you by a friend, parent, teacher, or tutor. Scripts for the sample reports begin on page 204. You will record your answers on your own tape. First you will be given five minutes to read the printed source, an article. Then, you will hear the radio report. Take notes on what you hear as you will need to use this information in your presentation. You will then have two minutes to organize your ideas for the presentation. After two minutes, turn on the tape recorder and make your presentation. This part of the test is worth 10 percent of the total. The suggested time for all of Section II, Part B, formal oral presentation is approximately 10 minutes. A sample rubric is provided at the end of this chapter on pages 205–208.

- Read the printed article very carefully. You might choose to underline key words or ideas that you may wish to cite.
- Listen very carefully to the aural prompt. Take notes as you listen. You will need to cite the information in your oral presentation.
- Try to concentrate and listen carefully: Listening is a skill that must be practiced.
- Try to determine which tenses to use, based on the question (present, past, future, etc.).
- Try to get some high-order structures into your response; the subjunctive, for example.

- Listen for a key word, or words, that you might want to use in your response.
- You will notice in the rubric at the end of the chapter that the higher scores are awarded for presentations where you have *contrasted and compared* the information provide. Simple summarization of the two sources will receive a lower score.
- REMEMBER, you must CITE and INTEGRATE both sources!
- You must FULLY and COMPLETELY address the task.

Formal Speaking Practice

Directions: The following question is based on the accompanying printed article and audio selection. First you will have 5 minutes to read the printed article. Afterward, you will hear the audio selection; you should take notes while you listen. Then you will have 2 minutes to plan your answer and 2 minutes to record it.

Instrucciones: La pregunta siguiente se basa en el artículo impreso y la selección auditiva. Primero, tendrás 5 minutos para leer el artículo impreso. Después, escucharás la selección auditiva; debes tomar apuntes mientras escuchas. Entonces, tendrás 2 minutos para preparar tu respuesta y 2 minutos para grabarla.

Pregunta 1: Imagina que tienes que dar una presentación formal ante tu clase de español sobre el tema a continuación.

El artículo impreso describe el fondo histórico de la celebraciones llamada El Cinco de Mayo; la monografía que vas a escuchar es sobre como se celebra en los Estados Unidos. En una presentación formal, vas a comparar el significado histórico y el significado actual de la celebración del Cinco de Mayo.

La derrota francés el cinco de mayo 1862

Mientras la Guerra Civil rugía en los Estados Unidos, los franceses aprovecharon de la situación para poder tratar de extender su influencia en las Américas. Por la lucha de independencia de España, la Guerra de Texas y su propia guerra civil, México tenía una deuda externa muy grande. España, Inglaterra y Francia le habían prestado dinero y México no podía devolvérselo. Por esta razón y el deseo francés de poder tomar posición en las Américas, con el apoyo de los conservadores mexicanos, invadió a México e installó a Maximiliano de Hapsburgo como emperador Maximiliano I. Pero Maximiliano sólo iba a gobernar por 4 años, de 1864 hasta 1867. Cuando los conservadores vieron que Maximiliano simpatizaba con Benito Juárez y los ideales liberales de sus partidarios los conservadores lo abandonaron. Maximiliano y dos de sus generales fueron ejecutados en Querétaro en 1867. Años más tarde, transfirieron su cuerpo a Austria para estar enterrado con otros de su familia.

El Cinco de Mayo no conmemora la derrota final de los franceses y Maximiliano sino la primera victoria de los mexicanos en contra de los franceses en la batalla de Puebla de 1862. La razón original por la cual se celebraba era la victoria del General Zaragoza en contra de los franceses después de que aquéllos habían llegado a Vera Cruz. Los franceses llegaron a Vera Cruz e intentaron avanzar hacia la capital. Pero, en Puebla el ejército mexicano los esperaba y aunque lucharon en contra de un ejército mejor preparado y almacenado los mexicanos ganaron aquella batalla.

Entonces, el Cinco de Mayo, de verdad, reconoce la valentía y la victoria del ejército mexicano en 1862 a principios de la invasión francesa y el breve reinado de Maximiliano.

Monografía de radio
La celebración del Cinco de Mayo en los Estados Unidos

Directions: The following question is based on the accompanying printed article and audio selection. First you will have 5 minutes to read the printed article. Afterward, you will hear the audio selection; you should take notes while you listen. Then you will have 2 minutes to plan your answer and 2 minutes to record it.

Instrucciones: La pregunta siguiente se basa en el artículo impreso y la selección auditiva. Primero, tendrás 5 minutos para leer el artículo impreso. Después, escucharás la selección auditiva; debes tomar apuntes mientras escuchas. Entonces, tendrás 2 minutos para preparar tu respuesta y 2 minutos para grabarla.

Pregunta 2: Imagina que tienes que dar una presentación formal ante tu clase de español sobre el tema a continuación.

El artículo impreso describe la historia del primer embajador de los Estados Unidos a México, Joel Roberts Poinsett, y la flor de noche buena; en la monografía que vas a escuchar se cuenta la leyenda de la flor de noche buena. En una presentación formal, vas a hablar sobre esta flor y como llegó a ser símbolo de la Navidad.

Fuente: los datos de este artículo vienen de Wikipedia, http://wikipedia.org/wiki/Poinsettia

La flor de noche buena

En 1821 México por fin afirmó su independencia y poco después los Estados Unidos reconocieron a México y le mandaron su primer embajador, Joel Roberts Poinsett. Durante su estancia en México, Poinsett conoció una flor llamada en la lengua Nahuatl, lengua de los aztecas, Cuitluxochitl, que florecía en el mes de diciembre en las regiones tropicales del sur de México. Para los aztecas esta flor simbolizaba la pureza y hasta usaban la savia de la planta para curar fiebres. Al volver a los Estados Unidos Poinsett llevó estas flores consigo y desde entonces se hicieron populares durante el mes de diciembre para celebrar la Navidad. En inglés se llama Poinsettia por el embajador Poinsett.

En realidad, la flor de noche buena no es una flor sino un arbusto y sus flores no son flores sino las hojas en las puntas de sus ramas que cambian al color rojo. La planta puede ser arbusto o llegar a ser un árbol pequeño. A través de los años horticultores han creado 109 variedades de esta planta que originalmente era una planta silvestre. De éstas las tres más populares son la roja, la rosada y la blanca. En una encuesta 69% de la gente prefiere la roja, 14% la rosada y 7% la blanca.

Como esta "flor" florece en el mes de diciembre, tiene flores en la forma de estrellas y antiguamente representaba la pureza, se convirtió fácilmente en símbolo de la Navidad.

Monografía de radio
La leyenda de la flor de noche buena

Directions: The following question is based on the accompanying printed article and audio selection. First you will have 5 minutes to read the printed article. Afterward, you will hear the audio selection; you should take notes while you listen. Then you will have 2 minutes to plan your answer and 2 minutes to record it.

Instrucciones: La pregunta siguiente se basa en el artículo impreso y la selección auditiva. Primero, tendrás 5 minutos para leer el artículo impreso. Después, escucharás la selección auditiva; debes tomar apuntes mientras escuchas. Entonces, tendrás 2 minutos para preparar tu respuesta y 2 minutos para grabarla.

Pregunta 3: Imagina que tienes que dar una presentación formal ante tu clase de español sobre el tema a continuación.

El artículo impreso plantea el debate sobre si los Estados Unidos son «un crisol» de culturas (la metáfora histórica) o mejor una ensaladera de muchas culturas; en la monografía que vas a escuchar sobre varias celebraciones étnicas que tienen lugar en los Estados Unidos. En tu presentación trata de contestar la pregunta, ¿son los Estados Unidos un crisol o una ensaladera? Basa tu respuesta en el artículo y la monografía.

Los Estados Unidos, ¿crisol de culturas o ensaladera de culturas?

Tradicionalmente en clases de historia por los Estados Unidos los profesores y los textos han empleado la metáfora del crisol para explicar la combinación y asimilación de culturas en los Estados Unidos. Como se hace con los metales en un crisol real, cada ola de inmigración a los Estados Unidos se ha fundido con la cultura predominante para convertirse en algo nuevo. Pero, ¿es esto exactamente lo que pasa en práctica? ¿Es que cada grupo se une por completo con la cultura americana a costo de perder su identidad?

Muchos grupos a través de la historia se han juntado con otros que comparten una cultura y un idioma al llegar a los Estados Unidos. En ciudades grandes y hasta las pequeñas se puede ver barrios italianos, alemanes, franceses, irlandeses, chinos, etcétera. Mientras algunos de estos barrios sólo existen históricamente, otros todavía han mantenido su carácter cultural. Más recientemente las olas de inmigración de Vietnam, China, el Medio Oriente y Latinoamérica han creado nuevos barrios étnicos.

En el pasado, para los de la primera generación sobre todo, ha habido el deseo de integrarse por completo. En mi propio caso mi abuela rehusó forzosamente hablar francés fuera de la casa y por consiguiente yo tuve que aprenderlo en la universidad. Pero en nuestros días parece que hay un deseo más fuerte por preservar la herencia mientras se asimila a la nueva cultura. Puede ser porque los números de inmigrantes que llegan son más numerosos o simplemente que hay un deseo humano de recordar y celebrar los raíces. Hasta en las comunidades más establecidas, como la italiana y la irlandesa, hay clubes y asociaciones que se empeñan en conservar la cultura y hasta la lengua materna.

Parece que teniendo en cuenta todo esto, la metáfora no representa perfectamente la asimilación cultural de los Estados Unidos. A lo mejor la metáfora de la ensaladera funciona mejor. Como en una ensaladera mezclamos muchos vegetales con sabores, apariencias y texturas diferentes que, mientras se combinan los sabores hasta cierto punto, los ingredientes no pierden por completo su esencia y sabor originales.

Monografía de radio
Celebraciones de nuestras herencias

Directions: The following question is based on the accompanying printed article and audio selection. First you will have 5 minutes to read the printed article. Afterward, you will hear the audio selection; you should take notes while you listen. Then you will have 2 minutes to plan your answer and 2 minutes to record it.

Instrucciones: La pregunta siguiente se basa en el artículo impreso y la selección auditiva. Primero, tendrás 5 minutos para leer el artículo impreso. Después, escucharás la selección auditiva; debes tomar apuntes mientras escuchas. Entonces, tendrás 2 minutos para preparar tu respuesta y 2 minutos para grabarla.

Pregunta 4: Imagina que tienes que dar una presentación formal ante tu clase de español sobre el tema a continuación.

El artículo impreso es sobre la importancia del maíz como base de alimentación en México; en la monografía vas a escuchar una leyenda sacada del Popol Vuh, el libro sagrado de la creación de los mayas quiché.

Fuente: Algunos de los datos para este artículo vienen de "México, Hombres de Maíz", http://www.las-buenas-mesas.com/hmaiz.html.

El maíz, fuente de la vida

Tanto como la harina y el pan han representado la base de la comida europea, el maíz ha representado la vida para muchas civilizaciones precolombinas. El cultivo del maíz fue una actividad importante en estas culturas y hasta tenía importancia en su religión. En la cultura zapoteca el dios del maíz se conocía como "Pitao Cozobi" (dios de las mieses). En la cultura mexica había la diosa Chicomecoatl, que tenía mazorcas de maíz en sus manos, y Cintéotl (dios del maíz). Como se ve, el hecho de tener un dios o una diosa para representar algo elemental indica claramente la importancia que tenía esta planta para aquellos pueblos. El maíz servía también como ofrenda a los dioses y rezaban y ofrendaban a aquellos dioses para que tuvieran buenas cosechas de maíz de las cuales dependía la supervivencia de sus culturas.

Nadie sabe exactamente donde se originó el maíz pero se cree que tiene sus orígenes en el valle de Tehuacan en el estado actual de Puebla. Su cultivo había evolucionado cuando llegaron los primeros españoles. Era y sigue siendo el alimento básico de muchos pueblos precolombinos y forma la base de muchas comidas mexicanas que se conocen hoy en día. El maíz se emplea en platos como tacos, enchiladas, tamales, y bebidas como el pozole. Con la comida, en vez de comer pan o panecillos como los europeos, los mexicanos normalmente comen tortillas de maíz.

Como la harina se ha formado la base alimenticia de países europeos, por ejemplo Francia, y la papa ha servido históricamente ese papel en Irlanda, el maíz sigue siendo la base de la comida de México, su fuente de la vida.

Monografía de radio
La leyenda maya quiché de la creación

Directions: The following question is based on the accompanying printed article and audio selection. First you will have 5 minutes to read the printed article. Afterward, you will hear the audio selection; you should take notes while you listen. Then you will have 2 minutes to plan your answer and 2 minutes to record it.

Instrucciones: La pregunta siguiente se basa en el artículo impreso y la selección auditiva. Primero, tendrás 5 minutos para leer el artículo impreso. Después, escucharás la selección auditiva; debes tomar apuntes mientras escuchas. Entonces, tendrás 2 minutos para preparar tu respuesta y 2 minutos para grabarla.

Pregunta 5: Imagina que tienes que dar una presentación formal ante tu clase de español sobre el tema a continuación.

El artículo impreso es sobre una bebida importante para la gente de Paraguay, Argentina y Brasil; en la monografía vas a escuchar una leyenda sobre los orígenes de esta bebida.

Fuente: Algunos de los datos para este artículo vienen de "Yerba Mate or Hierba Mate", http://www.miyerbamate.com/content/Yerβ+Matε+hierbα+matε+permieρ+soutη+americaν+beverge.html

La yerba mate, ¿bebida o elixir?

La yerba mate es una infusión muy popular en la Argentina, el Paraguay y el Brasil que muchos toman como los ingleses disfrutan de su té. Es una bebida que tiene cafeína como el café o té pero también dicen que tiene propiedades medicinales. Según los indios guaraníes de Paraguay, la yerba mate ayuda a elevar la inmunidad, limpiar y desintoxicar la sangre, combatir el cansancio, estimular los procesos mentales, controlar el apetito, amenguar los efectos de ciertas enfermedades, restaurar el color al pelo, ayudar el sistema nervioso y retrasar el proceso de envejecimiento.

La verdad es que esta infusión sí ofrece ciertas vitaminas y minerales. En un estudio realizado en Francia por el Instituto Pasteur y la Sociedad Científica de París concluyeron que la yerba mate tiene casi todas las vitaminas y minerales necesarias para sostener la vida.

Para hacer la infusión, se hace una especie de té con las hojas molidas del árbol yerba mati que primero son empapados en agua fría y luego se añade el agua caliente. Mientras se bebe, se continúa a añadir agua caliente a las hojas hasta que se haya agotado toda la esencia.

Como se sabe la yerba mate también tiene cierta ceremonia. Se mezcla las hojas y el agua caliente en una calabaza seca, o sea un «mate». Muchas veces estos mates se decoran con pintura o se cubren con piel u otra cosa. Después de «cebar» (preparar) la hierba mate, se bebe con una bombilla que filtra los pedazos de las hojas para que sólo la infusión se entre en la boca.

Aunque la yerba mate no sea tan conocida ni tan popular como otros alimentos de Hispanoamérica, sí se puede conseguir casi por todas partes. Hasta compañías como «Tazo» y «Mí yerba mate» ofrecen versiones de esta bebida tan premiada por los habitantes de la Argentina, el Brasil y el Paraguay.

Monografía de radio
El regalo de la yerba mate.

Fuente: Esta monografía se informó de dos artículos: "La leyenda de la yerba mate", http://www.practique-espanol.com/cultura.literatura/literatura021104.html y "Yerba Mate or Hierba Mate – Summary", http://www.miyerbamate.com/content/ Yerba+ Mate+ hierba+ mate+permier+south+american+beverage.html

Directions: The following question is based on the accompanying printed article and audio selection. First you will have 5 minutes to read the printed article. Afterward, you will hear the audio selection; you should take notes while you listen. Then you will have 2 minutes to plan your answer and 2 minutes to record it.

Instrucciones: La pregunta siguiente se basa en el artículo impreso y la selección auditiva. Primero, tendrás 5 minutos para leer el artículo impreso. Después, escucharás la selección auditiva; debes tomar apuntes mientras escuchas. Entonces, tendrás 2 minutos para preparar tu respuesta y 2 minutos para grabarla.

Pregunta 6: Imagina que tienes que dar una presentación formal ante tu clase de español sobre el tema a continuación.

El artículo impreso es sobre el artista Salvador Dalí; en la monografía vas a escuchar un informe sobre el artista Joan Miró. En tu presentación vas a comparar a estos dos pintores.

Fuente: Este artículo se informó de ≪Salvador Dalí≫ de Wikipedia, la enciclopedia libre, http://en.wikipedia.org/wiki/Salvador_Dal%C3%AD

Salvador Dalí: realidad deformada

Salvador Felipe Jacinto Dalí í Domènech nació el 11 de mayo, 1904 en la región autónoma de Cataluña en España. De joven le atraía el arte y asistía a una escuela de dibujo de joven. En 1916 Dalí descubrió el arte moderno a través de un amigo de familia que viajaba mucho a París. En 1917 su padre, Salvador Dalí i Cuisí organizó su primera exhibición en su propia casa y dos años después realizó su primera exhibición pública en el Teatro Municipal de Figueres. Luego Dalí se fue a Madrid para continuar sus estudios de arte en la Escuela de Bellas Artes de San Fernando en 1922.

Como muchos artistas de su época, Dalí pasó por varias etapas: el realismo, el impresionismo, el cubismo, el dadaísmo y el surrealismo. Esta última etapa es quizá la por la cual Dalí sea más reconocido. También, como otros de su época, Dalí experimentó con muchos medios artísticos diferentes para expresarse. Su estilo se éxpresó a través de la pintura, el dibujo, la fotografía y la escultura. Hasta en 1929 Dalí colaboró con el director Luis Buñel en una película llamada ≪Un chien andalou≫ (Un perro andaluz). Esta película corta fue surrealista.

Durante los años 20 y 30 Dalí conoció y se hizo amigo de otros artistas y autores importantes como Pablo Picasso, Joan Miró, Man Ray, Federico García Lorca, y André Breton. Pero al terminar la Guerra Civil Española, mientras muchos intelectuales decidieron no volver a España por la dictadura de Franco, Dalí sí volvió y fue expulsado del movimiento surrealista por esto.

El surrealismo de Dalí es lo que él mismo llamó ≪el método crítico paranóico de dar entrada en la subconciencia para mejor creatividad artística.≫ El representaba cosas reales y reconocibles pero en formas exageradas que no corresponden ala realidad. Una de sus obras surrealistas más famosas es ≪la persistencia de la memoria≫ o ≪relojes blandos≫ (1931) donde se ve un fondo que parece a un desierto con rocas y un árbol desnudo donde hay relojes que se derriten sobre las rocas y una rama del árbol. También se ven hormigas que aparecen en algunos de sus cuadros. Otro cuadro es ≪Un sueño causado por el vuelo de una abeja alrededor de una granada un segundo antes de despertarse≫ donde hay dos leones que vuelan hacia una mujer desnuda sobre una roca. En el fondo hay un elefante con piernas muy largas y delgadas. El surrealismo expresado por Dalí es algo como una pesadilla donde se ven los objetos que existen en la realidad, pero éstos son deformados... una realidad deformada.

Salvador Dalí murió en Figueres, España el 23 de enero, 1989.

Monografía de radio
Joan Miró, un mundo de fantasía

Fuente: Esta monografía se informó de Wikipedia, la enciclopedia libre, http://wwwen. wikipedia.org/wiki/Joan_Mir%C3%B3 y Artists Rights Society (ARS), New York, http://www.mcs.cshuayward.edu/~malek/Miro.html

Pregunta 7: Imagina que tienes que dar una presentación formal ante tu clase de español sobre el tema a continuación.

El artículo impreso es sobre el héroe de la guerra de independencia, José de San Martín; en la monografía vas a escuchar un informe sobre el héroe de la independencia, Simón Bolívar. En tu presentación vas a comparar a estos dos héroes.

Fuente: Este artículo se informó de Wikipedia, la enciclopedia libre, http://www.en. wikipedia.org/wiki/José_de_San_Martín

José de San Martín, héroe del Cono Sur

José de San Martín Matorras nació el 25 de febrero, 1778 en Yapeyú, Argentina. Cuando era joven el padre de José fue transferido a España. En España él ingresó en el Real Seminario de Nobles para estudiar. Allí él conoció a Bernardo O'Higgins, el futuro héroe de Chile. Mientras estaba en Madrid, se estalló la Guerra de Independencia Española en contra de las tropas de Napoleón. José se alistó y luchó para los españoles en contra de los franceses.

En 1812, después de la derrota de los franceses, San Martín volvió a la Argentina y se juntó con otros para conseguir la independencia de la Argentina. Bajo el liderazgo de San Martín la Argentina, Chile y el Perú consiguieron su independencia de la Corona Española.

Una de las hazañas más impresionantes de San Martín fue su dirección del Ejército de los Andes. Para atacar a los españoles en Chile, San Martín necesitaba cruzar los Andes pero el ejército español controlaba los pasos. Entonces, en 1817 San Martín dirigió a sus hombres por los Andes en un área difícil de cruzar y por eso no protegida por los españoles. Algunos comparan esta hazaña con la de Aníbal cuando cruzó los Alpes para atacar a Roma.

Con Bernardo O'Higgins, San Martín consiguió la independencia de Chile en 1818. Después, San Martín continuó hasta Lima, Perú donde fue nombrado protector del Perú y su primer presidente. En 1822 San Martín y Simón Bolívar tuvieron una reunión en Guayaquil, Ecuador. Nadie sabe lo que ocurrió en la reunión pero Bolívar tomó el mando de liberar al Perú. Poco después, San Martín dimitió su cargo como líder de sus fuerzas y dejó al Perú. Él rehusó participar en la política y el ejército y después de la muerte de su mujer, se fue para vivir en un autoexilio en Francia desanimado por la turbulencia política en la Argentina.

José de San Martín murió el 20 de septiembre, 1850 en Francia. Junto con Simón Bolívar, José de San Martín es reconocido hoy como uno de los grandes libertadores de la América del Sur y es el héroe nacional de la Argentina. Sus restos morales fueron transferidos de Francia y ahora se encuentran en la Catedral de Buenos Aires en el país que liberó.

Monografía de radio
Simón Bolívar, un sueño sin realizar

Fuente: Esta monografía se informó de la Biblioteca Virtual de Simón Bolívar, http://www.geocities.com/Athens/Acropolis/7609/eng/bio.html

Pregunta 8: Imagina que tienes que dar una presentación formal ante tu clase de español sobre el tema a continuación.

El artículo impreso es sobre la importancia del caballo con símbolo en el arte; en la monografía vas a escuchar un informe sobre dos caballos famosos de la literatura e historia españolas.

Fuente: Este artículo se informó de The Holisticshop Dictionary, Horse, http://www.holisticshop.co.uk/dictionary/horse.html

El caballo, animal noble

A través de la historia, el caballo ha representado el poder, la lealtad, la fuerza, y la fecundidad. Los hindúes, griegos, caballeros y reyes de la antigüedad veneraban el caballo. El vaquero norteamericano, el charro mexicano, y el gaucho argentino dependían de sus fieles compañeros tanto en el trabajo como en la defensa; eran sus amigos íntimos. Los indígenas norteamericanos también valoraban estos animales. En la Edad Media el caballo y su caballero representaban el poder y el mando. Había fiestas donde el caballero y su jinete mostraban su valentía y destreza por participar en una justa o torneo. Tan importante era que hasta la crianza de los caballos se hizo importante para preservar y continuar las características más deseables en ciertas razas de caballos. Ciertos caballos se criaban por su rapidez, como el caballo andaluz y el caballo árabe. Otros se criaban para el trabajo como el caballo Morgan, que se desarrolló en el estado de Vermont para necesidades agrícolas y militares.

El caballo y su jinete muchas veces se convirtieron casi en uno compartiendo su identidad. En la televisión norteamericana de los años 50 el vaquero Roy Rogers siempre andaba con su fiel caballo Trigger y el Zorro también con su Tornado. Se ve en el arte, la pintura y la escultura, donde el jinete y el caballo se representan para mostrar el poder y el rango de la persona. Líderes, generales, reyes, reinas, emperadores, todos a través de la historia han sido representados con sus caballos. El emperador Carlos V de España por Tiziano, el Rey Felipe IV por Velásquez, y el rey Carlos IV y la reina María Luisa por Goya. Hasta dicen que hay una leyenda urbana que dice que según la posición de los pies del animal en la pintura o escultura, se puede deducir como se murió su jinete.

Aun en tiempos modernos el caballo ocupa un lugar singular por su lealtad, su inteligencia y su majestad. Mientras el caballo sigue en el trabajo de los vaqueros y policías, también se ve en muestras de agilidad, desfiles en honor de difuntos, y como mascotas con que su jinete comparte una vida singular. Y, no obstante, en algunos lugares continúa en su papel de transporte para personas y mercancías.

Monografía de radio
Rocinante y Babieca

Fuente: Esta monografía se informó de «Rocinante» y «Babieca» de la enciclopedia libre Wikipedia, http://www.en.wikipedia.org/wiki/Babieca y http://www.enwikipedia. org/wiki/ Rocinante y El diccionario de la Real Academia Española, http://buscon. rae.es/dreal y http://www.elmundo.es/quijote/capitulo.html?cual-1

Pregunta 9: Imagina que tienes que dar una presentación formal ante tu clase de español sobre el tema a continuación.

El artículo impreso es sobre la música y el baile llamados la salsa; en la monografía vas a escuchar un informe sobre el baile y la música flamencos.

Fuente: Este artículo se informó de Centralhome.com, "History of Salsa", http://www.centralhome.com/salsa.htm

La salsa: música y baile picantes

La salsa tan popular en Cuba y Puerto Rico es un estilo de música y baile que surgió de los encuentros culturales y la mezcla de éstos. Cuando los españoles llegaron y colonizaron las Antillas, ellos llevaron consigo su música y baile, los dos influenciados por el encuentro cultural árabe, judío, cristiano e gitano que había ocurrido en la Península Ibérica a través de los siglos. Para tener mano de obra en las nuevas colonias, los españoles llevaron esclavos de África para trabajar en las casas, las minas y los campos de los colonizadores. Estos africanos también llevaron consigo sus tradiciones entre las cuales había la música y el baile. Nadie puede decir a ciencia cierta cuáles fueron los orígenes de la salsa pero es fácil deducir que los bailes y las canciones llevados por ambos grupos se influenciaron mutuamente.

Según Jaime Andrés Pretil, podemos decir que la salsa nació en Cuba. En Cuba las rumbas de origen africano se mezclaron con el Son de la gente cubana y con la música española y los ritmos africanos del tambor. Con la independencia de Haití, muchos franceses se trasladaron a Cuba para vivir y añadieron su ≪contra-danze≫ o sea ≪Danzón≫.

La salsa se toca y baila en muchos países así que hay ciertas variaciones según el país. En la República Dominicana, Colombia, y Puerto Rico hay ciertas diferencias. Eventualmente este fenómeno llegó a Nueva York donde recibió el nombre ≪ Salsa ≫. Claro está, el baile no se creó allí sino el nombre para denominar la música.

La salsa continúa en sus países de origen y se ha puesto muy popular casi por todo el mundo. Y, ¿qué le pasa?, pues en cada lugar donde se baila, el baile continúa evolucionando con características de donde se encuentra. Es justo, como la salsa, baile y música, de verdad es una mezcla cultural.

Monografía de radio
El flamenco, un mestizaje cultural.

Fuente: Esta monografía se informó de ≪Historia del flamenco≫ por Daniel Muñoz, http://www.eup.us.es/portada/alumnos/cultura/aula_musica/aulamus/Historia/Hist-F1.html

Pregunta 10: Imagina que tienes que dar una presentación formal ante tu clase de español sobre el tema a continuación.

El artículo impreso es sobre el chocolate; en la monografía vas a escuchar un informe sobre la banana.

Fuente: Este artículo se informó de ≪Chocolate, la historia americana de este alimento≫, http://www.historiacocina.com/historia/articulos/chocolate.html

El chocolate, regalo del nuevo mundo

Después del encuentro cultural entre Europa y las Américas, comenzó un intercambio alimenticio. Los españoles llevaron con ellos de vuelta a España alimentos nuevos y exóticos, uno de los cuales siendo el chocolate.

Para los aztecas y mayas, entre otros, el chocolate, el fruto de la planta cacao, fue muy importante. Los mayas lo usaron como dinero y para comerciar con otras tribus. Bernal Díaz, quien acompañó a Cortés en la conquista de México, lo mencionó por primera vez en su crónica de la conquista. Se dice que Moctezuma lo bebió en grandes cantidades. Pero en aquel entonces el chocolate no fue la golosina dulce que conocemos hoy en día. El chocolate azteca se mezclaba con miel, vainilla, pimienta y macazuchil. Los aztecas creían que el chocolate tenía calidades médicas y afrodisíacas.

Al llegar a Europa los europeos añadieron el azúcar al chocolate para crear dulces y bebidas y así combiaron su sabor y propósito alimenticio original. Aunque los europeos cambiaron el chocolate todavía se puede gozar de él como lo hicieron los indígenas en platos como el mole, que consiste en una salsa de chocolate, chiles y otras especies, y también en bebidas como el atole, en que se puede mezclarlo con masa de maíz, agua, piloncillo, canela y vainilla, que sigue siendo muy popular durante la Navidad.

De todos los regalos que el mundo recibió del Nuevo Mundo, quizá el chocolate sea el más dulce y más premiado por todo el mundo.

Monografía de radio
La banana, cultivo y aliments gracias intercambio columbian

Fuente: Esta monografía se informó de ≪History of Bananas≫, http://www.mindspring.com/~miessau/bananas/story.html y "Columbian Exchange", http://www.answers.com/topic/columbian-exchange

Listening Scripts for formal speaking

Question 1:

≪¡Vengan todos para celebrar el Cinco de Mayo en el restaurante México Lindo! Habrá música, baile y descuentos en comida típica de México. ¡Qué vengan todos!≫

Se puede oír este tipo de anuncio cada año por las fechas del Cinco de Mayo que en los Estados Unidos se ha convertido en una ocasión para festejar, celebrar y ofrecer rebajas en tiendas y restaurantes. En la actualidad, el Cinco de Mayo se celebra mucho más ahora en ciertas partes de los Estados Unidos que en el mismo México donde se originó para reconocer la victoria de los mexicanos sobre los franceses en la batalla de Puebla al comienzo de la ocupación francesa del siglo XIX.

El Cinco de Mayo, para muchos aquí en los Estados Unidos, se ha convertido en otra ocasión para tener una fiesta, pero para los hispanos de ascendencia mexicana es mucho más. Esta celebración para ellos ya no es para conmemorar una victoria mexicana de hace más de un siglo, sino para celebrar y mostrar su orgullo por sus raíces. Es el momento cada año para recordar quienes son, de donde son y de reconocer su cultura. En ciudades, y hasta pueblos pequeños, donde hay residentes de México o residentes mexicanos-americanos, hay fiestas, bailes, música y comida todos típicos de México que quizá varíen sólo por la región de donde son las personas que celebran.

Esta celebración también ha tenido un impacto en la población mayoritaria. En cualquier tienda se puede ver platos de papel, servilletas, carteles, comida, y bebidas a la venta para este día. Las tiendas ofrecen rebajas especiales y los restaurantes comida, música y bebidas mexicanas. Con el paso del tiempo esta celebración mexicana ha sido cogida por muchos en este país y se está haciendo parte de la cultura estadounidense celebrada por casi todos. Pero el Cinco de Mayo tiene en particular un significado muy especial para los mexicanos-americanos y los inmigrantes legales e ilegales de México, es una celebración de quienes son.

Question 2:
La leyenda de la flor de noche buena

Como ha ocurrido en muchos casos por la historia de la humanidad, se han creado muchas leyendas para tratar de explicar fenómenos naturales, desastres y hasta como ciertas cosas se crearon. Éste es el caso también con la flor de noche buena. La leyenda es así…

Érase una vez una familia de labradores. Había un padre, una madre y unos niños. Una de las niñas se llamaba María. El mes de diciembre había llegado y todo el pueblo estaba preparando para la celebración de la Navidad. Los hombres ayudaron a preparar la iglesia, los niños practicaban para cantar y las madres limpiaban y ayudaban en la iglesia. El sacerdote de la parroquia le había pedido a la madre de María que hiciese una manta nueva para la estatua del niño Jesús que ponían en el pesebre en la Noche Buena. Desgraciadamente la madre de María se cayó enferma antes de terminar la manta. María intentó terminarla pero acabó por destruirla. Avergonzada y sin un regalo para llevar al niño Jesús, María decidió no ir a la iglesia para celebrar la Noche Buena. Ella se escondía para ver la procesión cuando de repente una mujer apareció a su lado y hasta conocía su nombre. Esta mujer le animó a ir a la celebración. Cuando María protestó porque no tenía regalo para el niño Jesús, la mujer le señaló unas hierbas altas y verdes. Le dijo que las llevase como regalo. María recogió las hierbas, pero cuando volvió a hablar con la señora, ella ya no estaba. María entró en las iglesia silenciosamente, se acercó al pesebre, depositó las hierbas, y con los ojos cerrados empezó a rezar. De repente ella oyó a los otros en la iglesia que comenzaron a susurrar. Ella abrió sus ojos y vio que cada hierba estaba coronada de una flor roja en forma de una estrella. De hecho, al salir de la iglesia, todas las hierbas silvestres estaban coronadas de estrellas rojas. Y así es como llegó a existir la flor de noche buena.

Question 3:
Celebraciones de nuestras herencias

Hay una tradición muy larga de celebraciones de la herencia de nuestros antepasados. En muchas ciudades cada año hay desfiles y festivales que celebran la historia, lengua, tradiciones y comidas de casi todos los grupos étnicos que hay en los Estados Unidos. Cada año los irlandeses celebran el día de San Patricio, el 17 de marzo, con desfiles y fiestas. También en marzo muchas comunidades italianas celebran el día de San José, el 19 de marzo. El festival de Octubre se celebra en comunidades de herencia alemana y las comunidades chinas celebran su año nuevo que cambia de fecha cada año según su calendario. Las otras comunidades étnicas no se quedan atrás tampoco con festivales griegos, lituanos, japoneses, turcos, rusos, etcétera.

Entonces, ¿qué hay de esperar de los inmigrantes hispanos? Donde hay una concentración de inmigrantes hispanos también hay celebraciones de sus raíces. En la Florida donde hay muchos cubano-americanos hay festivales de la herencia cubana. Por ejemplo, en Cayo Hueso (Key West) llevan varios años celebrando la herencia cubana con un festival en junio. En mayo, en Nueva York, se celebra el Desfile de Orgullo Puertorriqueño donde se puede oír la gente gritar «viva Puerto Rico». En California y el suroeste se celebra cada mayo el Cinco de Mayo con motivo de celebrar la cultura mexicana. En algunas ciudades hay simplemente festivales hispanos que celebran todo lo hispano.

Como es fácil de ver, la tradición de celebrar nuestras raíces no es un fenómeno nuevo. Tampoco es algo que debilita la cultura estadounidense como algunos pensarían. Al contrario, mientras estos festivales, antiguos y nuevos, celebran nuestras raíces, también nos enriquecen. El festival de Octubre ya no se limita a personas de ascendencia alemana, tampoco se limita el Cinco de Mayo a los mexicanos ni el día de San Patricio a los irlandeses. Estas fiestas se han hecho parte de nuestra cultura en que todos podemos celebrar y compartir nuestras raíces.

Question 4:
La leyenda maya quiché de la creación

Cada civilización tiene sus propias leyendas para explicar fenómenos naturales, cosas, costumbres y hasta para engrandecer a líderes y héroes de la cultura. Como en todas las culturas había un deseo de explicar lo inexplicable, como la creación del hombre. Una leyenda que viene de la civilización maya tiene que ver con esto.

En la tradición judeocristiana que viene del Medio Oriente, se ve en *Génesis* la historia de la creación de Adán y Eva. Según la Sagrada Escritura, Adán fue creado por Dios del barro y Eva de una costilla de Adán.

En el caso de los mayas, su texto sagrado, el *Popol Vuh*, cuenta la historia de la creación del maya-quiché. Cuando los dioses decidieron crear al hombre trataron varias veces pero no tuvieron éxito. Una vez usaron el barro, como en la historia cristiana, pero los hombres de barro se disolvieron cuando llegaron las lluvias. Luego intentaron crear al hombre de la madera, pero estos hombres no tenían corazón y no podían hablar con los dioses. Entonces hicieron una inundación para borrarlos de la tierra. Por fin hicieron al hombre del maíz y así nació la raza maya.

Esta leyenda nos muestra la importancia que tiene el maíz para los mayas. El maíz para los mayas fue de suma importancia, un elemento sagrado. El hombre fue creado del maíz y vivió gracias a él. Sin el cultivo del maíz, el hombre no existiera. La importancia se podía ver en su sociedad también como era su producto más importante a que dedicaron mucho tiempo y desarrollaron maneras de cultivarlo.

Entonces, el maíz para el maya quiché fue su raíz y su sustento y sigue siéndolo hoy en día. Se puede ver fácilmente la importancia que tiene el maíz no sólo en la cultura maya sino en otras culturas de la América del Norte y Centroamérica.

Question 5:
El regalo de la yerba mate

Siendo una bebida muy importante para los guaraníes claro está que había un deseo de explicar el origen de algo tan premiado. En realidad existen dos leyendas que explican el origen de la hierba mate, una infusión, con propiedades medicinales, que se bebe en la América del Sur, sobre todo en la Argentina y en el Paraguay.

La primera de estas leyendas cuenta que la yerba mate tiene sus orígenes en los bosques del Paraguay. La leyenda cuenta que los ascendientes de los guaraníes habían cruzado un gran océano para llegar a los que llamamos hoy las Américas. Con el paso del tiempo la tribu se dividió en dos bandas, los guaraníes y lo tupíes según el nombre del hermano que era su líder. Los tupíes rechazaron sus prácticas agrícolas a favor de una vida nómada mientras los guaraníes continuaron con su vida agrícola cultivando la tierra y haciéndose artesanos. Los guaraníes esperaban la llegada de su dios, Pa'i Shume. Cuando éste llegó, estaba muy contento con la vida que llevaban los guaraníes y les enseñó ciertas prácticas agrícolas. También les dio a conocer los secretos benéficos de las plantas. El secreto más importante que compartió con ellos fue como recoger y preparar las hojas del árbol mati.

Otra leyenda que se cuenta sobre los orígenes de la yerba mate tiene que ver con dos diosas, Así (la Luna) y su amiga Aria (la Nube) que bajaron a la tierra en forma humana. Mientras caminaban un jaguar las vio y se preparaba para atacarlas. Un indio viejo vio lo que iba a pasar y mató al animal. El viejo entonces las llevó a su humilde casa donde su mujer les preparó algo para comer de lo poco que tenían. Al volver al cielo, las diosas quisieron recompensar el acto del indio. Una noche, mientras dormía la familia del indio, las diosas hicieron que lloviera semillas que se brotaron en árboles pequeños de hojas verdes. El próximo día Así apareció al indio y le dijo que en recompensa por su acto le regalaba una nueva planta, la yerba mate.

Estas dos leyendas, aunque muy diferentes, muestran la importancia que tenía y sigue teniendo la yerba mate para los habitantes del Paraguay y la Argentina.

Question 6:
Joan Miró, un mundo de fantasía

Joan Miró i Ferrà nació el 20 de abril de 1893 en Barcelona, España. Miró estudió el arte en la Escuela de Bellas Artes de Barcelona y también en la Academia Galí. Miró se expresó por medio de pinturas, esculturas y cerámicas. Sus primeras obras muestran la influencia de los colores brillantes y formas simples y expresivas del fauvismo, el cubismo y el arte folklórico catalán que consistía en sólo dos dimensiones, y hasta el arte románico español.

En 1920 Miró se fue a París donde se había establecido una comunidad de artistas en el barrio Montpamasse en París. Allí fue influenciado por los poetas, escritores y artistas surrealistas y dadaístas. A diferencia de otros, Joan Miró nunca se hizo socio de ninguno de los movimientos artísticos de la época, lo cual le dejó más libre para explorar y desarrollar su forma distinta de arte.

Comparado con el otro gran artista surrealista español, Salvador Dalí, se puede describir el mundo artístico de Miró como un mundo de fantasía. Mientras el surrealismo expresado por Dalí fue de una realidad deformada donde se pueden reconocer las figuras, en el surrealismo desarrollado por Miró vemos un mundo puramente fantástico con formas orgánicas, líneas agudas, figuras geométricas y colores brillantes, sobre todo azul, rojo, amarrillo, verde, y negro. Una de sus obras más famosas, "Carnaval del Arlequín" es una colección de líneas onduladas, líneas rectas, esferas y lo que parece ser unos animalitos raros en el primer plano. Hay también una figura que parece ser dibujo de niño con un cuerpo triángulo y una cabeza redonda y grande. En otra, «Paisaje Catalán» se ve una tierra surrealista de color anaranjado con un cielo amarillo. El sol es como un ojo de que salen tres rayos y hay líneas rectas y onduladas con esferas y figuras cónicas.

André Breton, el fundador del movimiento surrealista, dijo que Miró era ≪el más surrealista de todos nosotros.≫

Juan Miró murió el 25 de diciembre de 1983 en la isla de Mallorca, España.

Question 7:
Simón Bolívar, un sueño sin realizar

Simón José Antonio de la Santísima Trinidad Bolívar nació el 24 de julio, 1783 en Caracas. Su familia era una familia aristócrata pero, como Simón nació en Caracas, en el Nuevo Mundo, fue considerado criollo y aunque era aristócrata por nacimiento, bajo la ley española de entonces, no gozaba de los mismos derechos de los que nacieron en la península, como sus padres. Algunos creen que este hecho puede haber creado en él el deseo de ver su país natal libre. Cuando tenía 9 años sus padres murieron y Simón fue a vivir con un tío, quien le mandó a estudiar en España cuando tenía 15 años. En 1807 Bolívar volvió a Caracas.

Inspirado por los ideales republicanos de las revoluciones francesa y americana y de sus estudios del Siglo de las Luces, Simón Bolívar se juntó con la Junta de Caracas para luchar por la independencia de Venezuela. Bolívar continuó a luchar con la ayuda de sus compatriotas de Nueva Granada, lo que hoy es Colombia. Luego él consiguió la ayuda del presidente de Haití también. Después de conseguir la libertad de Venezuela, Bolívar continuó a luchar para liberar a Ecuador, Perú y Bolivia.

El gran sueño de Bolívar era de establecer una república como habían hecho las antiguas colonias británicas en la América del Norte. En 1819 Bolívar creó la República de Gran Colombia que consistía en los países actuales de Venezuela, Colombia, Panamá y Ecuador y sirvió como su primer presidente. Desgraciadamente su sueño nunca se realizó por completo. En el año 1827, gracias a rivalidades entre generales de la revolución, estallaron varias guerras civiles y se disolvió la República de Gran Colombia. Simón Bolívar murió el 17 de diciembre, 1830 enfermó con tuberculosis y desilusionado al ver su sueño de unidad sudamericana destruido.

Simón Bolívar es venerado como uno de los grandes libertadores de la América del Sur como los norteamericanos veneran a su Jorge Washington. Hasta uno de los países que liberó, Bolivia, lleva su nombre en memoria de sus hazañas.

Question 8:
Dos caballos famosos de la literatura española: Babieca y Rocinante

En la vida real, la leyenda y la literatura ha habido caballos muy importantes y legendarios. Dos de la literatura española son Babieca y Rocinante.

Babieca era el caballo de Rodrigo Díaz de Vivar, conocido por su apodo árabe <<el Cid>> que quiere decir ≪el Señor≫. Siendo caballero y guerrero ilustre de la reconquista española, el Cid y su caballo, que existían en la realidad, a través de la historia llegaron a ser legendarios y casi mitológicos. *El Poema del Mío* Cid fue escrito en 1207 ó 1307 de historias que circulaban sobre el Cid, quien murió en Valencia en 1099. Por su fama legendaria y su importancia histórica, el Cid y todo lo que tenía que ver con él, se convirtió en cosas mitológicas: su persona (el Cid), su espada (el tizón), y su caballo (Babieca). Según la leyenda, el Cid fue herido gravemente en Valencia pero en la última batalla por la ciudad sus soldados ataron su cuerpo a Babieca y el tizón, su espada, en su mano y los pusieron enfrente de sus tropas al salir de la ciudad. Los enemigos, pensando que se había vuelto de la muerte, corrieron en retirada. Tan unidos en vida fueron que el Cid quiso que Babieca fuera enterrado con él y su mujer, Ximena, unidos en la muerte como en la vida. Actualmente se puede ver las tumbas del Cid, Ximena y Babieca en la catedral de Burgos, España.

Otro caballo famosísimo en la literatura española es el leal compañero de Don Quijote de la Mancha en la novela *El ingenioso hidalgo Don Quijote de la Mancha*, escrita por Miguel de Cervantes Saavedra. La novela, una obra de ficción, cuenta la historia de Alonso Quijano, un hombre que leía tantos libros de caballería que se acabó por pensar que podría llevar la vida de un caballero andante ayudando a los menos afortunados, luchando por la justicia y protegiendo a las damas en peligro. Como en todos los libros de caballería que él había leído, él necesitaba ciertas cosas entre las cuales figuraba un caballo. Alonso tenía un caballo algo viejo y débil, lo que se llamaría «rocín», que quiere decir «caballo de mala traza, basto y de poca alzada o caballo de trabajo, a distinción del de regalo» (*Diccionario del Real Academia de la Lengua Española*, http://buscon.rae.es/dreal). A este caballo después de mucho pensar le puso el nombre «Rocinante»: «... y así, después de muchos nombres que formó, borró y quitó, añadió, deshizo y tornó a hacer en su memoria e imaginación, al fin le vino a llamar Rocinante, nombre a su parecer alto, sonoro y significativo de lo que había más cuando fue rocín, antes de lo que ahora era, que era antes y primero de todos los rocines del mundo. » (http://www.elmundo.es/quijote/capitulo.html?cual-l) Así es como le nombró a su caballo antes de que se pusiera un nombre a sí mismo.

Un caballo real e histórico convertido en leyenda es Babieca del Cid. Otro caballo, pero de la ficción, es Rocinante de Don Quijote de la Mancha, pero ambos muestran la importancia simbólica y práctica del caballo para su caballero. Dos caballos héroes de la literatura española.

Question 9:
El flamenco, un mestizaje cultural.

Una expresión artística española reconocida por todo el mundo es el flamenco. Cuando se dice «flamenco» no sólo se habla de un baile sino también de la música instrumental y vocal que lo acompaña. También se puede bailarlo sin música; se puede tocarlo sin baile; se puede cantarlo sin instrumentos o con ellos.

El flamenco originó entre los gitanos españoles que llegaron al sur de España, a la provincia de Andalucía en el siglo XV de la era común. Los gitanos se vieron obligados a mudarse de la India a Egipto, luego a Checoslovaquia y la región de los Balcanes, y por fin se dispersaron a otros países incluso España. El hecho de haber pasado por muchos países y culturas impactó el desarrollo del flamenco gitano. Como nos dice Daniel Muñoz en su artículo «Historia del flamenco,» «La tradición nómada les lleva a ser una cultura acostumbrada a tomar prestada las formas musicales de allí donde llegaran para reinterpretarlas a su manera.» De haber pasado por tantos lugares estaban en contacto con varias culturas como la india, la árabe, y la cristiana del este de Europa. Al llegar a Andalucía los gitanos conocieron la cultura, la música y el baile árabe del norte de África y los cantos judíos. Andalucía permanecía bajo el control árabe por un período de tiempo más largo y gracias a la convivencia cuando árabes, cristianos y judíos vivían en paz compartieron sus tradiciones y costumbres. Los gitanos aportaron nuevos elementos con ellos con el resultado de la creación del flamenco.

Como pasa muchas veces, lo de la cultura minoritaria muchas veces es adoptado por la cultura mayoritaria; éste ha sido el caso con el flamenco. Por casi toda España se puede ver espectáculos flamencos, o sea tablao flamenco. El flamenco formaba parte importante de unas colaboraciones que hicieron Carlos Saura, un director de cine español, y Antonio Gadés, quien fue el primer bailarín flamenco español contemporáneo, en que usaron el flamenco para contar la historia en las películas «Bodas de Sangre», «Carmen» y «El amor brujo». También hay guitarristas de renombre mundial que han llevado el flamenco a todo el mundo como Paco de Lucía y hasta existe un rock flamenco del grupo «Azúcar Moreno».

Como se puede ver, el flamenco nació de la interacción de muchas culturas y sigue vivo adoptándose y cambiándose según los gustos no soló de los gitanos sino de todos que gozan de él.

Question 10:
La banana, cultivo y alimento gracias al intercambio colombino

Mientras el encuentro entre el viejo mundo y el nuevo produjo un choque a veces violento y desastroso para los indígenas, también enriqueció en ciertas maneras a los dos, sobre todo en la agricultura. Del Nuevo Mundo los conquistadores llevaron a Europa el aguacate, el chicle, el algodón, el tomate, la papa, el maíz, el chocolate y muchos otros productos. Los europeos también llevaron cultivos nuevos al Nuevo Mundo y eso también ha tenido un impacto grande en la cocina latinoamericana y en su economía. Tales products son las naranjas, el café, la caña de azúcar, el trigo, la lechuga y la banana. Muchos de estos productos no sólo entraron en la dieta latinoamericana sino que también crearon industrias importantes en muchos países: el café colombiano, el azúcar cubano y puertorriqueño, las naranjas de la Florida y California, y también las bananas de Centroamérica y del Ecuador.

Según lo que se ha podido deducir, la banana tiene su origen en Asia, quizáen la India o en la Corea. Gracias al comercio entre Europa y Asia el cultivo de la banana se extendió. En el siglo XVI exploradores españoles llevaron plantas para cultivar en el Nuevo Mundo en áreas que tenían las mismas características climáticas que en sus países de origen. Los españoles establecieron plantaciones para la crianza de la banana. Después de la independencia, muchos países de Centroamérica se encontraron con la banana como su producto principal. En el siglo XIX y XX compañías norteamericanas comenzaron a controlar estas plantaciones, como la United Fruit Company. Desgraciadamente estas compañías continuaron la el sistema de la plantación y a muchos países los llamaron Repúblicas Bananas. Ese control extranjero sería condenado más tarde por, entre otros, el poeta chileno Pablo Neruda.

A pesar de su historia complicada y triste, la banana ha contribuido y sigue contribuyendo a la cocina y a la economía de muchos países. Sólo hace falta ver el menú de un restaurante como La Carreta en Miami, la Florida para ver diferentes maneras en que se sirve. Existen platos típicos como plátanos fritos del Caribe, estofado o Cocido de lentejuelas y plátanos de Centroamérica y Rondón de Costa Rica. En muchos platos el plátano o la banana sirve en vez de una papa.

Es fácil ver que mientras el encuentro fue una época triste que vivo la humanidad, también enriqueció nuestras culturas con la adición de comidas y conocimientos diferentes.

FORMAL SPEAKING RUBRIC: BASED ON THE DRAFT RUBRIC FROM HTTP://APCENTRAL.COLLEGEBOARD.COM

	Description	Task Completion	Topic Development	Language Use
5 High	• excellent presentational speaking*	• complete, all points covered • cites both sources • sources well used • task completed appropriately	• relevant • complete and well organized • correct or mostly correct information • compares and contrasts information, not just a summary • accurate social and cultural references	• few errors • no pattern of errors • rich vocabulary • excellent pronunciation • appropriate register for the presentation • highly fluent
4 mid-range	• presentation demonstrates command of the language in presentational speaking*	• cites both sources • includes information from both sources • task completed appropriately	• relevant • well developed • good organization and cohesive • compares and contrasts rather than quotes • social and cultural references generally correct	• complex structures used but contain more than a few errors • vocabulary well used • very fluent • very good pronunciation • register is correct for type of presentation
3 mid-range	• presentation is competent in presentational speaking*	• cites and includes at least one source with only a mention of the other • completes task appropriately	• answer is developed in a relevant way • organized and flows adequately • tends to summarize or quote sources rather than compare and contrast information • social and cultural references are more or less appropriate to the task	• simple structures are handled well but not complex ones • good use of vocabulary with some interference from first language • good pronunciation • register generally correct for type of presentation

Continued

FORMAL SPEAKING RUBRIC: BASED ON THE DRAFT RUBRIC FROM HTTP://APCENTRAL.COLLEGEBOARD.COM—cont'd

	Description	Task Completion	Topic Development	Language Use
2 mid-low	• presentation is barely competent in presentational speaking*	• only one of the sources is used in the presentation • the subject and task are only completed in part	• presentation of the topic might be irrelevant • organization is inadequate in part • information from the sources is limited or incorrect • comparison and contrasting of ideas is limited • social and cultural references may be inaccurate to task	• simple structures are not handled well • limited vocabulary • not fluent, choppy • pronunciation may cause problems with comprehension of the message • register is not totally appropriate
1 low	• presentation is not competent in presentational speaking*	• only one of the sources is used, and poorly, in the presentation • the task is not completed	• presentation of the topic is irrelevant • presentation is disorganized • information from the sources is limited and mostly incorrect • comparison and contrasting of ideas may be non-existent • social and cultural references are inaccurate to the task	• numerous errors in grammatical structures • very limited vocabulary • frequent interference from first language • barely fluent • pronunciation causes problems with comprehension of the message • register is not appropriate to task
0	• a zero may be given to a task when the students has failed to speak, the response is totally off task or irrelevant, the student's response is in a language other than Spanish or the student just restates the topic and source information	* Presentational speaking is when you prepare an oral report, speech or presentation in which you cite information from various sources synthesizing them for the report. This is usually formal and is meant to inform.		

STEP 5

Build Your Test-Taking Confidence

AP Spanish Language Practice Exam 1
AP Spanish Language Practice Exam 2

AP Spanish Language Practice Exam 1

- Take this examination, following all instructions carefully.
- For the listening comprehension and the directed-response questions, you will need a parent, friend, teacher, or tutor to read to you.
- Write your answer on scrap paper to do this examination so that later, if you wish, you can retest yourself to check your progress.
- Remember to use the strategies presented in Step 3 when taking the examination.
- Correct your work using the keys provided at the end of the test along with the listening and speaking scripts.
- When you have corrected the exam, you might want to look up any words you did not know to add to your personal vocabulary list.
- Keep track of the type of question(s) that you are missing and focus your review on practicing more of these types.

¡Buena suerte!

SECTION I
LISTENING COMPREHENSION AND READING

For this section of the practice examination, you are given a total of 35 minutes (30 minutes for listening and 5 minutes for reading). Section I counts for 50 percent of your grade (20 percent for listening and 30 percent for reading).

Section I, Part A
Listening Comprehension

In this part of the examination, you will hear a short dialogue, a short narrative, and then a longer dialogue and a longer narrative each lasting about 5 minutes. You will be asked questions about each listening passage. For the short dialogue and the short narrative, the questions will be read to you, but they will not appear in your test booklet. You will see only the answer choices for each question. For the longer dialogue and longer narrative, both the questions and the answer choices will be printed in your test booklet. The total time allowed for this part of the examination is 30 to 35 minutes. Listening comprehension will count for 20 percent of your total grade.

For this part of the examination practice, you will need to have a friend, parent, teacher, or tutor read each passage to you once and each question once. Scripts for the passages and questions can be found on pages 224 to 225. Mark your answers by circling the letter of your choice.

- In the moments before the speaker starts, try to glance at the possible *answers* for the short dialogue or short narrative to get an idea of what you should listen for.
- While the narrator is speaking, give your full attention to what is being said.
- Listen carefully as the narrator reads the *questions* about the short dialogue and short narrative; remember that the *questions* for these are not printed in your test booklet. (The questions for the longer dialogue and longer narrative are, however, printed in your booklet.)
- As with any multiple-choice test, if the answer does not come to you, try to eliminate some of the others as wrong. This increases your chances of choosing the right answer.
- Remember that on Section I you should not make random guesses. If you have no idea, leave the question blank. An additional 33 percent is taken off for incorrect answers as a correction for guessing.

- Once you have completed the practice exam, you may wish to read over the scripts and make a list of words that you did not know. Look these up, make flash cards for them, and review them during the months leading up to the examination.
- You may wish to use scrap paper; that way, you can later come back to this test and do it again to check your progress.
- If you have a particularly difficult time with this part of the exam, you should be sure to practice Chapter 5 very carefully, taking notes from the scripts after each practice.

Section I, Part A
Short Dialogue

1. (A) contentos
   (B) furiosos
   (C) indiferentes
   (D) nerviosos

2. (A) Tuvo un accidente.
   (B) Tuvo una enfermedad.
   (C) Fue de viaje.
   (D) Faltó sin permiso a las clases.

3. (A) Tuvo la gripe.
   (B) Tuvo la influenza.
   (C) No saben.
   (D) Tuvo una infección.

4. (A) Le dieron antibióticos.
   (B) Le dieron un jarabe.
   (C) Le dieron dinero.
   (D) Le recomendaron que descansara.

5. (A) no estar con sus amigos
   (B) su tarea
   (C) ponerse enferma otra vez
   (D) tener problemas en su próximo viaje

6. (A) ayudarle
   (B) llevarla al hospital
   (C) comprarle el almuerzo
   (D) devolver sus libros a la biblioteca

Section I, Part A
Short Narrative

1. (A) una guerra civil
   (B) la muerte de un líder demócrata
   (C) la muerte de Carerro Blanco
   (D) la muerte del último dictador fascista

2. (A) Fue matado por terroristas.
   (B) Fue el hijo del último rey español.
   (C) Fue republicano.
   (D) Fue héroe de la Segunda Guerra Mundial.

3. (A) Sirvió en las fuerzas áreas.
   (B) Estudió en el extranjero.
   (C) Estudió bajo Franco directamente.
   (D) Se quedó en España para estudiar.

4. (A) Siguió el camino de Franco.
   (B) Rehusó ser rey a favor de su padre Juan de Borbón.
   (C) Se hizo monarca absoluto.
   (D) Emprendió el camino a la democracia.

5. (A) Apoyó la constitución.
   (B) Apoyó la rebelión.
   (C) Abdicó.
   (D) Salió al extranjero.

6. (A) Ha nombrado a Felipe González primer ministro.
   (B) Apoya a las fuerzas armadas.
   (C) Apoya a la Guardia Civil.
   (D) Le da a su hijo las mismas experiencias que él mismo tuvo.

Section I, Part A
Longer Dialogue

In this next section, you will hear a longer dialogue that will be about 5 minutes in length. In the space below, you may take notes in English or Spanish; these will not be graded. Take two minutes to read over the questions and answers.

Notes on Longer Dialogue:

Longer Dialogue

1. Marcos quiere que el club de español…
   (A) no haga nada diferente este año.
   (B) celebre una fiesta mexicana.
   (C) celebre una fiesta española.
   (D) celebre en Puebla, México este año.

2. El Cinco de Mayo recuerda…
   (A) la victoria mexicana sobre los tejanos en el Álamo.
   (B) la independencia mexicana de España.
   (C) la victoria de Cortés en contra de Moctezuma.
   (D) la victoria mexicana en contra de los franceses.

3. En los Estados Unidos esta celebración…
   (A) recuerda la victoria en Puebla.
   (B) no se celebra tanto como en México.
   (C) se ha convertido en una celebración de la herencia mexicana.
   (D) es una celebración de poca importancia para los mexico-americanos.

4. Va a ser difícil convencer…
   (A) a Elena.
   (B) al señor Santana.
   (C) a la señorita Morales.
   (D) al señor Díaz.

5. La actividad del club de español será…
   (A) mostrar proyectos estudiantiles sobre la cultura mexicana.
   (B) servir comida mexicana en la cafetería.
   (C) hacer anuncios cada día sobre España en el Nuevo Mundo.
   (D) tocar música latina en la cafetería.

6. Ese día, ellos piensan tener…
   (A) bailes y música.
   (B) bailes, comidas, cuentos y música.
   (C) comidas y bailes.
   (D) cuentos y música.

Section I, Part A
Longer Narrative

In this next section, you will hear a longer narrative that will be about 5 minutes in length. In the space below, you may take notes in English or Spanish; these will not be graded. Take two minutes to read over the questions and answers.

Notes on Longer Narrative:

Longer Narrative

1. Las leyendas...
   (A) pasaban de boca en boca.
   (B) eran escritas.
   (C) sólo son fantásticas.
   (D) sólo se tratan de hechos reales.

2. Una cosa curiosa es que las leyendas...
   (A) llegaron a nuestros días.
   (B) explican fenómenos naturales.
   (C) de diferentes culturas son diferentes.
   (D) de distintas culturas lejanas son a veces semejantes.

3. Para los mayas, los dioses hicieron al hombre...
   (A) de maíz.
   (B) de la tierra.
   (C) de lodo.
   (D) de piedra.

4. En el *Popol Vuh*, y en la *Biblia*, hay una historia sobre...
   (A) un fuego.
   (B) la destrucción de la tierra.
   (C) una inundación.
   (D) la creación de la mujer.

5. Un cuento parecido a la historia de Jesús se encuentra en las leyendas...
   (A) mayas.
   (B) aztecas.
   (C) incaicas.
   (D) quechuas.

6. La leyenda del quetzal explica...
   (A) una hierba.
   (B) una conquista.
   (C) la creación del hombre.
   (D) el color de un pájaro.

7. Como regalo por salvarles la vida a unas diosas, el cazador y sus descendientes...
   (A) se libraron de una bestia feroz.
   (B) recibieron un pájaro bonito.
   (C) recibieron una hierba.
   (D) recibieron unas mujeres.

8. El valor de las leyendas es que...
   (A) nos explican fenómenos naturales.
   (B) nos enseñan algo sobre nuestros antepasados.
   (C) nos explican cómo será el futuro.
   (D) nos entretienen sin otro valor.

Section I, Part B
Reading Comprehension

In this section of the test you will need to read some passages and answer some multiple-choice questions about their content. Give yourself 6 minutes to do this reading. If you finish before the 6 minutes is up, you may go back and look over your work in part A.

- Set a timer for 6 minutes.
- Look at the questions first.
- Read through once and underline or star with your pen or pencil where you think the answers are found.
- Reread the questions.
- Reread the passage and answer the questions.

Paquito D'Rivera presenta en el festival Swing 'n Jazz de Rochester

Por Horacio Martínez, Prensa ConXion, May, 2007, el periodico bilingüe mensual de The Rochester Democrat and Chronicle, Rochester New York, Used with permission.

El músico cubano Paquito D'Rivera, quien es mejor conocido por sus diversos talentos musicales incluyendo el saxofón y el clarinete, participará en el Hochstein School of Music a las 7:30 p.m. el sábado 2 de junio. El evento forma parte del décimo festival anual Swing 'n Jazz, patrocinado por The Comission Project, una organización no lucrativa dedicada a las artes.

El festival, el cual se realizará del 1 al 3 de junio, incluirá conciertos y clínicas gratis de jazz, incluyendo un taller de dos horas impartido por D'Rivera y el trompetista Marvin Stamm de las 9 a las 11 de la mañana el domingo 2 de junio en la escuela School of the Arts, 45 Prince St.

≪Cada año a través del Commission Project traemos alrededor de 30 músicos profesionales al salón de clases, para darles a los estudiantes experiencias reales≫, mencionó Alan Tirré, coordinador de instrucción de las artes en SOTA (por sus siglas en Inglés School of The Arts). ≪Es una oportunidad para los músicos para dar algo a cambio, y para que los estudiantes se conecten con inspiraciones reales≫. Las clínicas son gratis y abiertas al público, mencionó Tirré.

D'Rivera, quien fue representado por José Zuñiga en la película *For Love or Country: The Arturo Sandoval Story*, no es un desconocido en el área de Rochester. Él menciona que es gracias a los esfuerzos del educador y fundador del Commission Project Ned Corman, de ≪desarrollar las artes y a aquellos que quieran participar≫.

≪Ned es una de las personas más positivas que conozco≫, mencionó D'Rivera, su entusiasmo es contagioso... esa parece ser su misión más importante. Me gusta asociarme con gente como Ned.

En 1973, D'Rivera se convirtió en un miembro fundador del grupo Cubano Irakere, grupo percusionista ganador de un Grammy. Otros miembros son el pianista Chucho Valdés y el trompetista Arturo Sandoval.

D'Rivera ha ganado numerosos Grammys entre otros premios. En 2005, recibió el premio National Medal for the Arts, presentado en la Casa Blanca por el presidente George Bush. En marzo, fue honrado con el premio Living Jazz Legend.

Para más información acerca del festival Swing 'n Jazz de Rochester y para el horario de eventos, visita la página de Internet del Commission Project tcp-music.org.

1. ¿Qué anuncia este artículo?
   (A) un músico cubano presentará en un festival de música.
   (B) un músico cubano dará talleres en un colegio de las artes.
   (C) un músico cubano presentará en un festival de música y dará talleres a estudiantes secundarios.
   (D) un músico cubano rodara una película en Rochester.

2. Este festival celebra_____años este año.
   (A) 25
   (B) 5
   (C) 20
   (D) 10

3. Durante el festival, habrá…
   (A) clínicas a coste bajo.
   (B) clínicas subvencionadas por Paquito D'Rivera.
   (C) clínicas subvencionadas por una organización lucrativa.
   (D) clínicas subvencionadas por una organización que no gana ningún dinero de ellas.

4. Lo bueno de ≪The Comission Project≫ es que cada año pone a la disposición de las comunidades…
   (A) músicos profesionales para darles talleres a estudiantes de secundaria.
   (B) músicos profesionales para darles a comunidades conciertos gratis.
   (C) músicos profesionales para darles a comunidades clínicas de jazz a buen precio.
   (D) músicos profesionales para darles a comunidades acceso a músicos con quienes comunidades puedan conectarse.

5. Paquito D'Rivera…
   (A) ya ha participado varias veces en el festival.
   (B) enseñará a jóvenes músicos durante el festival.
   (C) es el organizador del festival este año.
   (D) ya es conocido por su actuación en la película sobre Arturo Sandoval.

6. Según D'Rivera, lo mejor de ≪The Comission Project≫ es de…
   (A) patrocinar festivales en comunidades como Rochester.
   (B) educar a las personas sobre las artes.
   (C) adelantar las artes y a las personas que participan en ellas.
   (D) ser gratis a las comunidades en que participa.

7. Podemos decir de la vida profesional de Paquito D'Rivera que…
   (A) ha sido muy exitosa.
   (B) sólo ha comenzado.
   (C) no ha sido tan reconocida.
   (D) es conocida por su papel en la fundación de ≪The Comission Project.≫

SECTION II
FREE RESPONSE
EXPRESSION AND SPEAKING

You are given approximately a total of 1 hour and 30 minutes to do Section II of the examination (7 minutes for the Paragraph Completion with Root Words, 8 minutes for the Paragraph Completion without Root Words, 10 minutes for the Informal Writing, approximately 55 minutes for the Formal Writing, approximately 10 minutes for the Informal Speaking— Simulated Conversation, and finally approximately 10 minutes for the Formal Oral Presentation).

Section II, Part A
Written Expression: Paragraph Completion with Root Words

In this part of the examination, you will need to read a paragraph in which various words have been omitted. For each blank, there is a word given (noun, verb, adjective, adverb, and so on).

You need to fill in the blank with the correct form of the given word. In some cases no change will be needed. If that is the case, be sure to still rewrite the word on the line. You are given 7 minutes for this section. If you finish early, go to the next section.

- Read the entire selection first *before* you try to fill in the blanks.
- Look to see what tense the passage is narrated in (present, past, future, and so on).
- When dealing with adjectives, is the modified noun masculine, feminine, singular or plural? If you do not know, look for words before or after that might give you a clue.
- Only capitalize the first letter of a word if it starts a sentence.
- Never write all in capital letters, you will be given no credit.
- Even if no change is needed, be sure to rewrite the word on the blank. (Do not just write "same" or "lo mismo".)

¡Esfuérzate para conseguir becas!

Puedes pagar por tu educación superior si dedicas tiempo y esfuerzo a buscar ayuda por María Neels, "The Next Step Magazine, latino edition 2007", Next Step Publishing, Inc., Victor, New York. Used with permission.

Nunca dudaba que yo iría a una institución de educación superior, pero siempre existía la pregunta tácita de cómo nos arreglaríamos para pagarla.

Cuando la familia de mi padre (1) a este país, ya hace tres generaciones, mi bisabuelo sólo había (2) al tercer grado. Trabajó muy duro para tener éxito, pero por lo general trabajaba hasta tarde en empleos muy exigentes (3). Su mayor deseo era que sus hijos al menos (4) completar la etapa de la educación superior, porque creía que la educación era la clave para una vida mejor.

Entonces, mi abuela y sus cuatro hermanos se esforzaron por (5) la educación superior y luego también lucharon por obtener sus maestrías. Mi padre y sus tres hermanos también (6) títulos (7). Pero cuando me llegó el momento de pensar en la vida después de la escuela secundaria, sabía que la educación superior no era (8) opción.

Durante la secundaria, mi familia tenía muy poco dinero. Mi padre era un empresario y yo era la menor de ocho hermanos. Si bien nos sentíamos bendecidos por tener una familia maravillosa y por poder (9) con las cosas que realmente necesitábamos, como comida y una casa, teníamos muy poco dinero para extras.

Trabajé cerca de 30 horas por semana y sabía que (10) mejor manera de llegar a la educación superior sin acumular deudas enormes era obtener buenas calificaciones, participar y solicitar becas.

Me (11) muy activa durante la secundaria y tomé muchos roles de liderazgo. También practicaba tres deportes, lo que me ayudaba a equilibrar todo lo demás.

Cuando (12) el momento de mi último año, tuve que tomar una decisión muy difícil. Se aproximaba la temporada de básquet y era mi último año. Sin embargo, si bien sabía que no podría acceder a una institución muy buena por medio del básquet, creía que sí podría lograr (13) con mis calificaciones y mi participación. Entonces tomé (14) decisión de dejar el básquet justo cuando descubrí que (15) llegado a mi último año. Fue muy difícil en ese momento, pero sentí que me ayudó para enviar (16) solicitudes para acceder a la educación superior y para las becas, y también para resolver de qué manera financiaría mi educación.

1._____(venir)

2._____(llegar)

3._____(físico)

4._____(poder)

5._____(alcanzar)

6._____(obtener)

7._____(avanzar)

8._____(uno)

9._____(contar)

10._____(el)

11._____(volver)

12._____(llegar)

13._____(lo)

14._____(el)

15._____(haber)

16._____(el)

Section II, Part A
Written Expression: Paragraph Completion without Root Words

In this part of the examination, you will need to read a paragraph in which various words have been omitted. For each blank, write an appropriate word to complete the passage correctly, logically and grammatically. The word may be a function word, preposition, helping verb, present perfect, conjunction, demonstrative pronoun, part of a set expression, article, relative pronoun, etcetera. Only ONE word in Spanish should be inserted. You must spell and accent the word correctly. You are given 8 minutes for this section. If you finish early, go to the next section.

- Read the entire selection first *before* you try to fill in the blanks.
- Look to see what tense the passage is narrated in (present, past, future, and so on).
- When dealing with adjectives, is the modified noun masculine, feminine, singular or plural? If you do not know, look for words before or after that might give you a clue.

- Only capitalize the first letter of a word if it starts a sentence.
- Never write all in capital letters, you will be given no credit.

≪Lucha por tu educación; Concéntrate y lograrás cumplir tus metas≫, por Juan Díaz, The Next Step Magazine latino edition 2007, Next Step Publishing, Inc., Victor, New York. Used with permission.

Estoy viviendo mi sueño. Pude acceder a la educación superior y también puedes hacerlo tú. Los estudiantes de secundaria se enfrentan (1) muchos desafíos al considerar la educación superior. En la actualidad, "llegar al nivel deseado" puede resultar (2) desalentador como intentar reunir todo el dinero necesario para ir a la universidad. Tan sólo para comprar los libros debes romper la chanchita. Yo lo sé bien. Vengo de una familia de muy bajos recurso. Mis padres, (3) de México, tienen que mantenerme a (4) y a José, mi hermano menor.

Si bien mis padres iban a tomar trabajos extras, sentía que iba a ser imposible para ellos solventar el valor de una carrera de cuatro años. Por lo (5), decidí empezar a buscar de inmediato becas y subvenciones disponibles. (6) más importante fue que decidí esforzarme sobre lo (7) podía controlar: mis calificaciones. Aunque no sabía exactamente qué carrera seguir, esperaba que la educación me permitiera hacer grandes contribuciones a la sociedad y enorgullecer a papá y mamá. Nadie en mi familia (8) llegado nunca a la etapa de la educación superior.

Mantuve un promedio general (GPA) de 3,8 en la secundaria. Además, gané un concurso de ensayos y me ofrecieron una subvención para minorías al presentar las solicitudes. Sin (9), eso equivalía a sólo un año de instrucción. De todas (10), estaba sorprendido de ver como mis esfuerzos iban a darme resultados.

Pero la historia continúa…

Cuando tenía 5 años de (11), mi familia se trasladó de una villa rural en México a Houston, Texas. Mi padre siempre quiso ser boxeador profesional, y para iniciarme en el deporte, me llevó al Willie Savannah's Boxing Club. Pasé la mayor (12) de mi niñez y adolescencia formándome en la escuela y en el gimnasio. Fue una bendición que Savannah me tomara bajo sus alas. Se convirtió (13) un segundo padre para mí, un mentor. La pasión natural y el instinto que tenía (14) el deporte no sólo llenaron de felicidad a Savannah y a mi padre, (15) que además me permitieron aprender lecciones de vida muy valiosas. El amor y el apoyo (16) siempre tuve a mi alrededor me ayudaron (17) aprender la importancia de la esperanza, el respeto y el esfuerzo. Éstas son las cualidades que representa mi apodo "Baby Bull".

En el año 2000, durante mi último año de escuela secundaria, me convertí en boxeador profesional y los ingresos que empecé a tener rápidamente me descalificaron (18) cualquier tipo de asistencia financiera. Afortunadamente, planifiqué y me organicé. La combinación de subvenciones, becas (19) ingresos me permitió acceder a la educación superior.

Hoy estoy en mi (20) año de esta nueva etapa y soy Campeón Mundial de Peso Liviano de la WBA (Asociación Mundial de Boxeo).

Aliento a los estudiantes de escuela secundaria para (21) no pierdan las esperanzas. Si yo pude hacerlo, tú (22) puedes.

Planifica y persevera… (23) la pena.

1. _____   13. _____
2. _____   14. _____
3. _____   15. _____
4. _____   16. _____
5. _____   17. _____
6. _____   18. _____
7. _____   19. _____
8. _____   20. _____
9. _____   21. _____
10. _____   22. _____
11. _____   23. _____
12. _____

Section II, Part A
Written Expression: Informal Writing

In this part of the examination, you will need to write an e-mail message, a letter, a journal entry, or a postcard. You are given 10 minutes to read the prompt and write your response. If you finish early, go to the next section.

- Read the prompt carefully to see what type of message you need to write (e-mail, letter, journal entry, postcard).
- Decide in what tense to write the passage (present, past, future, and so on).
- Remember that this is an INFORMAL piece of writing.
- Keep in mind the TYPE of communication (a letter is different from an e-mail, a postcard is different from a journal entry).
- Do not forget the salutation (Querido(a), Muy amigo(a) mío(a).
- Do not forget an appropriate closing (Un abrazo de, Un abrazo fuerte de, Recibe un abrazo fuerte de, Con cariño).
- As this is an informal piece of writing, be sure to use the familiar forms of verbs, pronouns and possessive adjectives, etcetera.

Escribe una nota. Imagina que el club español ha ganado el dinero necesario para su fiesta para el fin del año. Y hay más dinero del que se necesita. Escribe una nota a tu profesor/a y...

- ofrécele unas ideas sobre cómo el club podría usar el dinero que sobra
- explícale por qué cada una de tus ideas sería buena
- recomienda que todos los socios hablen de las ideas
- despídete.

Section II, Part A
Written Expression: Formal Writing

In this part of the examination, you will need to write an essay based on three prompts, two printed and one audio. You will have 10 minutes to read the printed material. Then you will hear the audio material on which you should take notes. After you have heard the audio prompt, you will have 5 minutes to organize your thoughts. Then you will have 40 minutes to write your essay.

- Read the prompt carefully to see what your essay topic will be about.
- Decide in what tense to write the passage (present, past, future, and so on).
- While reading the two printed sources you may wish to underline key ideas.
- Be sure to take notes while you listen to the audio sources.
- You must CITE all three sources appropriately in your essay.
- Higher scores are awarded to essays in which you compare and contrast the information provided. Lower scores are awarded for just simply restating or summarizing the sources.
- Be sure to look over the rubric at the end of chapter 9, pages 127–128 to see how you will be rated.

Voces del pasado: el arte prehistórico y su mensaje.

Fuente N° 1

Fuente: Ésta se informó en parte de la página Web Prehistoric Art (Virtual Museum), http://vm.kemsu.ru/en/palaeolith/altamira.html y Altamira (cave) - Wikipedia, the free encyclopedia, http://en.wikipedia.org/siki/Altamira_(cave)

Altamira

En 1879 la hija de Marcelino Sanz de Sautuola, un arqueólogo aficionado, le dirigió a un descubrimiento increíble de dibujos prehistóricos en una cueva en Altamira, en el actual Principado de Asturias. Con la ayuda del arqueólogo Juan Vilanova y Piera, de la Universidad de Madrid, excavaron las cuevas y en 1880 publicaron un documento en que postularon que las pinturas se realizaron durante la edad paleolítica. Al principio, los arqueólogos franceses rechazaron el descubrimiento. Hasta lo acusaron a de Sautuola de haber comisionado a un artista local a pintarlas. No fue hasta 1902 que, junto con el descubrimiento de otras pinturas prehistóricas, por fin el descubrimiento de Sautuola fue reconocido.

Las pinturas en la cueva representan bisontes, caballos, una gama, y un jabalí. Aquellos artistas prehistóricos usaron el carbón, la sangre, el ocre y la hematites para crear sus imágenes. A veces rasgaron las imágenes o diluyeron los colores para hacer dibujos que parecen ser de tres dimensiones.

Se cree que las pinturas en lugares como Altamira pueden haber sido hechas por razones religiosas o supersticiosas. Por ejemplo, algunos creen que los animales fueron hechos para que tuvieran suerte en la caza de ellos.

Cualquiera que sea la razón, estas pinturas muestran la necesidad milenaria del hombre para dejar sus huellas sobre la tierra por expresar sus deseos, miedos y creencias con el arte.

Fuente N° 2

Fuente: Ésta se informó en parte de la página Web Patagonia.com.ar, Cueva de las Manos, Un Patrimonio Cultural de la Humanidad, http://www.patagonia.com.ar/santacruz/cuevamanos.php

De una tierra desolada, rasgos de vida

En el Cañadón del Río Pinturas, en sus altas paredes, se puede ver el arte prehistórico de la Cueva de las Manos. Estas pinturas representan el contorno en negativo de las manos de sus creadores. También representan un guanaco (un animal parecido a la llama), formas geométricas, líneas, puntas, escenas de la caza, aves y figuras del sol. Estas cuevas fueron decubiertas en 1972 y en 1999 UNESCO reconoció la Cueva de las Manos como

Patrimonio Cultural de la Humanidad siendo la expresión más antigua de civilizaciones sudamericanas que se ha encontrado. Gracias al clima de la Patagonia y la falta de grandes centros de población, estas pinturas se han conservado casi intactas.

Los creadores de estas pinturas usaron la hematites para el color rojo, la caliza para el color blanco, el carbón o manganeso para el color negro y la limonita o el ocre amarillo para el color amarillo. Para crear estas pinturas, se cree que el artista puso la mano en la roca y con un hueso de gallina u otra cosa hueca soplo los colores sobre la mano para crear la imagen en negativo.

En estas cuevas se pueden ver tres niveles culturales comenzando alrededor de 7.370 a.C. hasta 1.000 d.C. En las cuevas del río Pinturas también se han encontrado artefactos de los indios Tehuelches.

Como en muchos casos, nadie está completamente seguro de su importancia. En el caso de los guanacos, puede ser que los representaron porque les fueron importantes. Otros animales podrían haber sido pintados para tener éxito en la caza de ellos. Algunos piensan que las manos pueden indicar una lengua muda como había en la África porque a algunas de las manos les falta un dedo o parte de un dedo o unos dedos mientras hay los que piensan que la falta de dedos o parte de ellos puede atribuirse a accidentes. Las líneas, formas geométricas y soles pueden indicar la importancia del sol y sus rayos o posición. Por el tamaño de las manos, hay los que piensan que eran de chicos que tenían como 13 años de edad y puede ser que fue como un rito de paso a la madurez. La verdad es que nunca lo sabremos. ¿Pueden tener una importancia religiosa? De verdad, su importancia como en otros sitios así, es en que tenemos muestras de nuestros antepasados, y como ellos, seguimos dejando nuestras huellas al pasar por esta vida.

Fuente N° 3

Fuente: Este anuncio sobre la Isla de Pascua se informó en http://www.sacredsites.com/ americas/chile/easter_island.html y Wikipedia the free encyclopedia, http://en. wikipedia.org/wiki/Easter_Island#Moai

Section II, Part B
Speaking: Informal Speaking—Simulated Conversation

In this part of the examination, you will need to participate in a simulated conversation. The situation will be a role-playing simulated telephone conversation. You will have 30 seconds to read the outline of the conversation. Then you will listen to a telephone message after which you will have one minute to read the outline of the conversation again. After, the telephone call will begin, following the outline. Each time it is your turn to speak, you will have 20 seconds in which to respond. You should participate as fully and appropriately as possible. You will need to have a parent, friend, teacher, or tutor to read the message and then the recorded portions of the conversation.

- Be sure to have a timer to keep track of the timings.
- Read the prompt line and conversation outline carefully to see what the conversation will be about.
- Decide in what tense(s) you might need to respond (present, past, future, and so on).
- While reading the prompt and conversation outline you may wish to jot down some verbs, nouns, etcetera that you may wish to use.
- While you listen to each line of the dialogue, try to pick out words, expressions or phrases that might be able to be used (BE CAREFUL though to not just restate what you have heard!).

- Higher scores are awarded for conversations where complex structures and rich vocabulary are used.
- Be sure to look over the rubric at the end of chapter 10, pages 164–165 to see how you will be rated.

Imagina que recibes un mensaje telefónico de la compañía de autobuses.

(A) El mensaje [You will hear the message on the recording. Escucharás el mensaje en la grabación.]

(B) La conversación [The shaded lines reflect what you will hear on the recording. Las líneas en gris reflejan lo que escucharás en la grabación.]

Sr. López:	• *[El teléfono suena.] Contesta el teléfono.*
Tú:	• *Salúdalo.* • *Pregunta por el Sr. López.*
Sr. López:	• *Te explica por qué te había llamado.* • *Te hace una pregunta.*
Tú	• *Expresa tu reacción.* • *Responde a la pregunta.*
Sr. López:	• *Continúa la conversación.* • *Te hace otra pregunta.*
Tú:	• *Expresa tu reacción.* • *Responde a la pregunta.*
Sr. López:	• *Continúa la conversación.* • *Te hace otra pregunta.*
Tú:	• *Expresa tu reacción.* • *Responde a la pregunta.*
Sr. López:	• *Continúa la conversación.*
Tú:	• *Dale las gracias.* • *Despídete de él.*

Section II, Part B
Speaking: Oral Presentation (Integrated Skills)

In this part of the examination, you will need to make a two minute formal presentation to your class. You will be given a question that will be the topic of your presentation. This question is based on the accompanying printed article and radio report. You will have 5 minutes to read the printed article. Then you will listen to a radio report. You should take notes on the radio report as you listen. After hearing the radio report, you will have 2 minutes to plan your answer and 2 minutes to record it. Your presentation should be as complete and appropriate to the topic as possible. You will need to have a parent, friend, teacher, or tutor to read the radio report to you.

- Be sure to have a timer to keep track of the timings.
- Read the question and article carefully.
- Underline key ideas/information in the printed article.
- Take notes on the radio report.
- Decide in what tense(s) you might need to use (present, past, future, and so on).
- While you listen, try to pick out words, expressions or phrases that might be able to be used (BE CAREFUL though to not just restate what you have heard!).
- Higher scores are awarded for conversations where complex structures and rich vocabulary are used.
- Higher scores are awarded also for presentations in which information is compared and contrasted as opposed to just a mere restatement or synthesis of the information.
- Be sure to look over the rubric at the end of chapter 10, pages 164-165 to see how you will be rated.

Imagina que tienes que dar una presentación formal ante una clase de español.

El artículo impreso describe la celebración llamada la quinceañera.

Fuente N° 1

Fuente: ≪Quinceañeras, Tradición centenaria se combina con la cultura estadounidense≫, por Diana Chapoy-Callahan, ConXion, May 2007, el periodico blingüe mensual de The Rochester Democrat and Chronicle, Rochester, New York. Used with permission.

Quinceañeras, Tradición centenaria se combina con la cultura estadounidense

Para las jóvenes latinas, el cumplir los quince años significa, entre otras cosas, que las jóvenes latinas comienzan noviazgos formales, empiezan a manejar, y se les permite salir por largas horas y, más importante aún, es la oportunidad de reforzar su compromiso con Dios y la iglesia Católica.

La tradición

Esta celebración tradicional se remonta al año 500 a. C, cuando jóvenes mayas y aztecas le daban gracias a sus dioses por el inicio de su juventud con una ceremonia religiosa.

En nuestros días, la tradición ha adoptado nuevas tendencias. Quinceañeras a lo largo de Latinoamérica celebran este día tan importante de diferentes maneras. En México y Centroamérica, la celebración tiene un significado religioso muy profundo. En la mayoría de los casos, la celebración comienza con una misa, que es seguida de una recepción.

Los símbolos

Ramos de Flores:

Durante la misa, las quinceañeras suben al altar, rezan una oración especial, y le ofrecen a la Virgen María un ramo de flores. Recuerdan el momento en que la Virgen María, a los 15 años, dedicó su vida a Dios al concebir a Jesús, y como ella, las quinceañeras le piden a Dios que las guíe y les de fuerza en el inicio de su nueva vida.

Muñeca:

La muñeca simboliza la niñez que la quinceañera está dejando atrás; en muchos casos, las quinceañeras le ofrecen la muñeca a alguna hermana o prima menor, y hablan acerca de los momentos preferidos de su niñez.

En algunos lugares como Puerto Rico y la República Dominicana, cápias – listones con el nombre de la quinceañera—les agradece a sus invitados por haberla acompañado al darles una cápia, como recuerdo.

Zapatos de tacón alto:

Antes de que la quinceañera baile el vals tradicional con su padre, él le quita los zapatos bajos y se los cambia por un par de zapatos de tacón alto, reconociendo a su hija como una adulta y guiándola en su nuevo camino. Después ella baila con su padre. Para muchas quinceañeras, ésta es la parte más importante de la celebración.

Acompañantes de la quinceañera:

Normalmente los amigos más cercanos de la quinceañera la acompañan durante la celebración – similar a los acompañantes de los novios durante una boda.

Manteniendo las tradiciones

En la mayoría de los países latinoamericanos, esta tradición se conserva como parte importante de su cultura. Según quincegirl.com, muchas hispanas de segunda o tercera generación eligen celebrar sus Dulce Dieciséis (Sweet Sixteen), mezclando algunas tradiciones de los quince años.

Según una quinceañera, «Sweet Sixteen consiste en compartir la celebración principalmente con tus amigos, pero yo quería compartirlo con mi familia también, por lo que decidí incorporar la tradición de los quince años.»

No importa si decides incluir un número de salsa o sólo un vals tradicional, lo importante es mantenerte apegada a tus raíces hispanas, lo cual te ayudará a honrar y compartir lo mejor de la tradición, porque es parte de quien eres y de tu identidad.

Fuente N° 3
Sweet 16

Fuente: Está se informó de la página Web «Sweet sixteen (birthday)», from Wikipedia, the free encyclopedia, http://www.en.wikipedia.org/wiki/Sweet_sixteen_(birthday) y «The History of the Debutante Season», http://www-rcf.usc.edu/~clingerm/history.html

Listening Scripts, Answers, and Explanations for Practice Exam 1

Section I, Part A
Listening Comprehension

Script for Short Dialogue

En una escuela

Juan: Pero Marta, ¿dónde has estado? Todos (#1) **estábamos muy preocupados** por ti.

Marta: Es que (#2) **he estado bastante enferma.** El médico me dijo que guardara cama por lo menos dos semanas y que no podía salir.

Juan: ¿Qué te pasó?

Marta: (#3) **El médico no está seguro.** Tuvieron que mandarme al hospital para pasar una noche. Allí me hicieron muchas pruebas.

Juan: ¿Y no encontraron nada?

Marta: Nada. Ahora piensan que sería un virus.

Juan: ¿No te dieron nada para ayudarte?

Marta: No. Como no sabían lo que me pasaba, (#4) **sólo pude guardar cama, dormir,** y tomar muchos líquidos y aspirina. Te digo, eso era lo único que podía hacer ya que me sentía tan mal.

Juan: Pero ahora estás con nosotros otra vez, gracias a Dios.

Marta: Sí, pero (#5) **he perdido tantas clases que no sé cómo voy a alcanzarlos a ustedes** y estar preparada para los exámenes finales.

Juan: No te preocupes, (#6) **nosotros podemos ayudarte.** Esta tarde, te encuentro en la biblioteca para hacer un esquema de lo que te hace falta hacer.

Marta: Gracias Juan, eres un amigo formidable.

Questions and Answers

1. ¿Cómo estaban los amigos de Marta?
    (D) nerviosos

2. ¿Qué le pasó a Marta?
    (B) Tuvo una enfermedad.

3. ¿Qué tuvo Marta?
    (C) No saben.

4. ¿Qué hicieron para ayudarle a Marta?
    (D) Le recomendaron que descansara.

5. ¿Qué le preocupa ahora a Marta?
    (B) su tarea

6. ¿Qué le ofreció Juan a Marta?
    (A) ayudarle

Script for Short Narrative

La vuelta a la democracia

En noviembre del año mil novecientos setenta y cinco (#1) **el General Francisco Franco murió** dejando a su gobierno sin un líder. Él había gobernado a España casi cuarenta años como dictador, el último dictador fascista de la época de la Segunda Guerra Mundial.

Al morir Franco ya era muy viejo y en muy mala salud. El mundo que conocía había cambiado aunque él había tratado de no permitirlo en su España. Para tratar de preservar su legado Franco, (#2) **pensaba nombrar a Luis Carrero Blanco, otro general, para gobernar después de su muerte, pero ése murió asesinado por el grupo terrorista** ETA. Entonces, al final de su vida, él dejó el gobierno en manos del nieto del último rey, Alfonso XIII.

(#3) **Franco había cultivado a Juan Carlos de Borbón mandándolo al extranjero para estudiar** (él habla ocho lenguas) y haciéndole servir en todas las fuerzas armadas españolas para aprender a servir. Nadie sabía qué esperar del nuevo rey. El rey nuevo, Juan Carlos Primero iba a chocar a todos.

(#4) **En vez de seguir el camino de Franco, Juan Carlos facilitó el camino a la democracia.** Una nueva constitución moderna fue escrita y había elecciones libres por vez primera en más de cuarenta años. Hasta en 1980 un socialista, Felipe González, fue elegido Primer Ministro. Poco después, cuando unos guardias civiles trataron de derrocar el nuevo gobierno, el rey salió en la televisión en su uniforme de líder de las fuerzas armadas españolas y ordenó que todos volvieran a sus campos, que (#5) **él defendía la constitución y la democracia.**

Ahora España ha gozado de más de treinta años de democracia con su monarca constitucional, Juan Carlos Primero, que sigue sorprendiéndole a su pueblo con su honestidad y el cariño que siente por su pueblo. Todos esperan que su hijo, Felipe de Borbón, el príncipe de Asturias, siga a los pasos de su padre. Por lo menos, (#6) **Juan Carlos le ha dado las** **mismas oportunidades de estudiar en el extranjero y servir en las fuerzas armadas**. Sólo el futuro nos dirá como será este próximo rey.

Questions and Answers

1. ¿Qué ocurrió en noviembre del año 1975?
(D) la muerte del último dictador fascista

2. ¿Qué le pasó al hombre que iba a gobernar después de Franco?
(A) Fue matado por terroristas.

3. ¿Cómo preparó Juan Carlos para gobernar a España?
(B) Estudió en el extranjero.

4. ¿Cómo le sorprendió Juan Carlos al pueblo español?
(D) Emprendió el camino a la democracia.

5. ¿Qué hizo Juan Carlos cuando unos guardias civiles intentaron tomar el control del gobierno español?
(A) Apoyó la constitución.

6. ¿Cómo trata Juan Carlos de continuar su legado?
(D) Le da a su hijo las mismas experiencias que él mismo tuvo.

Script for Longer Dialogue

En una reunión donde se planea un evento

Marcos: (#1) **Este año el Círculo Español necesita hacer algo especial para celebrar el Cinco de Mayo.**

Pati: ¿Por qué propones que celebremos esta fiesta? No se la celebra tanto en México como aquí. ¿No habrá otra cosa más que hacer?

Marcos: Ya lo sé, pero aquí es más que la celebración de (#2) **la victoria de las tropes mexicanas en contra de los franceses en Puebla.** Aquí (#3) **es una oportunidad de celebrar nuestra herencia** y compartirla con los que no son de ascendencia mexicana. Ésta es la importancia que tiene el Cinco de Mayo para nosotros que vivimos aquí al norte del Río Bravo.

Pati: Sí, tienes razón. Entonces, ¿qué vamos a proponerles a los otros miembros del club y al señor Santana? Tenemos que tener nuestras ideas bien preparadas porque tú sabes que (#4) **a Elena siempre le gusta llevar la contraria con todos.**

Marcos: Sí, ya lo sé. Pero estoy seguro que podemos convencer aun a Elena. Pensaba que podríamos tener un anuncio cada mañana de la semana en que cae el Cinco de Mayo. El anuncio podría ser algo histórico o cultural que tiene que ver con México. Además (#5) **podríamos tener proyectos de todas las clases de español en la cafetería y en los pasillos** para mostrarles a todos cosas de importancia cultural e histórica.

Pati: Me parece muy buena idea. Estoy segura que el director, el señor Díaz, nos permitirá tener los anuncios y las exhibiciones. Los proyectos ya están hechas, sólo tendríamos que escribir los anuncios.

Marcos: Por supuesto. Además creo que debemos tener algo muy especial el día actual, pero no sé qué hacer.

Pati: ¿Por qué no tener una fiesta en el gimnasio o en la cafetería? Podemos invitar a unos grupos de la escuela que (#6) **tocan canciones mexicanas.**

Marcos: También (#6) **la señorita Morales puede darnos lecciones de baile.** Ella ha estudiado los bailes regionales de México.

Pati: Sí, sí. (#6) Y **los miembros del club podrían preparar comidas típicas** de diferentes zonas de México para compartir.

Marcos: (#6) **Y podríamos invitar a nuestros parientes mayores, como mi abuela, a venir y participar. A ella le encanta contar la historia de cuando ella era joven.**

Pati: ¡Que divertido! ¿Cuándo vamos a proponer tu idea al club?

Marcos: ¡Por qué no lo hacemos mañana!

Questions and Answers

1. Marcos quiere que el club de español...
(B) celebre una fiesta mexicana.

2. El Cinco de Mayo recuerda...
(D) la victoria mexicana en contra de los franceses.

3. En los Estados Unidos esta celebración...
(C) se ha convertido en una celebración de la herencia mexicana.

4. Va a ser difícil convencer...
(A) a Elena.

5. La actividad del club español será...
(A) mostrar proyectos estudiantiles sobre la cultura mexicana.

6. Ese día, ellos piensan tener...
(B) bailes, comidas, cuentos y música.

Script for Longer Narrative

Las leyendas

Las leyendas originalmente (#1) **eran historias orales contadas de generación en generación.** Estas historias contaban eventos importantes, históricos y fantásticos, de la cultura de su origen. También las leyendas trataban de dar explicaciones para las cosas que las personas de aquel entonces no podían explicar de otra manera. A veces (#2) **es sorprendente comparar las leyendas de una cultura a otra ya que algunas de éstas cuentan una historia muy parecida aunque las culturas estaban muy separadas las unas de las otras.**

Por ejemplo, veamos la historia de la creación del hombre maya-quiché del libro sagrado de los mayas, el *Popol Vuh*, se nota que aunque (#3) **los dioses decidieron por fin de hacer al hombre del maíz,** los dioses habían tratado antes de formar el hombre de la tierra, como es la historia contada en la tradición judeocristiana.

Otra historia del *Popol Vah* tiene que ver con la inundación que los dioses hicieron para destruir a los hombres de madera que habían hecho por no tener corazones y no poder hablar con los dioses. En la historia bíblica Dios manda la inundación por las malas acciones del hombre. Lo interesante es ver que (#4) **dos tradiciones, separadas por un mundo entero, contienen una historia de una inundación.** ¿Puede ser que había tal inundación tan desastrosa?

(#5) **Otro paralelo existe con la historia bíblica de Jesús. Existe una leyenda azteca muy parecida a la historia bíblica** donde un hombre muy bueno, con una barba, es traicionado por sus seguidores. Antes de dejar a la tribu él promete volver un día.

Es difícil decir qué quiere decir esta leyenda de Quetzalcoatl. Ahora los antropólogos piensan que esta leyenda fue inventada para explicar la conquista de México por Hernán Cortés en 1521. Los aztecas tenían un concepto circular de la vida, no linear como los europeos, entonces se piensa que la invención de esta leyenda fue una manera, a su modo de ver el mundo, de explicar por qué fueron conquistados.

Esta última idea, la de explicar un fenómeno sin explicación alguna, es la razón por muchas leyendas. Por ejemplo, en la leyenda del quetzal, un loro tropical de Centro América, Quetzal fue un príncipe amado de su pueblo que fue asesinado por un tío que le tenia envidia. (#6) **El tío lo mató con una flecha en el pecho, y de hecho este pájaro tiene el pecho bien rojo.**

De Sudamérica viene la leyenda del mate, una infusión, o té, que se hace de la hierba mate. Se dice que (#7) **esta hierba fue un regalo de unas diosas agradecidas por ser salvadas por un cazador.** Las diosas habían tomado la forma de mujeres para bajar a la Tierra y jugar. Mientras jugaban, no notaban que un animal feroz estaba a punto de comerlas. De repente el cazador mató la bestia y las diosas desaparecieron dejándole al cazador y sus descendientes esta hierba milagrosa, el mate.

El estudio de las leyendas es muy entretenido, pero también (#8) **puede enseñarnos mucho sobre nuestro ancestros.** En esta edad moderna todavía tenemos nuestras leyendas, basadas muchas veces en la verdad, pero una verdad que se hace más grande que la persona o evento sobre el que se crea. Sería interesante ver cómo generaciones futuras interpretaran nuestras leyendas.

Questions and Answers

1. Las leyendas...
   (A) pasaban de boca en boca.

2. Una cosa curiosa es que las leyendas...
   (D) de distintas culturas lejanas son a veces semejantes.

3. Para los mayas, los dioses hicieron al hombre...
   (A) de maíz.

4. En el *Popol Vuh,* y en *la Biblia,* hay una historia sobre...
   (C) una inundación.

5. Un cuento parecido a la historia de Jesús se encuentra en las leyendas...
   (B) aztecas.

6. La leyenda del quetzal explica...
   (D) el color de un pájaro.

7. Como regalo por salvarles la vida a unas diosas, el cazador y sus descendientes...
   (C) recibieron una hierba.

8. El valor de las leyendas es que...
   (B) nos enseñan algo sobre nuestros antepasados.

Script for Formal Writing
Fuente N° 1
La isla de pascua

¿Es usted aventurero? ¿Le gustan las cosas exóticas y diferentes? ¿Menosprecia usted el turismo con todo comprendido típico? Pues hay otro tipo de tour que se ofrece. Este verano Exóticotur le ofrece una visita única a la Isla de Pascua. Situada a 2.000 mil millas de Chile, Esta isla misteriosa le ofrecerá unas vacaciones interesantes y educativas.

La isla fue descubierta el Domingo de la Resurrección por el almirante Roggeveen, quien la nombró por la celebración de la Pascua.

En Esta isla misteriosa usted va a ver rasgos de una civilización antigua que incluyen estatuas, que se llaman Moai, petroglifos, y una lengua escrita, la única que había en la Oceanía.

Hay algunos que han sugerido que los habitantes eran de la región actual del Perú porque hay semejanzas en como trabajaron la piedra. También hay personas que creen que la isla sea parte de un continente perdido como Atlántida. Pero los arqueológicos piensan que la isla fue descubierta por polinesios alrededor de 400 d.C. Lo que nadie sabe a ciencia cierta es que se les ocurrió a los habitantes. La teoría es que gracias a una combinación de la sobrepoblación y la destrucción de sus ecosistemas la civilización decayó. Todo esto la hará aún más misteriosa e interesante su visita.

Lo cierto es lo que para turistas como usted esta isla chilena les ofrecerá monumentos impresionantes, cráteres volcánicos, playas y aguas azules. Para recibir más información y un folleto sobre éste y otros viajes, llame al 1-800-210-5678 hoy.

Script for Informal Speaking

(Narrador) Ahora tienes treinta segundos para leer el bosquejo de la conversación.
(30 seconds)

(Narrador) Imagina que recibes un mensaje telefónico de la compañía de autobuses. Escucha el mensaje.

(Sr. López) [Answering machine] [Beep] Buenos días. Usted había rellenado un formulario el otro día porque perdió una mochila en el autobús interurbano número 26. Por favor, llámenos cuando sea conveniente al 234-5678 y pregunte por el Sr. López, gracias.

(Narrador) Ahora tienes un minuto para leer de nuevo el bosquejo de la conversación.
(1 minute)

Ahora empezará tu llamada.
[Telephone] [Rings twice and picks up]

(Sr. López) Buenas tardes, Compañía Municipal de Autobuses, ¿en qué puedo servirle?
TONE (20 Seconds) TONE

(Sr. López) Éste es el señor López. Usted es la persona que perdió su mochila, ¿no? Hemos encontrado una mochila pero necesito que la identifique. ¿Puede usted describírmela?
TONE (20 Seconds) TONE

(Sr. López) Muy bien. Ahora ¿podría usted decirme lo que contenía su mochila?
TONE (20 Seconds) TONE

(Sr. López) Bueno, parece que ésta es la suya. ¿Cuándo podría usted pasar por la terminal para recogerla?
TONE (20 Seconds) TONE

(Sr. López) Muy bien. Nos veremos entonces. Y, no olvide de llevar identificación con usted, por favor.

Script for Formal Speaking
Fuente N° 2

Cada cultura tiene sus costumbres y ritos asociadas con la madurez o la mayoría de edad de sus niños y niñas. Aunque en muchas partes de los Estados Unidos no se practique tanto, existe la tradición del Sweet Sixteen que celebra la entrada de la chica en la sociedad. El año dieciséis lleva consigo algunos privilegios según el estado. Por ejemplo, en muchos estados dieciséis es el año en que se puede conseguir la licencia de conducir. En algunos estados, dieciséis marca el año en que un adolescente puede casarse legalmente.

La celebración de los dieciséis años tiene sus raíces tradicionales. En la cultura judía las niñas celebran el bat mitzvah a la edad de doce años que se considera la edad de la madurez espiritual y los chicos celebran el bar mitzvah a los trece años. Mientras la celebración del bar mitzvah para los chicos es una celebración pública, el bat mitvah muchas veces no lo era. En la rama judía reformada ellos reconocen la importancia para ambos, chicos y chicas, con una ceremonia de confirmación para los dieciséis.

También hay raíces de la celebración que remontan a la aristocracia europea y sus bailes de "debutante." La palabra "debutante" viene del verbo francés "débuter" que quiere decir "comenzar" o "hacer su presentación en la sociedad." Era el momento en que una chica, llegada a su edad de mayoridad, necesitaba ser presentada a la sociedad con motivo de encontrarle un marido apropiado según su rango social.

En los Estados Unidos la tradición comenzó en Filadelfia, Pensilvania en 1749 cuando unas familias tenían bailes que son los antecedentes del Gran Baile Debutante. En los Estados Unidos estos bailes tienen lugar generalmente entre noviembre y enero.

Sean lo que sean sus motivos originales, el concepto del "Sweet Sixteen" continúa con mayor o menor importancia según la región de los Estados Unidos, no tanto como para emparejar a las jóvenes con un chico sino para celebrar el comienzo de una nueva etapa en la vida de la chica.

› Answers and Explanations

Section I, Part B
Reading Comprehension

(1) El músico cubano Paquito D'Rivera, quien es mejor conocido por sus diversos talentos musicales incluyendo el saxofón y el clarinete, participará en el Hochstein School of Music a las 7:30 p.m. el sábado 2 de junio. El evento forma parte **(2) del décimo festival** anual Swing 'n Jazz, patrocinado por The Comission Project, **(3) una organización no lucrativa dedicada a las artes.**

El festival, el cual se realizará del 1 al 3 de junio, incluirá conciertos y clínicas gratis de jazz, **(5) incluyendo un taller de dos horas impartido por D'Rivera y el trompetista Marvin Stamm de las 9 a las 11 de la mañana el domingo 2 de junio en la escuela School of the Arts,** 45 Prince St.

(4) «Cada año a través del Commission Project traemos alrededor de 30 músicos profesionales al salón de clases, para darle a los estudiantes experiencias reales», mencionó Alan Tirré, coordinador de instrucción de las artes en SOTA (por sus siglas en Inglés School of The Arts). «Es una oportunidad para los músicos para dar algo a cambio, y para que los estudiantes se conecten con inspiraciones reales». Las clínicas son gratis y abiertas al público, mencionó Tirré.

D'Rivera, quien fue representado por José Zuñiga en la película *For Love or Country: The Arturo Sandoval Story*, no es un desconocido en el área de Rochester. El menciona que es gracias a los esfuerzos del educador y fundador del Commission Project Ned Corman, de **(6)** «desarrollar las artes y a aquellos que quieran participar».

«Ned es una de las personas más positivas que conozco», mencionó D'Rivera, «su entusiasmo es contagioso... ésa parece ser su misión más importante. Me gusta asociarme con gente como Ned».

En 1973, D'Rivera se convirtió en un miembro fundador del grupo Cubano Irakere, grupo percusionista ganador de un Grammy. Otros miembros son el pianista Chucho Valdés y el trompetista Arturo Sandoval.

(7) D'Rivera ha ganado numerosos Grammys entre otros premios. En 2005, recibió el premio National Medal for the Arts, presentado en la Casa Blanca por el presidente George Bush. En marzo, fue honrado con el premio Living Jazz Legend.

Para más información acerca del festival Swing 'n Jazz de Rochester y para el horario de eventos, visita la página de Internet del Commission Project tcp-music.org.

1. ¿Qué anuncia este artículo?
   (C) Un músico cubano presentará en un festival de música y dará talleres a estudiantes.

2. Este festival celebra___años este año.
   (D) 10

3. Durante el festival, habrá...
   (D) clínicas subvencionadas por una organización que no gana dinero.

4. Lo bueno de "The Comission Project" es que cada año pone a la disposición de comunidades...
   (A) músicos profesionales para darles talleres a estudiantes secundarios.

5. Paquito D'Rivera...
   (B) enseñará a jóvenes músicos durante el festival.

6. Según D'Rivera, lo mejor de "The Comission Project" es de...
   (C) adelantar las artes y a las personas que participan en ellas.

7. Podemos decir de la vida profesional de Paquito D'Rivera que...
   (A) ha sido muy exitosa.

Section II, Part A
Writing: Paragraph Completion with Root Words

1. **Vino: Venir** is an action and therefore would be expressed in the preterit as the narration is in the past and there is no indication of any repetition, "...mi padre vino a este **país...**", "... *my father came to this country...*".
2. **llegado:** The verb **llegar** means *to arrive*. **Llegado** is the past participle of **llegar**. After any form of the verb **haber**, *to have,* use the past participle, -**ado**, -**ido**, -**cho**, -**to**, and –**so**.
3. **físicamente:** The adverb, **físicamente** means *physically*. The adverb is used here to modify the adjective **exigente**. The adverb is formed by taking the adjective, making it feminine, and then adding –**mente** to it.
4. **pudieran / pudiesen:** The subjunctive is used after expressions of desire. As this sentence is in the past the imperfect subjunctive is used.

5. **alcanzar**: After a preposition in Spanish the infinitive is used.
6. **obtuvieron**: **Obtener** is an action and therefore would be expressed in the preterit as the narration is in the past and there is no indication of any repetition, "...sus tres hermanos también obtuvieron títulos avanzados.", "...his three brothers also obtained advanced degrees."
7. **avanzados**: The past participle may be used as an adjective after **ser**, **estar** or a noun. As an adjective it agrees in gender and number.
8. **una**: Words ending in **-sión, -ción, -dad, -tad, -tud** and **-umbre** are feminine.
9. **contar**: After the verb **poder** use the infinitive.
10. **la**: **Manera** is a feminine word and requires the feminine article even though the adjective **mejor** comes in between.
11. **volví**: **Volver** is a change in state, *to become*, and therefore would be expressed in the preterit as the narration is in the past and there is no indication of any repetition, "Me volví muy activo....", "*I became very active...*"
12. **llegado**: **Llegado** is the past participle of **llegar**. After any form of the verb **haber**, to have, use the past participle, -**ado**, -**ido**, -**cho**, -**to**, and -**so**.
13. **lo**: The neuter **lo** here is used to refer back to an action: "...*I knew well that I would not be able to go to a very good school because of basketball, I thought that I would be able to achieve it through my grades...*"
14. **la**: Words ending in **-sión, -ción, -dad, -tad, -tud** and **-umbre** are feminine.
15. **había**: As the sentence is in the past, use the imperfect of the verb **haber** here to form the pluperfect past: "*I discovered that I had arrived . . .*"
16. **las**: Words ending in **-sión, -ción, -dad, -tad, -tud** and **-umbre** are feminine.

Section II, Part A
Writing: Paragraph Completion without Root Words

1. **con**: The verb **enfrentarse** is followed by the preposition **con**: *to meet* or *confront*.
2. **tan**: The expression **tan** + adjective / adverb + **como**: *as . . . as.*
3. **ambos / los dos**: *both, the both of them*
4. **mí:** After a preposition use **mí** and **ti** rather than **yo** and **tú**.
5. **tanto: por lo tanto**: "*therefore*"
6. **Lo: Lo más importante**: "The most important thing"
7. **que: lo que**: "what", is used to refer to an antecedent which has not yet been mentioned or an antecedent which is an action.
8. **había**: Here the helping verb **haber** is used with the past participle to form the pluperfect tense. The pluperfect is used to indicate an action that had taken place prior to another action.
9. **embargo: sin embargo**: "*nevertheless.*"
10. **maneras: de todas maneras**: "*at any rate*" or "*anyway.*"
11. **edad: tener___años de edad**: "*to be a certain number of years old.*"
12. **parte: la mayor parte**: "*most*" or "*the majority.*"
13. **en**: The verb **convertirse** is followed by the preposition **en**: "*to turn*" or "*change into.*"
14. **por: tener por**: "*to have for.*"
15. **sino: sino que**: "*but*" or "*rather.*" Use **sino que** if the first part of the sentence is negative and the second contradicts the first part with a conjugated verb.
16. **que**: The relative pronoun **que** is used to link two clauses in Spanish. In English the relative pronoun "*that*" is optional, but not in Spanish: "*The love and support (that) I always had...*"
17. **a**: The verb **ayudar** is followed by the preposition **a** plus an infinitive.
18. **para: para**: "for."

19. **e**: **Y**, "*and*", changes to **e** before words beginning in **i** or **hi** for the pronunciation.
20. **primer**: **Primero**, "*first*" becomes **primer** before masculine singular nouns.
21. **que**: The conjunction **para que**, "*so that*" or "*in order that*" is followed by the present subjunctive and divides the sentence into two clauses.
22. **también**: "*too*" or "*also*."
23. **vale**: **Vale la pena**: "it is worth it."

Scoring and Interpreting your Results

Once you have taken the Diagnostic Test, look to see what sections were more difficult for you:

- If you found a certain section to be more difficult, do extra practice on those types of questions:

    Section I
    - Part A: Chapter 5 (Listening Comprehension)
    - Part B: Chapter 6 (Reading Comprehension)

    Section II
    - Part A: Chapter 7 (Paragraph Completion with Root Words)
    - Part A: Chapter 8 (Paragraph Completion without Root Words)
    - Part A: Chapter 9 (Informal Writing [Interpersonal])
    - Part A: Chapter 10 (Formal Writing/Integrated Skills)
    - Part B: Chapter 11 (Informal Speaking—Simulated Conversation)
    - Part B: Chapter 12 (Formal Oral Presentation/Integrated Skills)
- With the Paragraph Completions, be sure to read the explanations that accompany the answers. You may wish to take notes on these and/or do further review using a grammar book and the appendixes in this book.

Here is a way you can see how you might have done if this had been the actual examination. This is *not* scientific and the results *do not* guarantee that you will do similarly on the actual examination.

Section I

Part A: Listening _____ (number correct) x .20 =_____
                                    26*

(*Take the number correct out of 26 and subtract .33 times the number of wrong answers, then divide by 26 and finally multiply by .20. An extra ⅓ is taken to account for random guessing, therefore unless you have some idea as to the correct answer, it is better to leave it blank than to guess!)

Part B: Reading _____ (number correct) x .30 =_____

(*Take the number correct out of 7 and subtract .33 times the number of wrong answers, then divide by 7 and finally multiply by .20. An extra ⅓ is taken to account for random guessing, therefore unless you have some idea as to the correct answer, it is better to leave it blank than to guess!)

Section II

Part A: Writing _____ (number correct) × .025 =_____
                                    16

Part A: Writing _____ (number correct) x .025 =_____
                                    23

Part A: Writing _____ (rubric score) × .05 =_____
$$\overline{5}$$

Part A: Writing _____ (rubric score) × .05 =_____
$$\overline{5}$$

Part B: Speaking _____ (rubric score) × .10 =_____
$$\overline{5}$$

Part B: Speaking _____ (rubric score) × .10 =_____
$$\overline{5}$$

Total score for Sections I and II ._____

Multiply the total score for Sections I and II (.×) times 180 = _____

If you received between 135 and 180, you would have received a 5 → A

If you received between 115 and 134, you would have received a 4 → B

If you received between 85 and 114, you would have received a 3 → C

If you received between 63 and 84, you would have received a 2 → D

If you received between 0 and 62, you would have received a 1 → no
recommendation.

AP Spanish Language Practice Exam 2

- Take this examination, following all instructions carefully.
- For the Listening Comprehension and the directed-response questions, you will need a parent, friend, teacher, or tutor to read to you.
- Use scrap paper to do this examination so that later, if you wish, you can retest yourself to check your progress.
- Remember to use the strategies presented in Step 3 when taking the examination.
- Correct your work using the keys provided at the end of the test along with the listening and speaking scripts.
- When you have corrected the exam, you might want to look up any words you did not know to add to your personal vocabulary list.
- Keep track of the type of question(s) that you are missing and focus your review on practicing more of these types.

¡Buena suerte!

SECTION I
LISTENING COMPREHENSION AND READING

For this section of this practice examination, you will have 30 to 35 minutes for listening. You will also have 12 minutes for the reading passages of this practice test. Section I counts for 50 percent of your grade (20 percent for listening and 30 percent for reading).

Section I, Part A
Listening Comprehension

In this part of the examination, you will hear a short dialogue, a short narrative, and then a longer dialogue and a longer narrative each lasting about 5 minutes. You will be asked questions about each listening passage. For the short dialogue and the short narrative, the questions will be read to you, but they will not appear in your test booklet. You will see only the answer choices for each question. For the longer dialogue and longer narrative, both the questions and the answer choices will be printed in your test booklet. The total time allowed for this part of the examination is 30 to 35 minutes. Listening Comprehension will count for 20 percent of your total grade.

For this part of the examination, you will need to have a friend, parent, teacher, or tutor read each passage to you once and each question once. Scripts for the passages and questions can be found on pages 247–251. Mark your answers by circling the letter of your choice.

- In the moments before the speaker starts, try to glance at the possible answers for the short dialogue or short narrative to get an idea of what you should listen for.
- While the narrator is speaking, give your full attention to what is being said.
- Listen carefully as the narrator reads the questions; remember that the questions about the short dialogue and short narrative are not printed in your test booklet. (The questions for the longer dialogue and longer narrative are, however, printed in your booklet.)
- As with any multiple-choice test, if the answer does not come to you, try to eliminate some of the choices. This increases your chances of choosing the right answer.
- Remember that on Section I you should not make random guesses. If you have no idea, leave the question blank. 33 percent extra is taken off for incorrect answers as a correction for guessing.

KEY IDEA

- Once you have completed the practice exam, you may wish to read over the scripts and make a list of words that you did not know. Look these up, make flash cards for them, and review them during the months leading up to the examination.
- You may wish to use scrap paper; that way, you can later come back to this test and redo it to check your progress.
- If you have a particularly difficult time with this part of the exam, you should be sure to practice Chapter 5 very carefully, taking notes from the scripts after each practice.

Section I, Part A
Short Dialogue

1. (A) su bolsillo.
   (B) su bolso.
   (C) su maletín.
   (D) su maleta.

2. (A) su bolso.
   (B) su maleta.
   (C) su maletín.
   (D) su bolsillo.

3. (A) los billetes
   (B) el maletín
   (C) los cheques de viajero
   (D) la tarjeta de crédito

4. (A) para sacar dinero de cajeros automáticos
   (B) para pagar todos los gastos
   (C) para comprar cheques de viajero
   (D) por la seguridad que la tarjeta de crédito ofrece

5. (A) recibirán la mejor tasa de cambio.
   (B) es más fácil que cobrar un cheque de viajero.
   (C) es más seguro.
   (D) no tendrán que pagar extra por cobrar los cheques de viajero en las tiendas y bancos.

Section I, Part A
Short Narrative

1. (A) la ignorancia.
   (B) la falta de necesidad.
   (C) no había muchos extranjeros.
   (D) el inglés es nuestro idioma oficial.

2. (A) mejores oportunidades.
   (B) la falta de comida.
   (C) problemas en sus países.
   (D) una mejor educación.

3. (A) muchas compañías quieren vender a este nuevo mercado.
   (B) el español es nuestro segundo idioma oficial.
   (C) hay una crisis económica.
   (D) hay una crisis política.

4. (A) hay más actores hispanos.
   (B) hay más artistas hispanos.
   (C) hay más cantantes hispanos.
   (D) hay más cantantes hispanos que quieren cantar en las dos lenguas.

5. (A) hay más publicidad en español.
   (B) los hispanohablantes forman la minoría más grande ahora.
   (C) la mayoría de los estudiantes que estudian una lengua extranjera estudian el español.
   (D) es nuestra segunda lengua oficial.

Section I, Part A
Longer Dialogue

In this next section, you will hear a longer dialogue that will be about 5 minutes in length. In the space provided, you may take notes in English or Spanish; these will not be graded. You will now have 2 minutes to look at the questions and possible answers.

Notes on Longer Dialogue:

Longer Dialogue

1. ¿Cuál es el problema?
   (A) Compró un producto que no quiere.
   (B) Quiere devolver algo.
   (C) Quiere cambiar algo.
   (D) Lo que compró no funciona como se debe.

2. ¿Con qué tiene problema?
   (A) con la recepción
   (B) con el color
   (C) con la marca
   (D) con la música que toca

3. ¿Por qué no puede ayudarle al cliente el dependiente?
   (A) El chico lo rompió.
   (B) No se vende este modelo en la tienda.
   (C) No hacen las reparaciones allí.
   (D) Costará más repararlo que comprar otro.

4. ¿Cuál es el problema si el muchacho quiere que la tienda lo repare?
   (A) No tiene suficiente dinero para pagarlo.
   (B) No puede esperar tanto tiempo para las reparaciones.
   (C) No será posible repararlo.
   (D) No hacen reparaciones ni ofrecen este servicio.

5. ¿Por qué no puede prestarle el dependiente otro al muchacho?
   (A) El artículo prestado puede ser dañado donde él quiere llevarlo.
   (B) Lo necesita para una fiesta.
   (C) No hay electricidad donde él va a estar.
   (D) Vuelve a su país este fin de semana.

6. ¿Cómo se resuelve la situación?
   (A) El chico compra otro.
   (B) El dependiente le devuelve el dinero.
   (C) El dependiente lo arregla.
   (D) Con el recibo el dependiente puede cambiar el uno por el otro.

7. ¿Qué va a hacer la tienda con el producto defectuoso?
   (A) repararlo
   (B) devolverlo a la compañía
   (C) echarlo a la basura
   (D) mandarlo a un taller de reparaciones

Section I, Part A
Longer Narrative

In this next section, you will hear a longer narrative that will be about 5 minutes in length. In the space provided, you may take notes in English or Spanish; these will not be graded. You will now have 2 minutes to look at the questions and possible answers.

```
┌─────────────────────────────────────────────────────────────┐
│ Notes on Longer Narrative:                                   │
│                                                              │
│                                                              │
│                                                              │
│                                                              │
│                                                              │
│                                                              │
│                                                              │
│                                                              │
└─────────────────────────────────────────────────────────────┘
```

Longer Narrative

1. ¿Cuál fue el gran empuje para el desarrollo del cine español?
   (A) la inversión de dinero de Hollywood
   (B) la dirección de la dictadura
   (C) la restauración de la democracia
   (D) el gran número de actores de talento

2. ¿Quién era Antonio Gades?
   (A) el primer bailarín clásico español
   (B) el primer bailarín flamenco español
   (C) un director de cine español
   (D) un escritor de cine español

3. ¿Qué historia cuenta en parte la película *Bodas de sangre*?
   (A) la historia de la vida de Gades
   (B) la historia de la vida de Saura
   (C) la historia de la vida de un autor francés
   (D) la historia de la vida de Manuel de Falla

4. ¿Cuál es la historia contada por medio de música y baile sin diálogo?
   (A) *El amor brujo*
   (B) *Carmen*
   (C) *Bodas de sangre*
   (D) *Tango*

5. ¿Cuál es una historia psicológica donde la vida de los actores paralela la vida de los protagonistas?
   (A) *El amor brujo*
   (B) *Tango*
   (C) *Bodas de sangre*
   (D) *Carmen*

6. ¿Qué es lo que pasa al final de *Carmen*?
   (A) Gades mata a la bailarina Carmen de verdad.
   (B) No sabemos si el asesinato de Carmen es real o parte del ensayo.
   (C) Don José mata a la protagonista Carmen como parte del ensayo.
   (D) Nadie se muere.

7. ¿En qué película transcurre la acción en el mundo de los gitanos?
   (A) *El amor brujo*
   (B) *Bodas de sangre*
   (C) *Tango*
   (D) *Carmen*

8. ¿Qué es lo genial de la obra de Carlos Saura?
   (A) Superó a la censura española.
   (B) Ha trabajado en España y en la Argentina.
   (C) Ha ganado un Premio Óscar.
   (D) Cuenta una historia por medio de música y baile.

9. ¿Cuáles son las dos películas en que la vida amorosa de los protagonistas se mezcla con la obra?
   (A) *Tango* y *Carmen*
   (B) *Carmen* y *Bodas de sangre*
   (C) *Bodas de sangre* y *Tango*
   (D) *El amor brujo* y *Carmen*

Section I, Part B
Reading Comprehension

Fuente: The Next Step Magazine, latino edition 2007 por Rachel Sokol, The Next Step Magazine, Victor, New York, www.nextstepmag.com. Used with permission.

Es difícil pasar de la escuela secundaria, donde tienes un grupo sólido de amigos que te apoyan, a una institución de educación superior donde eres un extraño rodeado de extraños. Extrañarás a tus amigos y a tu familia. Extrañarás las salidas con la gente de tu escuela secundaria local. Sin embargo, conocerás a un montón de gente nueva en esta etapa.

Estudiantes y asesores de los recintos universitarios, o sea campus, de todas partes de los Estados Unidos dieron su opinión a Next Step sobre cómo adaptarse a este nuevo escenario. Aquí podrás ver lo que nos contaron.

Involúcrate

≪Conocer a los diferentes administradores y profesores del campus puede abrir las puertas para oportunidades laborales, es un gran recurso y permite generar maravillosas amistades,≫ afirma Iris Michelle Delgado, estudiante de la universidad de Cornell. ≪Nunca tengas miedo de reconocer que no sabes algo. Tu experiencia en esta etapa se va a ver muy debilitada si piensas que hacer preguntas puede hacerte ver incompetente.≫

Aprovecha de los profesores

Debra Castillo, miembro del cuerpo de profesores de la Universidad de Cornell, aconseja aprovechar de los profesores y miembros del personal de la institución. ≪Hay gente maravillosa y comprensiva entre los miembros del personal. Tienen una amplia base de conocimientos y una gran sensibilidad cultural y, por lo general, pueden ser la fuente de consultas esencial de los estudiantes. Los miembros del profesorado nos dedicamos a formar y acompañar a gente joven, por lo tanto, deberían recurrir a nosotros más frecuentemente.≫

Escúchate a ti mismo

Durante toda la experiencia de la educación superior, los amigos y la familia seguramente te brindarán muchos consejos sobre las clases, el dinero, los amigos y las relaciones.

≪Escucha los consejos de tu familia, pero no olvides que serás tú quien deberás vivir con las decisiones que tomes,≫ afirma Delgado.

Mantente en contacto

≪Mantente en contacto con tu familia y amigos por todos los medios que te parezcan necesarios, pero también debes darle una oportunidad a tu nueva vida en el campus,≫ sostiene Lourdes Laguna, estudiante de la Universidad de Tufts.

Debes estar abierto a probar cosas nuevas y manejar nuevas experiencias. Después de todo, es parte de tu crecimiento.

Piensa en la profundidad de tus decisiones

Ferry Ortiz, estudiante del Hamilton College comenta que es necesario pensar muy bien las decisiones que uno toma. No te precipites cuando estás enojado. ≪Debes pensar antes de actuar, porque tus decisiones pueden volverse contra ti y perjudicarte,≫ recomienda el estudiante.

Aprende cómo actuar en situaciones sociales

El poder desarrollar buenas habilidades sociales en esta etapa tendrá muchas ventajas en el mundo real. Por ejemplo, si quieres ser abogado o trabajar en relaciones públicas, conocerás y trabajarás con toda clase de personas.

¿Te está resultando difícil generar vínculos con la gente nueva en tu entorno ?No temas recurrir a otros para que te ayuden.

≪Conoce los recursos disponibles y aprende dónde y cuándo buscar ayuda. Muchos de nosotros provenimos de entornos en los que pedir ayuda o reconocer que te sientes estresado y sobrepasado se interpreta como debilidad o no se ve bien,≫ afirma Benjamín Ortiz, miembro del profesorado y asesor de la Universidad de Cornell.

Participa

Los amigos no caen del cielo. ≪No te aísles. Trabaja mucho para hacer amigos y generar una comunidad, una familia. La transición será más fácil una vez que sientes tus raíces y comiences a sentir que perteneces a este nuevo lugar,≫ comenta Ruben Stern, miembro del profesorado de la Universidad de Tufts.

1. Según este artículo, quizá la cosa más difícil en cuanto a la transición a la universidad sea…
   (A) acostumbrarse al nivel de los cursos.
   (B) acostumbrarse a la vida en las residencias estudiantiles.
   (C) acostumbrarse a la falta de soporte de los familiares.
   (D) acostumbrarse a la comida y las horas.

2. La mejor manera de responder a esta dificultad es…
   (A) participar para mejor conocer a la gente allí.
   (B) tratar de ponerse en contacto con tu compañero de cuarto antes de ir a la universidad.
   (C) averiguar si hay distintos niveles de programas para la comida.
   (D) pedirles a los profesores que te ayuden cuando tengas dificultades.

3. Es importante conocer a los profesores y otros que trabajan en la universidad porque…
   (A) si te conocen, te irá mejor para ti.
   (B) son ellos que te ponen las notas.
   (C) sus padres no estarán al alcance.
   (D) pueden ser recursos para los estudiantes.

4. El conocer bien a la administración y los profesores también puede ser útil en…
   (A) facilitar el encuentro de trabajo.
   (B) abrir las puertas para mejores notas.
   (C) hacer amigos.
   (D) superar la nostalgia que muchos se sienten al ir a la universidad.

5. Según el artículo, es mejor…
   (A) no hacerles preguntas porque van a pensar que eres débil e incompetente.
   (B) hacer preguntas para poder madurarse y avanzar.
   (C) mantener un contacto regular con tu familia y tus antiguos amigos.
   (D) no mantener un contacto regular con tu familia y tus antiguos amigos.

6. Los padres, amigos y profesores pueden darte consejos, pero siempre es importante…
   (A) tomar en cuenta lo que te dice tu asesor.
   (B) tomar en cuenta lo que tú mismo piensas.
   (C) tomar en cuenta quienes te dan el dinero para ir a la universidad.
   (D) tomar en cuenta la profesión que sigues.

7. Una cosa esencial para tener éxito en el futuro después de la universidad es…
   (A) desarrollar las destrezas profesionales necesarias.
   (B) establecer vínculos con la gente nueva.
   (C) aprender cómo comportarte en una variedad de situaciones.
   (D) controlar el estrés.

8. Un buen título para este artículo sería…
   (A) Como separarse de la familia.
   (B) Como buscar ayuda.
   (C) Como pensar antes de actuar.
   (D) Como adaptarse.

Section II
Written Expression and Speaking

You are given a total of 1 hour and 20 minutes to do Section II of the practice exam (7 minutes for the Paragraph Completion with Root Words, 8 minutes for the Paragraph Completion without Root Words 10 minutes for the Informal Writing. 55 minutes for the essay, and 20 minutes for the two speaking portions). Section II is worth 50 percent of the examination (30 percent writing and 20 percent speaking).

Section II, Part A
Written Expression: Paragraph Completion with Root Words

In this part of the examination, you will need to read a paragraph in which various words have been omitted. For each blank there is a word given (noun, verb, adjective, adverb, and so on). You need to fill in each blank with the correct form of the given word. In some cases, no change will be needed. If that is the case, be sure to still rewrite the word on the line. You are given 7 minutes for this section. If you finish early, go to the next section.

- Read the entire selection first *before* you try to fill in the blanks.
- Look to see what tense the passage is narrated in (present, past, future, and so on).
- Look to see who the subject(s) is/are (masculine, feminine, singular, or plural).
- When dealing with adjectives, figure out if the modified noun is masculine, feminine, singular, or plural. If you do not know, look for words before or after that might give you a clue.
- Only capitalize a word if it begins a sentence. If it does not begin a sentence and you capitalize the word, you will lose full credit.
- Do not write or print all in capital letters or you will receive no credit.
- Even if no change is needed, be sure to rewrite the word on the line provided. Do not just write "same" or "lo mismo" as you will receive no credit.

When you have corrected this section, you might want to look up any words you did not know to add to your personal vocabulary list.

os pazos de Ulloa Emilia Pardo Bazón

Y en efecto, (1) fueron enseñadas al marqués de Ulloa multitud de cosas que no le (2) mayormente. Nada le agradó, y experimentó mil decepciones, como (3) acontecer a las gentes (4) a vivir en el campo, que se forman del pueblo una idea exagerada. Pareciéronle, y con razón, estrechas, torcidas y (5) empedradas las calles, fangoso el piso, húmedas (6) paredes, viejos y ennegrecidos los edificios, pequeño de circuito de la ciudad, postrado su comercio y (7) casi siempre sus sitios públicos; y en cuanto a lo que de un pueblo antiguo puede enamorar a un espíritu culto, los grandes recuerdos, la eterna vida del arte conservada en monumentos y ruinas, de (8) entendía don Pedro lo mismo que de griego o latín. ¡Piedras mohosas! Ya le bastaban las de los pazos. Nótese cómo un hidalgo campesino, de muy rancio criterio, se hallaba al nivel de los demócratas más vandálicos y demoledores. A pesar de (9) Orense y haber

(10) en Santiago cuando niño, discurría y fantaseaba a su modo lo que debe ser una ciudad moderna: calles anchas, mucha regularidad en las construcciones, todo nuevo y flamante, gran Policía, ¿qué menos puede ofrecer la civilización a sus esclavos?

1. _____

2. _____

3. _____

4. _____

5. _____

6. _____

7. _____

8. _____

9. _____

10. _____

Section II, Part A
Written Expression: Paragraph Completion without Root Words

In this part of the examination, you will need to read a paragraph in which various words have been omitted. For each blank, write an appropriate word to complete the passage correctly, logically and grammatically. The word may be a function word, preposition, helping verb, present perfect, conjunction, demonstrative pronoun, part of a set expression, article, relative pronoun, etcetera. Only ONE word in Spanish should be inserted. You must spell and accent the word correctly. You are given 8 minutes for this section. If you finish early, go to the next section.

- Read the entire selection first *before* you try to fill in the blanks.
- Look to see what tense the passage is narrated in (present, past, future, and so on).
- When dealing with adjectives, is the modified noun masculine, feminine, singular or plural? If you do not know, look for words before or after that might give you a clue.
- Only capitalize the first letter of a word if it starts a sentence.
- Never write all in capital letters, you will be given no credit.

Romance de lobos

por Ramón de Valle-Inclán.

El Caballero - ¡Mar, tus olas no se abrieron (1) tragarme!... ¡Quisiste aquellas vidas y no quisiste la mía! ¡Si me tragases, mar, y no arrojases mi cuerpo a ninguna playa!

¡Si me sepultases en tu fondo y me guardases para ti!... ¡No me quisiste aquella noche, y soy más náufrago (2) esos cuerpos desnudos que bailan en tus olas!... ¡Tengo la pobreza y la desnudez y el frío de un náufrago! ¡No sé (3) ir!... ¡Si la muerte trata, pediré limosna (4) los caminos!... ¡Y el mar, aquella noche, pudo caer sobre mi cuerpo, como la tierra de la sepultura, y no me quiso!... ¡Ya soy pobre! ¡Todo lo he dado a los monstruos! ¡Mi alma en otra vida, aquella vida (5) que huyo, también fue un mar, y tuvo tormentas, y noches negras, y monstruos que (6) nacido de mí! ¡Ya no soy más (7) un mendigo viejo y miserable! ¡Todo lo he repartido entre mis hijos, y mientras ellos se calientan (8) el fuego encendido por mí, yo voy por los caminos del mundo, y un día, si tú no me quieres, mar, moriré de frío al (9) de un árbol (10) viejo como yo! ¡Las encinas que plantó mi mano no me negarían su sombra, como me niegan su amor los monstruos de mi sangre!...

Section II, Part A
Written Expression: Informal Writing

In this part of the examination, you will need to write an e-mail message, a letter, a journal entry, or a postcard. You are given 7 minutes to read the prompt and write your response. If you finish early, you may go back to the two prior sections.

- Read the prompt carefully to see what type of message you need to write (e-mail, letter, journal entry, postcard).
- Decide in what tense to write the passage (present, past, future, and so on).
- Remember that this is an INFORMAL writing.
- Keep in mind the TYPE of communication (a letter is different than an e-mail, a postcard is different from a journal entry).
- Do not forget the salutation (Querido(a), Muy amigo(a) mío(a).

- Do not forget an appropriate closing (Un abrazo de, Un abrazo fuerte de, Recibe un abrazo fuerte de, Con cariño).
- As this is an informal piece of writing, be sure to used the familiar forms of verbs, pronouns and possessive adjectives, etcetera.

Escribe una carta breve. Imagina que un/a amigo/a tuyo/a te ha pedido ayuda con un problema. Escribe una carta breve y…

- salúdalo/la
- identifica el problema que fue mencionado
- dale unas opciones para resolverlo
- dile lo que tú harías
- despídete.

Section II, Part A
Written Expression: Formal Writing

In this part of the examination, you will need to write an essay based on three sources, two printed and one audio. You will have 7 minutes to read the printed material. Then you will have 3 minutes to listen to the audio material on which you should take notes. After you have heard the audio source, you will have 5 minutes to organize your thoughts. Then you will have 40 minutes to write your essay.

- Read the prompt carefully to see what your essay topic will be about.
- Decide in what tense to write the passage (present, past, future, and so on).
- While reading the two printed prompts you may wish to underline key ideas.
- Be sure to take notes while you listen to the audio prompt.
- You must CITE all three sources appropriately in your essay.

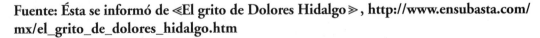

- Higher scores are awarded to essays in which you compare and contrast the information provided. Lower scores are awarded for just simply restating or summarizing the sources.
- Be sure to look over the rubric at the end of Chapter 10, page 160 to see how you will be rated.

Fuente: Ésta se informó de ≪El grito de Dolores Hidalgo≫, http://www.ensubasta.com/ mx/el_grito_de_dolores_hidalgo.htm

Fuente Nº 1
El grito de Dolores Hidalgo

Casi a lo largo de la historia del ser humano hemos tenido varias fiestas y festivales para celebrar una variedad de cosas. Originalmente éstos tenían que ver con el hombre y su relación con la naturaleza y el universo. Los antiguos celebraban los equinoccios que tenían que ver con el cambio de las estaciones y el movimiento del sol y de los astros. Luego los griegos y los romanos continuaban estas celebraciones ampliándolas y asociándolas con varias dioses que representaban elementos esenciales de la naturaleza y el deseo de explicar el origen del ser humano. Al llegar a la época cristiana, la iglesia temprana, para facilitar la conversión de los «paganos» a la fe nueva, adoptaron ciertas celebraciones paganas que celebraban la naturaleza y las convirtieron en celebraciones de aspectos religiosos. Con el avenamiento de reinos y naciones, algunas fiestas se establecieron con motivos políticos, como para celebrar la independencia, los héroes nacionales y victorias en la guerra. Una de este índole de «El grito de Dolores Hidalgo».

En el año 1810 cuando el territorio mexicano todavía se llamaba «Nueva España», un cura católico en el poblado de Dolores hizo tocar las campanas para llamar a la gente a la iglesia. En vez de ser para la misa de la mañana, la había llamado para declarar la independencia de México con gritos de «¡Viva México!» y «¡Viva la Virgen de Guadalupe!». Y así es como comenzó la guerra de independencia mexicana.

Desgraciadamente el sueño de Hidalgo y otros no se realizó hasta después de su muerte. Hidalgo y sus seguidores fueron fusilados el 30 de julio de 1811 pero con ellos se plantó la semilla que iba a dar la fruta de una nación nueva e independiente. En memoria de Hidalgo y sus partidarios, cada 16 de septiembre la República Mexicana comienza su celebración de la independencia en el Zócalo de la Ciudad de México, enfrente del Palacio Nacional, cuando el presidente sale al balcón y da el grito que dio Miguel Hidalgo aquella madrugada de 1810 … ¡Viva México! Y todos en el zócalo lo repitan. En honor de Miguel de Hidalgo, el poblado de Dolores se nombró Dolores Hidalgo para recordar y reconocer su hazaña.

Fuente N° 2

Fuente: Ésta se informó en parte de la página Web latomatina.es, http://www.latomatina.es

La tomatina, fiesta de Buñol

Quizás una de las fiestas españoles más extrañas sea la Tomatina que se celebra el último agosto en el pueblo valenciano de Buñol. Esta fiesta nació en 1945 de un evento inverosímil.

Durante un desfile de «gigantes y cabezudos» un grupo de jóvenes que querían participar comenzó a empujar a los manifestantes en disfraz, uno de los cuales se cayó. Al levantarse ése comenzó a dar golpes a los cerca de él. Por casualidad había cajas de vegetales que un vendedor iba a vender, entre las cuales había cajas de tomates. Durante la «batalla» que siguió, la gente comenzó a tirarse los tomates. Las autoridades intervinieron e hicieron que los causantes pagaran. El año próximo los jóvenes vinieron otra vez pero con sus propios tomates. Otra vez las autoridades tuvieron que poner fin a la batalla. Pero, sin autorización oficial, esta repetición de la batalla con tomates continuaba año tras año convirtiéndose en una celebración popular.

Al comenzar la década de los 50 el Ayuntamiento de Buñol prohibió la celebración. Los que trataron de continuar la «tradición» se encontraron encarcelados por las autoridades. No importaba, cada año más gente acudía a la celebración con sus tomates y la desobediencia civil continuaba. En 1955, en plan de protesta, los participantes tuvieron «el entierro del tomate» con una procesión fúnebre con música y un ataúd que llevaba un tomate grande adentro.

Por fin, en el año 1957 las autoridades permitieron la celebración. Comenzando en 1980 el Ayuntamiento de Buñol comenzó a proveer los tomates y en 2002 la Secretaría General de Turismo le dio al festival el título de «Fiesta de Interés Turístico».

Y así es como nació la Tomatina, no de una celebración religiosa, ni de una patriótica, ni de una tradicional, sino de una pelea callejera que se convirtió en protesta popular en contra de las autoridades del Ayuntamiento de Buñol y su atento de represar esta fiesta popular.

Fuente N° 3

Fuente: Este anuncio sobre las doce uvas de la Nochevieja se informó en http://www.enforex.com/culture/nochevieja.html

Section II, Part B
Speaking: Informal Speaking—Simulated Conversation

In this part of the examination, you will need to participate in a simulated conversation. The situation will be a role-playing simulated telephone conversation. You will have 30 seconds to read the outline of the conversation. Then you will listen to a telephone message after which you will have one minute to read the outline of the conversation again. After, the telephone call will begin, following the outline. Each time it is your turn to speak, you will have 20 seconds in which to respond. You should participate as fully and appropriately as possible. You will need to have a parent, friend, teacher, or tutor to read the message and then the recorded portions of the conversation.

- Be sure to have a timer to keep track of the timings.
- Read the prompt line and conversation outline carefully to see what the conversation will be about.
- Decide in what tense(s) you might need to respond (present, past, future, and so on).
- While reading the prompt and conversation outline you may wish to jot down some verbs, nouns, etcetera that you may wish to use.

- While you listen to each line of the dialogue, try to pick out words, expressions or phrases that might be able to be used (BE CAREFUL though to not just restate what you have heard!).
- Higher scores are awarded for conversations where complex structures and rich vocabulary are used.
- Be sure to look over the rubric at the end of Chapter 11, pages 187–188 to see how you will be rated.

Imagina que recibes un mensaje telefónico de la compañía de autobuses.

(A) El mensaje [You will hear the message on the recording. Escucharás el mensaje en la grabación.]

(B) La conversación [The shaded lines reflect what you will hear on the rcording. Las líneas en gris reflejan lo que escucharás en la grabación.]

Juan:	• *[El teléfono suena.] Contesta el teléfono.*

Tú: • *Salúdalo.*
    • *Pregúntale el por qué de su mensaje.*

Juan:	• *Te explica por qué te había llamado.*

Tú • *Expresa tu reacción.*

Juan:	• *Te hace una pregunta.*

Tú: • *Responde a la pregunta.*

Juan: • *Continúa la conversación.*

Tú: • *Expresa tu reacción.*

Juan: • *Continúa la conversación.*

Tú: • *Expresa tu reacción.*
  • *Despídete de él.*

Section II, Part B
Speaking: Oral Presentation (Integrated Skills)

In this part of the examination, you will need to make a two minute formal presentation to your class. You will be given a question that will be the topic of your presentation. This question is based on the accompanying printed article and radio report. You will have 5 minutes to read the printed article. Then you will listen to a radio report. You should take notes on the radio report as you listen. After hearing the radio report, you will have 2 minutes to plan your answer and 2 minutes to record it. Your presentation should be as complete and appropriate to the topic as possible. You will need to have a parent, friend, teacher, or tutor to read the radio report to you.

- Be sure to have a timer to keep track of the timings.
- Read the question and article carefully.
- Underline key ideas/information in the printed article.
- Take notes on the radio report.
- Decide in what tense(s) you might need to use (present, past, future, and so on).
- While you listen, try to pick out words, expressions or phrases that might be able to be used (BE CAREFUL though to not just restate what you have heard!).

- Higher scores are awarded for conversations where complex structures and rich vocabulary are used.
- Higher scores are awarded also for presentations in which information is compared and contrasted as opposed to just a mere restatement or synthesis of the information.
- Be sure to look over the rubric at the end of Chapter 10, pages 164–165 to see how you will be rated.

Imagina que tienes que dar una presentación formal ante una clase de español.

El artículo impreso describe la escuela de Traductores de Toledo; el informe de radio describe la nueva Escuela de Traductores de Toledo. En una presentación formal, compara las dos escuelas.

Fuente N° 1

Fuente: Este artículo se informó de «The Toledo school – translators in Toledo, Spain under Moorish rule – Al-Andalus: where three worlds met», UNESCO Courier, http://findarticles.com/p/articles/mi_m110/9s_1991_Dec/ai_11864007/print

La escuela de Traductores de Toledo, fuente de entendimiento y comprensión

Al leer los periódicos y revistas, y oír el noticiero de televisión y radio, muchos desesperan por la violencia en nuestro mundo. A veces parece que la paz es algo verdaderamente inalcanzable. Pero, ¿de verdad lo es? Para los que no lo crean, sólo hace falta ver la historia para ver lo que sí puede ser.

En 711 los árabes del norte de África invadieron la Península Ibérica derrotando a los reyes visigodos. Para el año 718 habían conquistado toda la península. Pero, en vez de la destrucción total de las comunidades judías y cristianas, en la península reinaba un período denominado «la convivencia» en que coexistían los árabes, cristianos y judíos. Aquella época produjo filósofos como Maimónides, un filósofo judío, y Averroes, un filósofo judío, universidades y bibliotecas. También produjo en el siglo XII una escuela de traductores en la ciudad de Toledo. East escuela fue fundada por Don Raimundo, el arzobispo cristiano de Toledo. Don Raimundo fue convencido de la importanicia de traducir los textos de los filósoforos árabes para comprender a los clásicos como Aristóteles. Él reunió en Toledo a un grupo de sabios árabes, cristianos y judíos para traducir del árabe y judío al castellano y latín la sabiduría del mundo antiguo.

Gracias al trabajo hecho por los traductores, los conocimientos del mundo oriental, griego y latín fueron conservados y transmitidos al resto de Europa.

Aquel período puede servir de ejemplo al mundo moderno de cómo tres culturas y religiones pueden vivir en paz, y como esta «convivencia» puede servir a alzar la raza humana. Gracias a esta escuela de traductores, conocemos hoy las obras de los grandes filósofos, matemáticos, doctores y astrónomos del mundo antiguo y del oriente. Aquel intercambio de información ayudó a esclarecer las tinieblas de la Edad Media. ¿Podría algo así esclarecer hoy día nuestras tinieblas de guerra y terrorismo?

Fuente N° 2
Hacia la comprensión

Fuente: Está se informó de la página Web Al-Ahram, «Spirit of Toledo» por Serene Assir, http://www.weekly.ahram.org.eg/2006/782/cu6.htm

Listening Scripts, Answers, and Explanations for Practice Exam 2

Section I, Part A
Listening Comprehension

Script for Short Dialogue

En el coche rumbo al aeropuerto

Esposo: Elena, ¿dónde has puesto los pasaportes?

Esposa: (#1) **Están aquí en mi bolso.**

Esposo: ¿Y los billetes para el vuelo? ¿Dónde están ellos?

Esposa: No lo sé. (#2) **Tú ibas a ponerlos en tu maletín** para llevar abordo del avión.

Esposo: Umm, ¿puedes buscar en mi maletín si están allí? Está en el asiento de atrás.

Esposa: Sí, están aquí. Pero (#3) **no veo los cheques de viajero.** ¿No los compraste?

Esposo: No, te dije que en este viaje (#4) **iba a usar mi tarjeta de crédito para pagar el hotel, las comidas y las excursiones.**

Esposa: Pero, ¿si queremos tomar un taxi, o comprar algo en la calle?

Esposo: No te preocupes. Podemos usar la tarjeta de crédito en el cajero automático de cualquier banco para sacar dinero.

Esposa: ¿Y es una buena idea hacer eso?

Esposo: Sí, porque recibimos la tasa de cambio al porcentaje para el día que sacamos el dinero. (#5) **Pero lo más importante es que evitamos las tarifas que cobran los bancos y las tiendas por cobrar cheques de viajero.**

Esposa: Me parece una idea genial entonces.

Questions and Answers

1. Los pasaportes están en...
   (B) su bolso.

2. Los billetes para el avión están en...
   (C) su maletín.

3. ¿Qué es lo que la mujer no puede encontrar?
   (C) los cheques de viajero

4. ¿Para qué decidió el hombre usar la tarjeta de crédito?
   (B) para pagar todos los gastos

5. La ventaja principal de usar la tarjeta de crédito para todo es que...
   (D) no tendrán que pagar extra por cobrar los cheques de viajero en las tiendas y bancos.

Script for Short Narrative

El estudio de lenguas extranjeras

Antes en los Estados Unidos no se veía la importancia de estudiar idiomas extranjeros. Siendo un país tan grande, (#1) **no había la necesidad, ni la oportunidad, de estudiar otro idioma.** Todo eso ha cambiado mucho durante los útimos años.

El idioma español, o castellano, está convirtiéndose en el segundo idioma no oficial de los Estados Unidos. (#2) **Con el gran número de inmigrantes de Hispanoamérica en los años ochenta y noventa por las crisis económicas y políticas,** la población hispanohablante de los Estados Unidos forma la minoría más grande ahora (#3). **Muchas compañías están tratando de aprovecharse de este nuevo mercado** con campañas publicitarias y productos dirigidos a los hispanos.

También en las artes se ve la creciente importancia de este mercado. (#4) **Cantantes, como Selena había hecho y Cristina Aguilera está haciendo ahora, están aprendiendo el español, lengua de sus padres, para poder cantar en español y alcanzar este mercado tanto como el mercado de habla inglesa. Otros cantantes hispanos como Shakira están aprendiendo el inglés para poder alcanzar el mercado inglés tanto como el mercado hispanohablante.**

Parece que todo el mundo está muy consciente de este fenómeno. Hasta en la educación se lo ve. En los años cincuenta y sesenta fue de moda aprender el francés. (#5) **Ahora la mayoría de estudiantes que estudian una lengua escogen el español por** la posible importancia que podrá tener en su futuro.

Questions and Answers

1. La razón tradicional por la falta de estudiar idiomas en los Estados Unidos es...
   (B) la falta de necesidad.

2. Muchos hispanos han venido a los Estados Unidos en los ochenta y noventa por...
   (C) problemas en sus países.

3. Como resultado de esta ola de inmigración...
   (A) muchas compañias quieren vender a este nuevo mercado.

4. Un fenómeno que se ve en las artes es que...
   (D) hay más cantantas hispanos que quieren cantar en las dos lenguas.

5. Se ve la importancia que el español ha adquirido en el hecho de que...
   (C) la mayoría de los estudiantes que estudian una lengua extranjera estudian el español.

 If you had difficulty doing this section of the test, be sure to review and do more practice in Chapter 5.

Script for Longer Dialogue

En la tienda de aparatos eléctricos

Cliente: Buenos días, señor.

Dependiente: Buenos días, ¿en qué puedo servirle?

Cliente: Compré este radio aquí la semana pasada y (#1) **no funciona muy bien.** Espero que Ud. pueda repararlo o reemplazarlo.

Dependiente: Bueno, ¿cuál es el problema con él?

Cliente: (#2) **Es que cuando lo pongo hay interferencias,** tantas que no oigo bien ni la música ni el comentario de los locutores.

Dependiente: Me parece que habrá un problema con la antena interna. (#3) **Lo que pasa es que no hacemos reparaciones aquí en esta tienda. Tenemos que mandarlo a un taller de reparaciones** y normalmente tardan dos semanas en devolverlo.

Cliente: Eso es imposible. (#4) **Me voy de vacaciones este fin de semana. Quería llevarlo conmigo a la playa para poder escuchar música mientras tomo** el sol. ¿No hay algo más que Uds. puedan hacer?

Dependiente: Podría prestarle otro radio mientras que se reparara el suyo si no lo llevara a la playa. (#5) **En la playa sería posible que el radio prestado fuera dañado por la arena, el agua o el sol.**

Cliente: ¡Qué problema! Parece que no podré tener mi radio para estas vacaciones.

Dependiente: ¿Tendría Ud. el recibo para el radio?

Cliente: Sí, está en casa. ¿Por qué?

Dependiente: (#6) **Si Ud. me trae el recibo, podré darle otro radio nuevo por el radio que no funciona.** Entonces (#7) **puedo devolverle el que no funciona a la compañía** y Ud. tendrá un radio para las vacaciones.

Cliente: Excelente idea. Bueno, vuelvo a casa ahora por el recibo y volveré en media hora.

Dependiente: Muy bien. Cuando Ud. vuelva, pregunte por mí y podremos cambiar los radios.

Cliente: Mil gracias, señor. Ud. ha sido muy amable.

Questions and Answers

1. ¿Cuál es el problema?
(D) Lo que compró no funciona como se debe.

2. ¿Con qué tiene problema?
(A) con la recepción

3. ¿Por qué no puede ayudarle al cliente el dependiente?
(C) No hacen las reparaciones allí.

4. ¿Cuál es el problema si el muchacho quiere que la tienda lo repare?
(B) No puede esperar tanto tiempo para las reparaciones.

5. ¿Por qué no puede prestarle el dependiente otro al muchacho?
(A) El artículo prestado puede ser dañado donde él quiere llevarlo.

6. ¿Cómo se resuelve la situación?
(D) Con el recibo el dependiente puede cambiar el uno por el otro.

7. ¿Qué va a hacer la tienda con el producto defectuoso?
(B) devolverlo a la compañía

If you had difficulty doing this section of the test, be sure to review and do more practice in Chapter 5.

Script for Longer Narrative

El cine español contemporáneo

En los años ochenta (#1) **el cine español gozó de una producción fenomenal con la restauración de la democracia española.** Los directores españoles, con nuevos derechos y la eliminación de la censura, pudieron desarrollar su arte. Uno de éstos es Carlos Saura. Durante los ochenta Carlos Saura en colaboración con (#2) **Antonio Gades, el primer bailarín flamenco español de esta época,** hizo tres películas que recibieron aclamación internacional y hasta nominaciones para el Premio Óscar: *Bodas de sangre* (1981), *Carmen* (1983) y *El amor brujo* (1987).

Bodas de sangre es una adaptación del drama del mismo nombre escrito por Federico García Lorca en 1933. (#3) **En esta película, en parte autobiográfica, Antonio Gades habla de cómo se hizo bailarín, cómo y por qué comenzó a bailar y su contacto con el famosísimo bailarín Escudero.** La acción pasa en el estudio de baile en un ensayo para una producción del drama *Bodas de sangre,* escrito por Federico García Lorca. Al comienzo los actors llegan, se maquillan, se visten y se hablan de sus proyectos. Mientras se pone su maquillaje Gades nos habla de su formación y vida profesional. Después vemos a los bailarines ensayando su adaptación flamenca del drama. (#4) **No hay diálogo. La historia se cuenta por medio de la música y el baile.**

Carmen se hizo después, en 1983 y es la historia famosa de Mérimée y la ópera de Bizet. Otra vez Gades monta una representación de esta historia por medio del baile y la música flamenca. Esta vez Saura juega con la realidad. (#5) **La historia de *Carmen* se mezcla con la de Gades y la bailarina principal que se llama Carmen, el mismo nombre que el de la protagonista. La historia de Carmen y don José, el soldado español que se enamora de Carmen, y la de Gades y Carmen la bailarina se convierten en la misma, un hombre enamorado de una mujer que lo traiciona y decepciona.** ¿Es que al final Gades mata a la bailarina Carmen, o es que es sólo la parte del ensayo en que don José mata a Carmen el personaje de la obra? (#6) **Es el espectador que tiene que decidir.**

El amor brujo se basa en una obra clásica española del mismo nombre por el gran compositor español Manuel de Falla. Al comienzo vemos los portones de un estudio en el momento en que se cierran. Adentro vemos las luces y el escenario en el estudio pero pronto (#7) **Saura nos lleva al mundo gitano donde transcurre la acción.** Estamos ahora en un pueblo pequeño de gitanos y los vemos en su vida diaria y vemos también sus viejas tradiciones. Esta historia cuenta el poder del amor, de la honra y hasta la cuestión de la honra y el amor después de la muerte. De las tres películas de Saura y Gades ésta es la más tradicional en cuanto a la trama de la historia. La historia se basa en los modales, las creencias y las tradiciones de los gitanos españoles, un grupo que vive fuera de la sociedad. Cuenta la historia también del amor verdadero que puede superarlo todo y triunfa al final.

Estas tres colaboraciones de Saura el director y Gades el bailarín han llevado a la pantalla historias, música, baile y tradiciones españoles y han ayudado a lograr mucha atención y prestigio para la industria cinematográfica de España.

(#8) **Carlos Saura ha continuado con su visión de contar la historia de un pueblo por medio de su música y baile con la película** *Tango,* que él realizó en la Argentina. En esta película, (#9) **algo parecida** a *Carmen,* **él combina la vida amorosa del bailarín principal con la de su bailarina principal, novia de un hombre peligroso,** quienes montan una producción que usa el baile y la música del tango para contar la historia de la Argentina desde su independencia hasta la Guerra sucia de los años setenta y ochenta. El uso de la música y del baile nacionales por Saura para contra la historia continúa a ser genial y a captar la atención del mundo entero.

Questions and Answers

1. ¿Cuál fue el gran empuje para el desarrollo del cine español?
   (C) la restauración de la democracia

2. ¿Quién era Antonio Gades?
   (B) el primer bailarín flamenco español

3. ¿Qué historia cuenta en parte la película *Bodas de sangre*?
   (A) la historia de la vida de Gades

4. ¿Cuál es la historia contada por medio de música y baile sin diálogo?
   (C) *Bodas de sangre*

5. ¿Cuál es una historia psicológica donde la vida de los actores paralela la vida de los protagonistas?
   (D) *Carmen*

6. ¿Qué es lo que pasa al final de *Carmen*?
   (B) No sabemos si el asesinato de Carmen es real o parte del ensayo.

7. ¿En qué película transcurre la acción en el mundo de los gitanos?
   (A) *El amor brujo*

8. ¿Qué es lo genial de la obra de Carlos Saura?
   (D) Cuenta una historia por medio de música y baile.

9. ¿Cuáles son las dos películas en que la vida amorosa de los protagonistas se mezcla con la obra?
   (A) *Tango* y *Carmen*

Script for Formal Writing
Fuente N° 1
Las doce uvas de la Nochevieja

En España, como en muchas partes del mundo, la Nochevieja se celebra con la familia y los amigos. Normalmente hay una cena después de la cual o deciden ver la celebración en la televisión o salen de sus casas para celebrarla. Para celebrar hay también las botellas de champaña para brindar el Año Nuevo después del toque de la medianoche. Pero, en España hay otra costumbre que parezca un poco extraña.

En muchas ciudades españolas la Nochevieja la gente congrega en las plazas y al comenzar a tocar las doce ellos se empeñan en comer una uva por cada toque hasta comer las doce. La tradición dice que los que pueden comer las doce uvas con los toques del reloj tendrán suerte en el Año Nuevo.

¿Cómo nació esta celebración que se ha hecho tan española? Lo curioso es que no tiene nada que ver con las razones por las cuales la gente normalmente celebra la Nochevieja, tales como para despedirse del año pasado y sus problemas y dar la bienvenida al Año Nuevo con la esperanza de mejorar sus vidas. La razón por la existencia de esta celebración tenía que ver con algo tan básico como las razones tradicionales que ahora se asocian con el comer las doce uvas. Tenía que ver con la economía y el comercio. En el año 1909 hubo una cosecha enorme de uvas y los agricultores de Alicante se encontraron en la posición de tener una sobreabundancia de ellas. Los productores necesitaban una manera de vender sus uvas y así es como nació lo que se ha convertido en una parte esencial de la celebración de la Nochevieja y el Año Nuevo.

Script for Informal Speaking

(Narrador) Ahora tienes treinta segundos para leer el bosquejo de la conversación.
(30 seconds)

(Narrador) Imagina que recibes un mensaje telefónico de la compañía de autobuses. Escucha el mensaje.

(Juan) [Answering machine] [Beep] Hola, soy Juan. ¡Llámame cuanto antes! He recibido unas noticias muy importantes, chao!

(Narrador) Ahora tienes un minuto para leer de nuevo el bosquejo de la conversación.
(1 minute)
Ahora empezará tu llamada.
[Telephone] [Rings twice and picks up]

(Juan) Aló, ¿quién habla?
TONE (20 Seconds) TONE

(Juan) Gracias por llamarme. ¡Tengo unas noticias fantásticas! ¡María me ha invitado a su quinceañera!
TONE (20 Seconds) TONE

(Juan) Estoy muy emocionado, pero, no sé qué llevarle. ¿Tienes unas ideas?
TONE (20 Seconds) TONE

(Juan) Nunca he asistido a una quinceañera. ¿Cómo debo vestirme?
TONE (20 Seconds) TONE

(Juan) Sí, parece ser una buena idea. Creo que va a ser una fiesta muy divertida.
TONE (20 Seconds) TONE

(Juan) Pues, mil gracias por tus consejos. Yo te llamaré después para contarte todo.
TONE (20 Seconds) TONE

Script for Formal Speaking
Fuente N° 2

Mientras hay guerras y actos del terrorismo, existe un grupo en Toledo, España que trata de cambiar la mente y el corazón de la gente. En 1994 se estableció de nuevo la Escuela de Traductores de Toledo en colaboración con la Fundación Cultural Europea. Esta escuela tiene sus raíces en los siglos XII y XIII en Toledo. La escuela nueva, ubicada en la Universidad de Castilla–La Mancha, tiene como misión la traducción de textos árabes al castellano y también ofrece clases y talleres en la traducción de textos hebreos. El motivo principal es la comprensión mutua entre las principales culturas de la región mediterránea para romper quizá las barreras más grandes entre estos pueblos, la de la lengua y la de la cultura.

El trabajo realizado por la escuela de traductores no se dirige a profesionales sino a las masas para que todos puedan conocer mejor la cultura árabe por el arte de su literatura y no entrar en discusiones sobre la religión. No se empeñan tanto en hacer traducciones exactas, sino que tratan de captar lo artístico del lenguaje para que la versión española sea tan rica como el texto original. El enfoque es más bien cultural.

Al momento actual, sólo se traducen unos diez obras por año, pero es un comienzo. Quizá por entenderse mejor a través del arte literario, haya una mejor oportunidad para lograr el respeto y la paz entre estos pueblos mediterráneos. La Escuela de Traductores original difundió la sabiduría del mundo antiguo y oriental a la Europa de la Edad Media, ¿puede ser que la nueva difundirá la comprensión y la paz?

❯ Answers and Explanations

Section I, Part B
Reading Comprehension

(1) Es difícil pasar de la escuela secundaria, donde tienes un grupo sólido de amigos que te apoyan, a una institución de educación superior donde eres un extraño rodeado de extraños. Extrañarás a tus amigos y a tu familia. Extrañarás las salidas con la gente de tu escuela secundaria local. Sin embargo, conocerás un montón de gente nueva en esta etapa.

Estudiantes y asesores de los recintos universitarios, o sea campus, de todas partes de los Estados Unidos dieron su opinión a Next Step sobre cómo adaptarse a este nuevo escenario. Aquí podrás ver lo que nos contaron.

(2) Involúcrate

(4) ≪Conocer a los diferentes administradores y profesores del campus puede abrir las puertas para oportunidades laborales, es un gran recurso y permite generar maravillosas amistades, ≫ afirma Iris Michelle Delgado, estudiante de la universidad de Cornell. **(5) ≪Nunca tengas miedo de reconocer que no sabes algo. Tu experiencia en esta etapa se va a ver muy debilitada si piensas que hacer preguntas puede hacerte ver incompetente.≫**

Aprovecha de los profesores

Debra Castillo, miembro del cuerpo de profesores de la Universidad de Cornell, **(3) aconseja aprovechar de los profesores y miembros del personal de la institución. ≪Hay gente maravillosa y comprensiva entre los miembros del personal. Tienen una amplia base de conocimientos y una gran sensibilidad cultural y, por lo general, pueden ser la fuente de consultas esencial de los estudiantes.** Los miembros del profesorado nos dedicamos a formar y acompañar a gente joven, por lo tanto, deberían recurrir a nosotros más frecuentemente.≫

(6) Escúchate a ti mismo

Durante toda la experiencia de la educación superior, los amigos y la familia seguramente te brindarán muchos consejos sobre las clases, el dinero, los amigos y las relaciones. **(6) ≪Escucha los consejos de tu familia, pero no olvides que serás tú quien deberás vivir con las decisiones que tomes,≫** afirma Delgado.

Mantente en contacto

≪Mantente en contacto con tu familia y amigos por todos los medios que te parezcan necesarios, pero también debes darle una oportunidad a tu nueva vida en el campus,≫ sostiene Lourdes Laguna, estudiante de la Universidad de Tufts.

Debes estar abierto a probar cosas nuevas y manejar nuevas experiencias. Después de todo, es parte de tu crecimiento.

Piensa en la profundidad de tus decisiones

Ferry Ortiz, estudiante del Hamilton College comenta que es necesario pensar muy bien las decisiones que uno toma. No te precipites cuando estás enojado. ≪Debes pensar antes de actuar, porque tus decisiones pueden volverse contra ti y perjudicarte,≫ recomienda el estudiante.

Aprende cómo actuar en situaciones sociales

(7) El poder desarrollar buenas habilidades sociales en esta etapa tendrá muchas ventajas en el mundo real. Por ejemplo, si quieres ser abogado o trabajar en relaciones públicas, conocerás y trabajarás y con toda clase de personas.

¿Te está resultando difícil generar vínculos con la gente nueva en tu entorno? No temas recurrir a otros para que te ayuden.

≪Conoce los recursos disponibles y aprende dónde y cuándo buscar ayuda. Muchos de nosotros provenimos de entornos en los que pedir ayuda o reconocer que te sientes estresado y sobrepasado se interpreta como debilidad o no se ve bien,≫ afirma Benjamín Ortiz, miembro del profesorado y asesor de la Universidad de Cornell.

(2) Participa

(8) Los amigos no caen del cielo.≪No te aísles. Trabaja mucho para hacer amigos y generar una comunidad, una familia. La transición será más fácil una vez que sientes tus raíces y comiences a sentir que perteneces a este nuevo lugar,≫ comenta Ruben Stern, miembro del profesorado de la Universidad de Tufts.

1. Según este artículo, quizá la cosa más difícil en cuanto a la transición a la universidad sea…
   (C) acostumbrarse a la falta de soporte de los familiares.

2. La mejor manera de responder a esta dificultad es…
   (A) participar para mejor conocer a la gente allí.

3. Es importante conocer a los profesores y otros que trabajan en la universidad porque…
   (D) pueden ser recursos para los estudiantes.

4. El conocer bien a la administración y los profesores también puede ser útil en…
   (A) facilitar el encuentro de trabajo.

5. Según el artículo, es mejor…
   (B) hacer preguntas para poder madurarse y avanzar.

6. Los padres, amigos y profesores pueden darte consejos, pero siempre es importante…
   (B) tomar en cuenta lo que tú mismo piensas.

7. Una cosa esencial para tener éxito en el futuro después de la universidad es…
   (C) aprender cómo comportarte en una variedad de situaciones.

8. Un buen título para este artículo sería…
   (D) Como adaptarse.

Section II, Part A
Written Expression: Paragraph Completion

1. **le** (*to him*): **Al marqués** indicates what the indirect object should be ("a multitude of things were shown *to him*").

2. **importaban**: The imperfect is used because the rest of the sentence is in the past, and verbs like **importar** that describe mental or emotional states usually are in the imperfect rather than the preterit. ". . . that didn't matter (*they = the things he was shown*) to him." The plural form is used because **importar** works like **gustar**: The person is expressed with the indirect object pronoun (**me, te, le, nos, os, les**) and the verb must agree with the subject (here, **cosas**).

3. **suele**: Note that **soler** (*to be in the habit of, to tend to*) is usually used in the present indicative or the imperfect indicative. Even though the sentence starts in the past, note that the second part is in the present since the narrator is making a general observation ("*as tends to* happen to people accustomed to living in the country and who form an exaggerated idea from the town [of what life should be like]").

4. **habituadas**: The past participle here (**habituado** = *accustomed, in the habit of*) is functioning as as an adjective and therefore must agree with **las gentes**. The past participle (**-ado, -ido, -cho, -to, -so**) functions as an adjective after a noun or after **ser** or **estar**.

5. **mal** (*badly*): The adverb is needed here since an adjective (the past participle **empedradas** = *paved*), is being modified.

6. **las**: **Paredes** is feminine plural, so the definite article must also be.

7. **solitarios** (*solitary*): The adjective **solitarios** is describing **los sitios públicos**, which is masculine plural.

8. **eso**: The neuter form, **eso** (*that*), is needed here. **Eso** refers back to **en cuanto a lo que**... ("as far as an old town enamouring a cultured spirit"). **Lo que** is also a neuter expression used to refer to something not specific or to an action or description as these do not have a gender. **Aquello** could also have been used here but the author used **eso** as the action is not in a remote past.

9. **conocer**: The infinitive is used here after the preposition **a pesar de** (*in spite of*). In Spanish, a verb directly following a preposition is always in the infinitive.

10. **estado**: The past participle (**-ado, -ido, -cho, -to, -so**) does not change when it is used as a verb. After any form of the verb **haber**, including the infinitive, the past participle is used as a verb.

 If you had difficulty doing this section of the test, be sure to review and do more practice in Chapter 7.

Section II, Part A
Writing: Paragraph Completion without Root Words
Answers and Explanations

1. **para**: **Para** + a verb infinitive = "*in order to*" or "*to*".

2. **que**: The relative pronoun **que** is used to link two clauses in Spanish. In English the relative pronoun "*that*" is optional, but not in Spanish: "*Sea, your waves did not open to / in order to swallow me!...*"

3. **adónde**: The verb **ir** is followed by the preposition **a** and the place. As the place is not mentioned, we place the **a** with **dónde** = "*to where*": "*I don't know where to go to...*".

4. **por**: "*by*" and "*along*": "*along the roads.*"

5. **de**: The verb **huir** is followed by the preposition **de** and what someone is fleeing from. As **aquella vida** is what is being fled, and it is the antecedent, **de** goes before the relative pronoun **que**: **de que** = "*from which*".

6. **habían**: Before the past participle, the verb **haber** is used to form the perfect tenses. The subject here is **monstruos**, and as the narration is in the past, the past of **haber** will be used in the **ellos** form to form the pluperfect tense.

7. **que**: **más que** = "*more than*".

8. **ante / delante de**: **Ante / delante de** = "*in front of*" (Note, usually **ante** is used for an abstract relation like "*in the presence of*" whereas **delante de** expresses a physical position. The author here chose to use **ante** but **delante de** would work as well.)

9. **pie**: **Al pie de** = "*at the foot of*".

10. **tan**: **tan** + adjective / adverb + **como** = "*as...as.*"

If you had diffculty doing this section of the test, be sure to review and do more practice in Chapter 8.

Scoring and Interpreting your Results

Once you have taken the Diagnostic Test, look to see what sections were more difficult for you:

- If you found a certain section to be more difficult, do extra practice on those types of questions:

  Section I
  - Part A: Chapter 5 (Listening Comprehension)
  - Part B: Chapter 6 (Reading Comprehension)

  Section II
  - Part A: Chapter 7 (Paragraph Completion with Root Words)
  - Part A: Chapter 8 (Paragraph Completion without Root Words)
  - Part A: Chapter 9 (Informal Writing [Interpersonal])
  - Part A: Chapter 10 (Formal Writing/Integrated Skills)
  - Part B: Chapter 11 (Informal Speaking—Simulated Conversation)
  - Part B: Chapter 12 (Formal Oral Presentation/Integrated Skills)

- With the Paragraph Completions, be sure to read the explanations that accompany the answers. You may wish to take notes on these and/or do further review using a grammar book and the appendixes in this book.

Here is a way you can see how you might have done if this had been the actual examination. This is *not* scientific and the results *do not* guarantee that you will do similarly on the actual examination.

Section I

Part A: Listening _____ (number correct) x .20 =_____
                        26*

(*Take the number correct out of 26 and subtract .33 times the number of wrong answers, then divide by 26 and finally multiply by .20. An extra ⅓ is taken to account for random guessing, therefore unless you have some idea as to the correct answer, it is better to leave it blank than to guess!)

Part B: Reading _____ (number correct) x.30 =_____
                      8*

(*Take the number correct out of 8 and subtract .33 times the number of wrong answers, then divide by 8 and finally multiply by .20. An extra ⅓ is taken to account for random guessing, therefore unless you have some idea as to the correct answer, it is better to leave it blank than to guess!)

Section II

Part A: Writing _____ (number correct) × .025 =_____
                      20

Part A: Writing _____ (number correct) × .25 =_____
                      15

Part A: Writing _____ (rubric score) × .05 =_____
                      5

Part A: Writing _____ (rubric score) × .05 =_____
                          5

Part B: Speaking _____ (rubric score) × .10 =_____
                          5

Part B: Speaking   _____ (rubric score) × .10 =_____
                          5

Total score for Sections I and II ._____

Multiply the total score for Sections I and II (.(×) times 180 = _____

If you received between 135 and 180, you would have received a 5 → A

If you received between 115 and 134, you would have received a 4 → B

If you received between 85 and 114, you would have received a 3 → C

If you received between 63 and 84, you would have received a   2 → D

If you received between 0 and 62, you would have received a   1 → no
                                                                    recommendation.

Appendixes

Ordering and Connecting Words for Smooth Writing

Common Mistakes

Common Verbal Expressions

Convincing/Persuading; Giving/Receiving Information; Expressing Feelings

Verbs and Verbal Expressions Requiring Prepositions

Useful Expressions for Paragraph Completion without Root Words

Web sites

ORDERING AND CONNECTING WORDS FOR SMOOTH WRITING

In order to make your ideas flow more fluently, you should also make a point of using connecting or ordering words. You may choose to make your own personal list of these from below and commit to using them in all essays you prepare for class or practice on your own. If you make the commitment to use these regularly, by the day of the examination you should be able to incorporate them into your writing to make the transitions between ideas and paragraphs smooth.

- You may also wish to make flash cards with six expressions in order to practice them.
- The best way to learn the expressions is to use them:
  ○ Try to actively use the expressions in all six appendix sections in your written work.
  ○ Try to actively use the expressions orally.
  ○ Try to actively recognize them in written passages.
  ○ Try to actively listen for them in spoken language.

Creo que

I believe

primero:	*first*
luego:	*then*
después:	*afterward* (después de + *noun/infinitive*)
antes:	*before* (antes de + *noun/infinitive*)
finalmente:	*finally*
por fin:	*finally*
entonces:	*then; therefore*
sin embargo:	*nevertheless*
no obstante:	*nevertheless*
por consiguiente:	*therefore*
pues:	*then, well, therefore*
a causa de:	*because of*
por + *noun:*	*because of* (No vengo a la fiesta **por** el trabajo que tengo.)

porque + *verb:*	*because* (No vengo a la fiesta **porque** no puedo.)
pero:	*but*
sino:	*but* (**No** es blanco **sino** negro. [**sino** = the negative *but*] = *rather*
aunque:	*even though*
mientras tanto:	*meanwhile*
mientras:	*while*
por eso:	*for that reason, because of that*
por lo tanto:	*therefore*
y:	*and* (**Y** becomes **e** before words beginning in **hi-** or **i-**: español e inglés)
o:	*or* (**O** becomes **u** before words beginning in **ho-** or **o-**: siete u ocho. **O** may also be

	written with an accent mark, **ó**, to distinguish it from the number 0 [zero].)
que:	*that, which, who*
si:	*if*
al principio:	*at first*
al fin:	*at the end*
érase una vez / había una vez:	*once upon a time*
comieron perdices y vivieron felices:	*they lived happily ever after*
colorín, colorado, este cuento se ha acabado:	*they lived happily ever after*
también:	*also, too*
tampoco:	*neither, not either*
o … o:	*either … or*
ni … ni:	*neither … nor*
en aquel entonces:	*back then*
por un lado:	*on the one hand*
por otro lado:	*on the other hand*
nunca jamás:	*never, ever*
cuando:	*when*
hasta que:	*until*
tan pronto como:	*as soon as*
así que:	*as soon as*
luego que:	*as soon as*
en cuanto:	*as soon as*
después de que:	*after*
mientras que:	*while*
de modo que:	*in a way that*
de manera que:	*in a manner that*

Use the Subjunctive *only if the action has not yet taken place:* Te hablaré cuando tú **vengas.**

Siempre te hablo cuando tú **vienes.**

para que:	*so that, in order that*
a fin de que:	*so that, in order that*
a menos que:	*unless*
a no ser que:	*unless*
a condición de que:	*on the condition that*
con tal (de) que:	*provided that*
antes de que:	*before*
en caso de que:	*in case*
sin que:	*without*
de hecho:	*as a matter of fact*
hoy día:	*nowadays, today*
por lo general:	*generally*
además:	*furthermore*
por ejemplo:	*for example*
a pesar de:	*in spite of*
en vez de:	*instead of*
es decir:	*in other words, that is to say*
sobre todo:	*above all*
o sea:	*in other words, that is to say, that is*
o sea que:	*in other words, so, that is to say (in conclusion)*

Always use the subjunctive: Yo no voy a menos que tú **vayas.**

COMMON MISTAKES

This appendix provides a list of common errors made by English-speaking students learning Spanish. It also provides space for you to write a practice sentence using each particular word or expression in the correct way.

- You may also wish to make flash cards with the expressions in order to practice them.
- The best way to learn the expressions is to use them:
  - Try to actively use the expressions in all six appendix sections in your written work.
  - Try to actively use the expressions orally.
  - Try to actively recognize them in written passages.
  - Try to actively listen for them in spoken language.

Creo que

I believe

1. *Because of* is translated in Spanish as **a causa de** or **por:** No vienen a la fiesta **a causa de/por** la nieve. Only use porque if followed by a conjugated verb = *because:* No vino **porque** está enfermo.

[blank box]

2. Many words ending in **-ma** in Spanish are masculine: **el problema, el drama, el poema,** and so on. Notable exceptions include **la trama** (*the plot*) and **la forma** (*the form*).

[blank box]

3. **Probar** (**o → ue**) means *to try on* clothing or *to taste* food. **Tratar de** means *to try to do* something: Yo quiero **probar** la sopa. Yo **traté de** hacer la tarea.

[blank box]

4. **Tratar de** also means *to be about, to deal with:* El programa **trata de** la Guerra Civil Española.

[blank box]

5. **Hablar de** means *to talk about* something or someone: Ellos **hablan de** la fiesta de anoche. María **hablaba de** su nuevo amigo Juan.

[blank box]

6. The verb **decir** means *to say* or *to tell;* **hablar** means *to speak:* Yo siempre **digo** la verdad. ¿Me **hablas** a mí?

[blank box]

7. The accent mark falls on the **o** in words that end in **-ión:** la naci**ó**n.

[blank box]

8. The noun **cuento** means *story* or *short story:* Me gustan los **cuentos** de García Márquez.

[blank box]

9. The noun **cuenta** means *bill* or *check,* such as in a restaurant: Camarero, me gustaría pagar la **cuenta,** por favor.

10. The Spanish word for *major* or *main* is **principal:** Ésta es la idea **principal.**

11. To express the idea *most of* in Spanish, use **la mayoría de** or **la parte principal de: La mayoría de** mis amigos asisten a la escuela conmigo.

12. To express the idea of *major,* as in a college major, use **concentración:** Como Juan quiere hacerse médico, tiene su **concentración** en las ciencias.

13. **Todo** and **todos** mean *all of* and therefore are not followed by **de: Todas** mis clases este año son difíciles.

14. To express the idea of *some of,* use **algunos/ algunas de: Algunos de** sus amigos lo visitaron en el hospital.

15. To express the idea of *character,* as in a story or play, use **personaje:** Don Juan es el **personaje** principal de *El Burlador de Sevilla.*

16. The word **carácter** is used to express personality traits: Ella tiene un **carácter** muy fuerte.

17. *Himself, herself, oneself* may be expressed in Spanish with **sí mismo** or **sí misma:** Él sólo piensa en **sí mismo.**

18. *Himself, herself, oneself* may also be expressed with the reflexive pronoun **se:** Él siempre **se habla.**

19. To express the idea of *each other* in Spanish, you may use the reflexive **se** as well: Los dos amigos **se** abrazaron fuertemente.

20. The idea of *each other* may also be expressed **el uno al otro, la una a la otra, el uno a la otra, los unos a los otros, las unas a las otras.**

21. To express *another* in Spanish, use **otro** or **otra:** Yo quiero **otra** limonada, por favor.

22. *To pretend* to do something is expressed in Spanish with the verb **fingir:** El chico **fingió** estar enfermo porque tenía un examen hoy.

23. In Spanish, **pretender** means *to seek, try for, be after, apply for, aspire to,* or *to want.* Él **pretende** llegar a la cima de la montaña. It can also be used for **fingir.** Juan **pretende** no saber la respuesta.

24. *To realize* something mentally, the verbal expression **darse cuenta de** is used: Al pagar la cuenta, Miguel **se dio cuenta** de que no tenía su cartera.

25. *To realize* a dream, or *to carry out* something is expressed in Spanish with the verb **realizar:** Él **realizó** todo lo que quería hacer.

26. To express parts of the day, you should use **por la mañana, por la tarde,** and **por la noche: Por la mañana** corro con mi perro.

27. When the hour is mentioned with the parts of the day, we use **de la mañana, de la tarde,** and **de la noche:** Siempre me levanto a las cinco y media **de la mañana.**

28. To express existence, use the verb **haber.** Remember that the forms of the verb **haber** used in this way are *both* singular and plural: **hay** = *there is / there are,* **había** = *there was / there were,* **hubo** = *there was / there were,* **habrá** = *there will be,* **habría** = *there would be:* **Había** cien personas en la cola para comprar entradas para el concierto.

29. To remember when to use **ser** and **estar** you may think of these two mnemonic devices: For **ser** think **C-NOTE** (**C**haracteristic, **N**ationality, **O**rigin, **T**ime, **E**vents location); for **estar,** think **TLC** (**T**emporary; **L**ocation of people, places and things; **C**ondition): El partido de béisbol **es** al colegio y el colegio **está** en la calle Seis.

30. Remember that with **gustar** and verbs like **gustar** the person is expressed using the indirect object pronoun: **me, te, le, nos, os, les: Me** gusta el fútbol.

31. Remember also that **gustar** and similar verbs agree with the thing liked, not with the person: Me **gustan** las hamburguesas. (The hamburgers [*they*] are pleasing to me.)

32. The adverb **encima de** means *above* (as in *hovering*) and **sobre** means *on top of:* El libro está **sobre** la mesa, y la lámpara **encima de** la mesa no funciona.

33. For a corner of the room, use **rincón;** for a street corner, use **esquina:** La chica mala tenía que sentarse en **el rincón** por media hora. La parada del autobús está en **la esquina** de la calle.

34. The word for *fact,* as in *the fact is,* is **hecho: El hecho** de que él no está aquí quiere decir que tenía que trabajar hoy.

35. A specific *fact,* as in something you looked up or discovered, is **un dato:** Ahora yo tengo todos los **datos** que necesito para escribir mi ensayo para la clase de sociología.

36. To express the idea of *to,* or *in order to,* use **para** before an infinitive: **Para** recibir buenas notas, hay que estudiar.

37. When using an adjective as a noun, use the neuter **lo** for *the* before the adjective: **Lo bueno** es que no tenemos clase hoy por el mal tiempo; **lo malo** es que perderemos un día de vacaciones.

38. Vacaciones is always plural in Spanish even if it is only one day: El lunes tenemos **vacaciones** por una conferencia de profesores.

39 Pensar en is to think *about* something or someone: **¿En qué piensas** Miguel ? No me escuchas.

40 Pensar de is to have an *opinion about:* ¿Qué **piensas de** María?

COMMON VERBAL EXPRESSIONS

In this appendix, you will find common verbal expressions. Each expression is shown in its infinitive form and in the context of a sentence. Based on the context of the sentence, try to guess the meaning of each expression. There is also space provided to write a sentence of your own to practice each expression.

- You may also wish to make flash cards with the expressions in order to practice them.
- The best way to learn the expressions is to use them:
  - Try to actively use the expressions in all six appendix sections in your written work.
  - Try to actively use the expressions orally.
  - Try to actively recognize them in written passages.
  - Try to actively listen for them in spoken language.
  - Check your guesses on pages 283–285.

Creo que

I believe

Expressions with *dar*

dar a: Esta ventana **da al** mar; tenemos una vista muy bonita.

dar a luz: Los Gómez tienen un bebé nuevo. Ella **dio a luz** al bebé el sábado.

dar asco: Hay mucha sangre y violencia en esta película; **me da asco.** ¡Ugg!

dar carta blanca a: Esta chica hace lo que quiere; sus padres le **dan carta blanca a** todo.

dar con: Buscaban la respuesta en la biblioteca hasta que **dieron con** ella por fin en un libro viejo.

dar de beber: El perro tenía mucha sed; entonces **le dio de beber.**

dar de comer: Tengo que **dar de comer** a mis hermanos porque mamá no está.

dar en: Al entrar en el cuarto no estaba mirando por donde andaba y **dio en** la pared. Ahora le duele la cabeza.

dar gritos: Cuando le robaron su bolsa la mujer **dio gritos** para ayuda.

dar la hora: El reloj **dio las dos** cuando por fin llegamos.

dar las gracias a: Siempre les **doy las gracias a** mis amigos cuando me ayudan en algo.

dar lata a: Este chico es tan antipático. Siempre nos **da lata a** nosotros sobre todo.

dar por + *adjective:* Yo **doy por terminada** esta conversación, adiós.

dar recuerdos a: Cuando veas a tus padres, **dales recuerdos a** ellos de mi parte.

dar un abrazo: Cuando visito a mi abuela, siempre **le doy un abrazo** grande y un beso.

dar un paseo: Después de cenar, quiero **dar un paseo** por el parque con el perro.

dar un paseo en coche: Elena no conoce la ciudad; entonces vamos a **dar un paseo en coche** para que la conozca.

dar una vuelta: Me gusta **dar una vuelta** del vecindario con mis amigos.

darse cuenta de: ¡Ay no! ¡Acabo de **darme cuenta de** que dejé mi composición en casa!

darse la mano: Cuando los dos amigos se vieron en la calle, **se dieron la mano.**

darse por: Él piensa que lo sabe todo; **se da por** muy inteligente.

darse por vencido: Está bien, está bien. Tú me has ganado, **me doy por vencido.** Vamos al centro comercial en vez de ir al cine.

darse prisa: ¡Rápido! ¡Vamos a llegar tarde si no **nos damos prisa**!

Expressions with *echar*

echar al correo: Tengo que **echar** esta carta **al correo** esta tarde para que llegue.

echar a perder: Hay que usar la leche antes de que **se eche a perder.**

echar de menos: Yo **echaba de menos** a mi familia cuando estaba en España.

estar de moda: ¡Qué guapa estás en este vestido!; **está muy de moda,** muy moderna.

echar la culpa: Tú siempre me **echas la culpa** cuando hay un problema.

estar despejado: El cielo **está despejado**; no veo ninguna nube.

echarse a: Al ver el perro feroz, los chicos **se echaron a** correr.

estar en la luna: Pobre Miguel siempre **está en la luna;** nunca presta atención en clase. Siempre piensa en otra cosa.

Expressions with *estar*

estar al tanto: Siempre me gusta saber las últimas noticias; siempre quiero **estar al tanto.**

estar en las nubes: Juana **está en las nubes** porque Juan le propuso casarse con él.

estar fuera de sí: El profesor **está fuera de sí** hoy. Creo que está enfermo.

estar hecho polvo: He trabajado mucho hoy; de verdad **estoy hecho polvo;** sólo quiero dormir.

estar listo: Tengo mi abrigo y mis libros; **estoy listo para salir** para la escuela.

estar nublado: Parece que va a llover. El cielo **está nublado** y las nubes son negras.

Expressions with *haber*

haber de: **Hemos de** estudiar mucho; tenemos un examen importante mañana.

hay + *noun* **+ que +** *infinitive:*   Todavía **hay mucho trabajo que hacer.**

hay que + *infinitive:*   Para recibir buenas notas, **hay que estudiar.**

Forms of *haber* to Express Existence

hay (había, hubo, habrá, habría, ha habido, había habido, habrá habido, habría habido, haya, hubiera, haya habido, hubiera habido): Se dice que **habrá** muchas personas en la fiesta esta noche, más de cien.

Expressions with *hacer*

hace + *time* +
que + *preterit:*

Hace un año que me gradué del colegio.

hace + *time* +
que + *present:*

Hace dos horas que estudio y necesito estudiar dos horas más.

hacía + *time* +
que + *imperfect*

Hacía media hora que llovía cuando por fin cesó de llover.

hace poco:

Lo siento. El autobús salió **hace poco.**

hacer caso a:

Siempre le **hago caso a** mi padre; es un hombre muy inteligente.

hacer caso de:

Ellos no **hicieron caso del** pronóstico y salieron sin paraguas. Ahora van a mojarse.

hacer daño a:

Me caí y ahora mi brazo me **hace daño.**

hacer de:

Él **hace de** maestro ahora en nuestro colegio.

hacer el papel de:

Harrison Ford **hizo el papel de** Indiana Jones en esa serie de películas.

hacer juego con:

Me gusta esta blusa blanca; **hace juego con** los pantalones azules.

hacer la vista gorda: Él nunca tiene problemas por lo que hace porque todos le **hacen la vista gorda a** sus actos malos.

hacer las paces: Después de la disputa, los dos chicos **hicieron las paces** y han vuelto a ser amigos.

hacer pedazos: Mi perro nuevo **hizo pedazos** de mi chaqueta y mi mamá está furiosa.

hacer una pregunta: Si no comprendes algo en la clase, **haz una pregunta** al profesor.

hacer una visita: Este verano mi familia va a **hacer una visita** a nuestros primos.

hacer un viaje: El año próximo **haré un viaje** a Europa en plan de vacaciones.

hacerse: Mi amigo va a estudiar medicina; quiere **hacerse** médico.

hacerse daño: ¡Niño! ¡No **te hagas daño**! Bájate de este árbol.

hacerse tarde: Tenemos que salir; ya **se hace tarde** y tenemos que estar en casa para la cena.

ir sobre ruedas: No hemos experimentado ningún problema; todo **va sobre ruedas** por el momento.

hacérsele agua a la boca: Humm. El olor de esta pizza **se me hace agua a la boca.**

ir tirando: —¿Cómo estás, amigo?
—**Me voy tirando,** ni bien ni mal.

Expressions with *ir*

ir al grano: Ya hemos hablado mucho; tenemos que **ir al grano** de la cuestión y no perder más tiempo.

Expressions with *llevar*

llevar + *period of time:* **Llevo cinco años** estudiando el español.

ir de juerga: A Juan siempre le gusta **ir de juerga.** Él va de fiesta en fiesta, club en club divirtiéndose bailando, cantando y visitando con sus amigos.

llevar a cabo: El jefe nos dio sólo dos semanas para **llevar a cabo** el proyecto.

llevar la contraria: Este chico es tan difícil. Siempre **lleva la contraria.** Si le dices que sí, él te dice que no.

llevarse como perro y gato: Cuando éramos jóvenes, mi hermana y yo **nos llevábamos como perro y gato;** siempre nos peleábamos.

Expressions with *meter*

meter la pata: Juana **metió la pata** en la clase de inglés hoy. Ella estaba imitando al profesor cuando él entró.

meter las narices: Mi tía Olga siempre **mete las narices;** no puedo tener una conversación en que no ofrece su opinión.

meterse en: Mira, no voy a **meterme en** la disputa entre Carlos y Pedro. Los dos son amigos y no quiero ofender ni al uno ni al otro.

meterse en un callejón sin salida: No quiero **meterme en un callejón sin salida.** Quiero pensarlo muy bien antes de tomar una decision de la cual no podré nunca volver.

Expressions with *poner*

poner en ridículo: El maestro **puso en ridículo a** Miguel hoy porque hizo una tontería.

poner pleito: Este perro de mi vecino es vicioso. Si me muerde, **pondré pleito.**

ponerse: Yo **me puse** enfermo después de comer esa carne mala.

ponerse a: Después de la cena, el chico **se puso a** estudiar sus lecciones.

ponérsele a uno la carne de gallina: Tengo tanto frío que **se me pone la carne de gallina.**

ponérsele los pelos de punta: La película daba tanto miedo que **se le puso los pelos de punta** a Sara.

Expressions with *quedar*

quedar boquiabierto: Cuando todos le gritaron ¡Feliz cumpleaños!, él **quedó boquiabierto.** No pensaba que tuvieran una fiesta para él y no podía decir ni una palabra.

quedar en: Entonces, **quedamos en** encontrarnos en el teatro a las ocho, ¿verdad?

quedarle bien: La blusa roja **te queda** muy **bien,** chica; cómpratela.

quedarse con: Decidí **quedarme con** la camisa que iba a devolver a la tienda.

ser para chuparse los dedos: Mmmm, este pollo frito **es para chuparse los dedos.**

Expressions with *ser*

ser de buena pasta: Jacinto **es de buena pasta;** siempre dice la verdad y está dispuesto a ayudar a quienquiera que necesite su ayuda.

ser todo oídos: —¡Oye! ¿Oíste lo que pasó anoche en la fiesta?
—No, dime. **Soy todo oídos.**

ser una lata: Yo invité a María y a Juana a la misma fiesta... **Es una lata increíble.** ¿Qué voy a hacer? No puedo llevar a las dos.

ser el colmo: Tú usaste mi cámara, sin mi permiso, y la rompiste... **¡Esto es el colmo!** No me pidas ningún favor nunca jamás.

ser una perla: Micaela **es una perla.** ¡Qué amiga más buena! Me va a ayudar a preparar para mis exámenes.

ser listo: Juan **es muy listo;** siempre saca muy buenas notas en los exámenes.

ser uña y carne: Juancho y Jaime **son uña y carne;** son inseparables.

Expressions with *tener*

tener corazón de piedra: No vale la pena llorar; él **tiene corazón de piedra;** no va a cambiar de opinión.

tener cuidado de: Cuando caminamos por la noche tenemos que **tener cuidado de** los coches y llevar ropa de colores claros.

tener dolor de: ¿Tienes unas aspirinas? **Tengo dolor de** cabeza.

tener en la punta de la lengua: No puedo recordar su nombre pero lo **tengo en la punta de la lengua.**

tener éxito: **Juan ha tenido éxito** en la vida. Es presidente de su propia compañía, tiene casa en el campo y conduce un Mercedes.

tener ganas de: Estoy tan cansado; **tengo ganas de** echar una siesta ahora mismo.

tener inconveniente: Si no **tienes inconveniente,** prefiero cenar temprano hoy.

tener la culpa de: Mamá, Roberto rompió la ventana; es él que **tiene la culpa de** ello.

tener por Lo **tenemos a Marcos por**
+ *adjective:* **inteligente;** él siempre tiene la respuesta.

tener líos: Debes pedirles a tus padres permiso para ir; no quiero **tener líos** con ellos.

tener prisa: No puedo hablarte ahora; es que **tengo prisa** para llegar a clase.

tener lugar: El concierto **tiene lugar** mañana, a las ocho de la noche.

tener que Lo que tú me dices **no tiene nada**
ver con: **que ver con el** problema.

tener miedo de: No tienes perro, ¿verdad? **Tengo miedo** de los perros.

tener razón: **Juan tiene razón:** dos y dos son cuatro como se dice.

tener sueño: No dormí bien anoche y ahora **tengo sueño.**

tener suerte: Juan Manuel siempre gana los concursos; éste **tiene mucha suerte.**

tener vergüenza: Lo que dijiste a María fue muy cruel; debes **tener vergüenza** de eso.

no tener arreglo: No podremos ir a la fiesta. Lo siento mucho pero **no tiene arreglo.** Tenemos que estar en casa de Juana esa noche.

no tener pies ni cabeza: No entiendo esta composición; **no tiene pies ni cabeza** lo que dice.

Expressions with *tomar*

tomar a broma: Yo te hablo en serio; no lo **tomes a broma.** Te digo la verdad.

tomar algo a bien/mal: Cuando recibió la noticia sobre la muerte de su perro lo **tomó a mal.**

tomar a pecho: No **tomes a pecho** lo que él te dijo. Ha tenido un mal día.

tomar en serio: Necesitas **tomar en serio** tus estudios si quieres ir a una buena universidad.

tomar la palabra:

Gracias por expresar su opinión, Sr. López. Ahora el Sr. Domínguez **toma la palabra** para darnos su opinión.

tomarle el pelo:

Me **estás tomando el pelo;** no puede ser la verdad. No creo que hayan cancelado las clases para mañana.

tomar partido por:

Estoy furioso contigo. Siempre **tomas partido por** Miguel; nunca tomas partido por mí en estas disputas.

Glossary of Common Verbal Expressions

Use this key to check how well you were able to figure out the verbal expressions contextually. Be sure to practice those you had a hard time with. You may want to make flash cards with those and practice using them in sentences.

Expressions with *dar*

dar a:	*to look out on*
dar a luz:	*to give birth, to have a baby*
dar asco:	*to disgust*
dar carta blanca a:	*to give free reign to*
dar con:	*to run into, to find, to come upon*
dar de beber:	*to give water to*
dar de comer:	*to feed*
dar en:	*to strike against, to hit*
dar gritos:	*to shout*
dar la hora:	*to chime the hour*
dar las gracias a:	*to thank*
dar lata a:	*to give grief to, to cause problems to*
dar por +*adjective:*	*to consider something (done)*
dar recuerdos a:	*to give regards to*
dar un abrazo:	*to hug*
dar un paseo:	*to take a walk*
dar un paseo en coche:	*to take a ride in the car*
dar una vuelta:	*to take a walk / to ride*
darse cuenta de:	*to realize*
darse la mano:	*to shake hands*
darse por:	*to consider oneself* (+ adjective)
darse por vencido:	*to give up*
darse prisa:	*to hurry*

Expressions with *echar*

echar al correo:	*to mail*
echar a perder:	*to spoil*
echar de menos:	*to miss (someone/some place)*
echar la culpa:	*to blame*
echarse a:	*to begin to*

Expressions with *estar*

estar al tanto:	*to be up-to-date/informed*
estar de moda:	*to be in style*
estar despejado:	*to be totally clear* (the sky)
estar en la luna:	*to be daydreaming*
estar en las nubes:	*to have one's head in the clouds / to be very happy*
estar fuera de sí:	*to be beside oneself*
estar hecho polvo:	*to be exhausted / worn-out*
estar listo:	*to be ready*
estar nublado:	*to be cloudy*

Expressions with *haber*

haber de:	*to have to (do something)*
hay + *noun +* **que +** *infinitive:*	*there is (something) to (do)*
hay que + *infinitive:*	*it is necessary, one must (do something)*

Forms of *haber* to express existence

hay:	*there is / there are*
había:	*there was / there were*
hubo:	*there was / there were*
habrá:	*there will be*
habría:	*there would be*
ha habido:	*there has been*
había habido:	*there had been*
habrá habido:	*there will have been*
habría habido:	*there would have been*
haya:	*there is / there are*
hubiera:	*there was / there were*
haya habido:	*there has been*
hubiera habido:	*there had been*

Expressions with *hacer*

hace + *time +* **que** *ago+ preterit:*	
hace + *time +* **que +** *present:*	*How long something has been going on*
hacia + *time +* **que +** *imperfect:*	*How long something had been going on*

hace poco:	*a short time ago*
hacer caso a:	*to pay attention (to a person)*
hacer caso de:	*to pay attention to (something)*
hacer daño a:	*to hurt, injure, damage*
hacer de:	*to work as*
hacer el papel de:	*to play the role of*
hacer juego con:	*to match (go with)*
hacer la vista gorda:	*to turn a blind eye, to pretend not to notice*
hacer las paces:	*to make peace*
hacer pedazos de:	*to tear to pieces/shreds*
hacer una pregunta:	*to ask a question*
hacer una visita:	*to visit, make a visit*
hacer un viaje:	*to take a trip*
hacerse:	*to become (profession, religion, and so on)*
hacerse tarde:	*to grow/get late*
hacerse daño:	*to hurt/injure oneself*
hacérsele agua a la boca:	*to make one's mouth water*

Expressions with *ir*

ir al grano:	*to go straight to the point*
ir de juerga:	*to go out on the town, to paint the town*
ir sobre ruedas:	*to run smoothly*
ir tirando:	*to be getting along*

Expressions with *llevar*

llevar + *period of time*	*to have been doing something for a certain amount of time / to have been somewhere for a certain period of time*
llevar a cabo:	*to carry out (to the end)*
llevar la contraria:	*to disagree with*
llevarse como perro y gato:	*to get along like cats and dogs*

Expressions with *meter*

meter la pata:	*to stick one's foot in one's mouth*
meter las narices:	*to stick one's nose into someone else's business*
meterse en:	*to get involved in*
meterse en un callejón sin salida:	*to have no way out*

Expressions with *poner*

poner en ridículo:	*to embarrass*
poner pleito:	*to sue*
ponerse:	*to become (+ adjective: sick, angry, etc.)*
ponerse a:	*to begin to (do something)*
ponérsele a uno la carne de gallina:	*to get goose bumps*
ponérsele los pelos de punta:	*to make one's hair stand up on end*

Expressions with *quedar*

quedar boquiabierto:	*to be shocked, to be left with your mouth open*
quedar en:	*to agree on*
quedarle bien:	*to look good on*
quedarse con:	*to keep, to hold on to*

Expressions with *ser*

ser de buena pasta:	*to be of good stock (background/family)*
ser el colmo:	*to be the limit*
ser listo:	*to be smart*
ser para chuparse los dedos:	*to be finger-licking good*
ser todo oídos:	*to be all ears*
ser una lata:	*to be in a bind, to be a drag/nuisance/bore*
ser una perla:	*to be a gem / a good person*
ser uña y carne:	*to be very close (like twins)*

Expresions with *tener*

tener corazón de piedra:	*to have a cold heart*
tener cuidado de:	*to be careful of*
tener dolor de:	*to have a _____ache*
tener en la punta de la lengua:	*to have (something) on the tip of one's tongue*
tener éxito:	*to be successful*
tener ganas de:	*to feel like (doing something)*
tener inconveniente:	*to mind*
tener la culpa de:	*to be to blame*
tener líos:	*to have problems (with someone/something)*

tener lugar:	*to take place*
tener miedo de:	*to be afraid of*
tener por + adjective:	*to consider to be* (+ adjective)
tener prisa:	*to be in a hurry*
tener que ver con:	*to have to do with*
tener razón:	*to be right*
tener sueño:	*to be tired/sleepy*
tener suerte:	*to be lucky*
tener vergüenza:	*to be ashamed*
no tener arreglo:	*to have no solution*
no tener pies ni cabeza:	*to not make any sense* (*a composition, puzzle, and so on*)

Expressions with *tomar*

tomar a broma:	*to take as a joke*
tomar algo a bien/mal:	*to take something well/badly*
tomar a pecho:	*to take to heart*
tomar en serio:	*to take seriously*
tomar la palabra:	*to have the floor, to speak*
tomar partido por:	*to take sides with someone*
tomarle el pelo:	*to pull someone's leg*

CONVINCING/PERSUADING; GIVING/RECEIVING INFORMATION; EXPRESSING FEELINGS

In this appendix phrases are provided to help you better express your opinions and feelings, ask for information, provide information, and get others to adopt a course of action.

- From the beginning of the school year, try to make it a habit to use these expressions in your written and oral work. To really learn something and make it your own, you have to use it.
- Make yourself flash cards. Practice a few of these each day. Once you have learned an expression, remove it from the deck of cards.
- Form a study group and, as part of your meetings, use some of your flash cards at each meeting for practice or as a game.

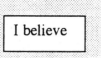

Convincing and Persuading

Creo que
+ *indicative mood* = *I believe that . . .*

Pienso que
+ *indicative mood* = *I think that . . .*

No creo que
+ *subjunctive mood* = *I do not believe that . . .*

No pienso que
+ *subjunctive mood* = *I do not think that . . .*

Es verdad que
+ *indicative mood* = *It is true that . . .*

Es evidente que
+ *indicative mood* = *It is evident that . . .*

Es obvio que
+ *indicative mood* = *It is obvious that . . .*

Es cierto que
+ *indicative mood* = *It is certain that . . .*

Es seguro que
+ *indicative mood* = *It is sure that . . .*

No hay duda que
+ *indicative mood* = *There is no doubt that . . .*

No cabe duda que
+ *indicative mood* = *There is no doubt that . . .*

A mi parecer
+ *indicative mood* = *In my opinion . . .*

Es importante que
+ *subjunctive mood* = *It is important that . . .*

Es menester que
+ *subjunctive mood* = *It is important that . . .*

Es preciso que
+ *subjunctive mood* = *It is important that . . .*

Es imprescindible que
+ *subjunctive mood* = *It is imperative that . . .*

Es posible que
+ *subjunctive mood* = *It is possible that . . .*

Es imposible que
+ *subjunctive mood* = *It is impossible that . . .*

Es probable que
+ *subjunctive mood* = *It is probable that . . .*

Es improbable que
+ *subjunctive mood* = *It is improbable that . . .*

Más vale que
+ *subjunctive mood* = *It is better that . . .*

Es mejor que
+ *subjunctive mood* = *It is better that . . .*

Basta que
+ *subjunctive mood* = *It is enough that . . .*

Insistir en que
+ *subjunctive mood* = *To insist on . . .*

Suplicar que
+ *subjunctive mood* = *To beg that . . .*

Rogar que
+ *subjunctive mood* = *To beg that . . .*

Permitir que
+ *subjunctive mood* = *To allow that . . .*

Dejar que
+ *subjunctive mood* = *To allow . . .*

No permitir que
+ *subjunctive mood* = *To not allow . . .*

No dejar que
+ *subjunctive mood* = *To not allow . . .*

Negar que
+ *subjunctive mood* = *To deny that . . .*

Recomendar que
+ *subjunctive mood* = *To recommend that . . .*

Aconsejar que
+ *subjunctive mood* = *To advise that . . .*

Advertir que
+ *subjunctive mood* = *To warn that . . .*

Querer/Desear que
+ *subjunctive mood* = *To want/desire that . . .*

Ojalá que
+ *subjunctive mood* = *To hope that (God willing) . . .*

Me gustaría + infinitive
Querría + *infinitive*
Desearía + *infinitive*
Quisiera + *infinitive*
} *I would like to . . .*

Me gustaría que
+ *imperfect subjunctive*
Querría que
+ *imperfect subjunctive*
Desearía que
+ *imperfect subjunctive*
Quisiera que
+ *imperfect subjunctive*
} *I would like (someone) to . . .*

Si + *present*

indicative + *future* = *If you study, you will do well.*

Si + *imperfect*

subjunctive

+ *conditional* = *If you could come, you would come.*

tener que

+ *infinitive* = *to have to do something*

deber + *infinitive* = *must/should do something*

Esperar que

+ *subjunctive mood* = *to hope that . . .*

Me parece que

+ *indicative mood* = *It seems to me that . . .*

Me interesa que

+ *subjunctive mood* = *It interests me that . . .*

Me hace falta que

+ *subjunctive mood* = *I need that . . . it's necessary that . . .*

Giving and Receiving Information

¿Cómo? (**¿Cómo** eras tú de niño?) = *How?/What?*

¿Dónde?

(**¿Dónde** es la conferencia?) = *Where?*

¿De dónde? (**¿De dónde** vino Ud.?) = *From where?*

¿Cuándo?

(**¿Cuándo** piensas venir?) = *When?*

¿Cuánto?

(**¿Cuánto** cuestan los discos?) = *How much?*

¿Cuántos/as?

(**¿Cuántas** personas vienen?) = *How many?*

¿Quién?

(**¿Quién** fue el primer presidente?) = *Who?*

¿De quién?

(**¿De quién** es el directivo?) = *From whom?/ Whose?*

¿A quién?

(**¿A quién** quieres mandarlo?) = *To whom?*

¿Con quién? (**¿Con quién** hablo?) = *With whom?*

¿En quién? (**¿En quién** pensabas?) = *About whom?*

¿Por qué? (**¿Por qué** lo quieres?) = *Why? (reason)*

¿Para qué?

(**¿Para qué** vienes temprano?) = *For what purpose?*

¿Cuál? (**¿Cuál** es la dirección?) = *What?/ Which?*

¿Qué? (**¿Qué** es la vida?) = *What?*

¿Qué? (**¿Qué** camisa quieres?) = *Which?*

Necesito información. = *I need some information.*

Me gustaría saber
(**dónde vive Juan.**) = *I would like to know (where John lives.)*

¿Puede Ud. / Puedes
tú decirme (qué hora es)? = *Can you tell me (what time it is)?*

¿Podría Ud. / Podrías
tú ayudarme (con la tarea)? = *Could you help me (with the homework)?*

Yo no sé (la respuesta). = *I don't know (the answer).*

Le/Te agradezco su/tu ayuda. = *I thank you for your help.*

Le/Te doy las gracias
por su/tu ayuda. = *I thank you for your help.*

Mándame/Mándeme
tu/su respuesta. = *Send me your answer.*

Contéstame/Contésteme
cuanto antes. = *Answer me as soon as possible.*

Espero que Ud. pueda / tú
puedas ayudarme. = *I hope you can help me*

Expressing Feelings

Alegrarse de que + *subjunctive mood* = *To be happy that . . .*

Sentir que + *subjunctive mood* = *To regret that . . .*

Molestarle que + *subjunctive mood* = *To be bothered that...*

Fastidiarle que + *subjunctive mood* = *To be frustrated that...*

Encantarle que + *subjunctive mood* = *To love that...*

Gustarle que + *subjunctive mood* = *To like that...*

Importarle que + *subjunctive mood* = *To matter that...*

Disgustarle que + *subjunctive mood* = *To displease someone that...*

Asustarle que + *subjunctive mood* = *To frighten someone hat...*

Sorprenderle que
+ *subjunctive mood* = *To surprise someone that...*

Dolerle que + *subjunctive mood* = *To hurt someone that...*

Temer que + *subjunctive mood* = *To fear that...*

Esperar que + *subjunctive mood* = *To hope that...*

Tener miedo que
+ *subjunctive mood* = *To be afraid that...*

Estar contento de que
+ *subjunctive mood* = *To be content that...*

Estar alegre de que
+ *subjunctive mood* = *To be happy that...*

Gustar and Similar Verbs

Me importa(n) + *noun*	= *It/They matter(s) to me*
Me gusta(n) + *noun*	= *I like it/them*
Me disgusta(n) + *noun*	= *It/They displease(s) me*
Me encanta(n) + *noun*	= *I love it/them*
Me asusta(n) + *noun*	= *It/They frighten(s) me*
Me sorprende(n) + *noun*	= *It/They surprise(s) me*
Me duele(n) + *noun*	= *It/They hurt(s) me*
Me molesta(n) + *noun*	= *It/They bother(s) me*
Me fastidia(n) + *noun*	= *It/They frustrate(s) me*

> Remember that **me, te, le, nos, os,** and **les** are used to indicate the person with **gustar** and similar verbs.

VERBS AND VERBAL EXPRESSIONS REQUIRING PREPOSITIONS

In this appendix, you will find verbs that require a preposition in Spanish, verbs that require a preposition in English but not in Spanish, and some common prepositional phrases. The study of these will help you with the writing sections of the examination, especially Part II B, Paragraph Completion without Root Words.

- You may also wish to make flash cards with the expressions in order to practice them.
- The best way to learn what verbs take and do not take prepositions is to use them.
- Try to actively use the verbs and expressions in all six appendix sections in your written work.
- Try to actively use the verbs and expressions orally.
- Try to actively listen for them in spoken language.

Creo que

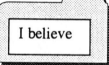

I believe

Verbs requiring prepositions that are *different* from English.

acabar de	*to have just*
acordarse de	*to remember*
alegrarse de	*to be glad*
amenazar con	*to threaten to*
arrepentirse de	*to regret*
cansarse de	*to get tired, fed up with*
casarse con	*to get married to*
cesar de	*to stop doing something*
conformarse con	*to conform to / to agree to*
consentir en	*to agree to*
consistir en	*to consist of*
contar con	*to count on, to rely on*
convenir en	*to agree to*
cuidar a/de	*to take care of*
dar con	*to come across, find*
dejar de	*to stop*
depender de	*to depend on*
disfrutar de	*to enjoy*
dudar en	*to hesitate over*
enamorarse de	*to fall in love with*
encargarse de	*to take charge of*
estar por	*to be in favor of*
fijarse en	*to settle / to take notice*
gozar de	*to enjoy*
informarse de	*to find out about*
interesarse por/en	*to be interested in*
llegar a	*to succeed in*
olvidarse de	*to forget to*
pensar de	*to think about (opinion)*
pensar en	*to think about*
preocuparse por	*to worry about*
presumirse de	*to boast about*
quedar en	*to agree to*
quejarse de	*to complain about*
reírse de	*to laugh (about)*
renunciar a	*to renounce*
soñar con	*to dream about*
tardar en	*to delay in, to be long in*
tener el derecho de	*to have the right to*
tener la impresión de	*to have the impression*

terminar de	*to stop*
tratar de	*to try to*
tropezar con	*to bump into*
vacilar en	*to hesitate over*
volver a	*to return to / begin again*

Verbs that *do not* use a preposition in Spanish as they do in English.

buscar	*to look for*
deber	*ought to, must*
dejar	*to let, allow to*
desear	*to wish / desire to*
esperar	*to hope, expect / to wait for*
hacer	*to make/to have something done*
lograr	*to succeed in*
mirar	*to look at, watch*
necesitar	*to need to*
oír	*to hear*
pensar	*to intend to*
poder	*to be able to*
preferir	*to prefer to*
pretender	*to attempt to*
prometer	*to promise to*
querer	*to want, wish to*
saber	*to know how to*
soler	*to be accustomed to*

Common prepositional expressions.

a causa de	*because of*
a eso de	*about a certain time*
a fines de	*at the end of*
a fuerza de	*through the effort of*
a la	*in the style or manner*
a pie	*on foot*
a principios de	*at the beginning of*
a tiempo	*on time*
a través de	*through, across*
al + infinitivo	*upon ....*
al aire libre	*outdoors, in the open air*
antes de	*before*
con	*with*
de cuando en cuando	*from time to time*
de hoy en adelante	*from now on*
de otro modo	*otherwise*
de pie	*standing*
de vez en cuando	*from time to time*
desde luego	*of course*

desde luego que no	of course not
después de	after
en cambio	on the other hand
en efecto	in fact, yes, really, indeed
en lugar de	in stead / place of
en ocho días	in a week
en quince días	in two weeks
en vez de	in stead / place of
hasta	until
sin	without

Expressions that use *para*:

para entonces	by that time
para otra vez	for another time / later
para siempre	forever / always
para variar	for a change

Expressions that use *por*:

por ahora	for now
por aquel entonces	at that time (past)
por casualidad	by chance
por cierto	certainly
por completo	completely
por consecuencia	consequently
por consiguiente	consequently
por culpa de	the fault of
por dentro y por fuera	inside and outside
por desgracia	unfortunately
por ejemplo	for example
por esa época	around that time (past)
por escrito	in writing
por eso	therefore, that's why
por excelencia	par excellence
por favor	please
por fin	finally
por lo común	generally
por lo demás	furthermore
por lo general	generally
por lo menos	at least
por lo visto	apparently
por primera vez	for the first time
por supuesto	of course

Verbs that use the *same* or *similar* prepositions in English.

acercarse a	to approach
acertarse a	to succeed in, manage to
acostumbrarse a	to become accustomed to
acudir a	to come to
animar a	to encourage

aprender a	to learn to
apresurarse a	to hurry to
arrepentirse de	to repent, be sorry, regret
aspirarse a	to aspire to
atreverse a	to dare to
avergonzarse de	to be ashamed of
ayudar a	to help to
caber en	to fit into
comenzar a	to begin to
convertirse en	to change into
convidar a	to invite to
correr a	to run to
decidirse a	to decide to
dedicarse a	to dedicate oneself to
disponerse a	to get ready to
dudar de, sobre, acerca de	to doubt something about
echarse a	to begin to
empeñarse en	to insist on
empezar a	to begin to
encargarse de	to take charge of
enseñar a	to teach to
enseñarse a	to learn to
enterase de	to find out about
estar para	to be ready to
insister en	to insist on
interesarse en / por	to be interested in
invitar a	to invite to
ir a	to go to
jactarse de	to boast about
llegar a	to get to, succeed in
llevar a	to lead to
meterse a	to start to
meterse en	to meddle in, get involved in
negarse a	to refuse to
obligar a	to force, compel to
oponerse a	to be opposed to
persuadir a	to persuade
ponerse a	to begin to
prepararse a	to get ready to
principiarse a	to start, begin to
regresar a	to return to / start again
renunciar a	to renounce
resignarse a	to be resigned to
salir a	to go out to, into
sufrir de	to suffer from
tener ganas de	to want to
tener miedo de	to be afraid of
venir a	to come to
volver a	to return to / start again

USEFUL EXPRESSIONS FOR PARAGRAPH COMPLETION WITHOUT ROOT WORDS

In this appendix expressions and phrases are provided to help you better express yourself in your writing. In addition, these phrases may help you on the Paragraph Completion without Root Words.

- From the beginning of the school year, try to make it a habit to use these expressions in your written and oral work. To really learn something and make it your own, you have to use it.
- Make yourself flash cards. Practice a few of these each day. Once you have learned an expression, remove it from the deck of cards.
- Form a study group and, as part of your meetings, use some of your flash cards at each meeting for practice or as a game.

Creo que

I believe

a beneficio de / en beneficio de	on behalf of / for the benefit of	**darse a conocer**	to make known
a causa de	because of	**darse cita**	to arrange to meet / to make a date
a corto plazo	in the short term	**darse cuenta de**	to realize
a fondo	thoroughly	**darse por vencido**	to give up / to admit defeat
a la hora que	punctually, on time, hourly, per hour	**de acuerdo con /a**	in accordance with
a largo plazo	in the long run	**de buena / mala gana**	willingly / unwillingly
a lo largo de	throughout / along / all through	**de habla española**	Spanish-speaking
a partir de	form this point forward, starting from	**de hecho**	in fact / as a matter of fact / actually
a paso de tortuga	at a snail's pace	**de más**	extra / spare
a pesar de	in spite of	**de nuevo**	again
a primera vista	at first sight	**de segunda mano**	second hand
a principios de	at the beginning of	**del mismo modo**	in the same way
a través de	across / through	**dentro de pocas horas**	within a few hours
abrir de par en par	to open wide	**dentro de poco**	in a little while
al + infinitivo	upon… (entering, etc.)	**echar de menos**	to miss (a person or place)
al borde de	on the edge of	**echar en falta**	to miss (a person or place)
al cabo de	at the end of / after	**el final**	end
al fin y al cabo	after all / when all is said and done	**el mundo de**	the world of
algo de	some (in a question = any?)	**el primer piso**	the first floor (above ground)
alrededor de	around	**el resto de**	the rest of
asunto de / cuestión de	a question of	**en busca de**	in search of
aumentar de peso	to gain weight	**en contra de**	against
como si / cual si	as if (+ imperfect, pluperfect subj.)	**en cuanto**	as soon as
con brazos abiertos	with open arms	**en efecto**	in fact / as a matter of fact / really
con disimulo / sin disimulo	furtively / plainly	**en forma de**	shaped / in the form of
con escala / sin escala	with / without a stop over (flying)	**en medio de**	in the middle of
con fines / para fines	with the purpose	**entrar en calor**	to get warm
con una misión	on a mission	**entre otros**	among others
cosa de	(it's) a matter of	**estar a la moda**	to be in style / fashion/ fashionable
costarle + infinitivo	to take a lot / to pay dearly for	**estar de moda**	to be in style/fashion/ fashionable
dar / hacer un paseo	to take a walk / ride in a car	**estar de acuerdo**	to be in agreement
dar con	to come across or to find something	**estar molesto con**	to be bothered by
dar la bienvenida	to welcome	**estar seguro**	to be sure
dar los buenos días	to say good day	**fijarse / poner los ojos en**	to notice / look at
dar pie a	to give cause for	**frente a / ante**	facing
		hace + time	ago
		hace más de + time	(for) more than

hacer, dormir, echar, tomar una siesta	to take a nap	**ponerse de acuerdo**	to come to agreement
hacerle caso a	to pay attention to	**por / de / en todo el mundo**	everywhere
hasta la fecha	so far	**por / durante un fin de semana**	for / during the weekend
hoy día	today		
hoy en día	nowadays	**por cosa de magia / arte de magia**	as if by magic / by magic
ir / estar de vacaciones	to go / be on vacation		
ir de compras	to go shopping	**por eso**	for that reason / therefore
junto a	next to / along with	**por lo visto**	apparently
la falta de	the lack of / shortage of	**por primera vez**	for the first time
la luna de miel	honeymoon	**por supuesto**	of course
la primera vez	the first time	**por vía marítima**	by sea
llevar de la mano	to lead / take by the hand	**primera plana**	front page
lo antes posible	as soon as possible	**punto de partida**	starting point
lo curioso	the curious / strange thing	**punto de vista**	point of view
lo más raro de todo	the strangest (thing) of all	**recibir lo suyo**	to get what s/he deserves
lo que	what (indefinite: that which)	**rumbo a / camino a**	on the way to
		sacar / tomar fotos	to take pictures
los demás	the rest	**salir al mercado**	to come out on the market
luego de	after / when		
manos a la obra	"Let's get down to work!"	**salirse con la suya**	to get away with it
más de + a number	more than	**salírsele / escapársele el corazón por la boca**	to get a lump in one's throat
mayor de edad	of age / elderly		
menor de edad	underage	**sí mismo(a)**	himself / herself / itself
nada / no / nunca más	only / nothing more	**sin duda**	without a doubt
no caber duda / no quedar duda	there is no doubt	**sin duda alguna**	without any doubt
		sin embargo	nevertheless
no obstante	nevertheless	**sin más ni más**	without further ado
oler a	to smell like	**sobre / ante todo**	above all
otra vez	again	**tener en cuenta**	to take into account
perder la pista	to lose the trail	**tener éxito**	to be successful
poco a poco	little by little	**un comunicado de prensa / radio**	a news report
poner en duda	to put in doubt		
poner en evidencia	to show / make obvious / demonstrate	**una vez más**	again / once more
		viajar en	to travel by (people)
poner en riesgo	to put at risk	**viajar por**	to travel by (things)
ponerse a	to begin to do something		

Here are a few Web sites that might be of interest to you as you prepare for the AP Spanish Language Examination. You may find additional reading material and listening practice through these sites.

http://www.collegeboard.org
This site provides information on all of the Advanced Placement Examinations and any changes in them.

http://www.radio-directory.com
This site can link you to Spanish-language radio stations.

http://www.icom.museum/vlmp
This site can link you to virtual museum tours.

http://www.mae.es/Embajadas/Washington/es/Home.org
This is the Spanish embassy site in Washington, D.C. You may find additional reading and cultural materials here as well.

http://www.wordreference.com
This is an electronic dictionary.

http://radio.un.org/es/
This is a good site for listening practice as it has an extensive archive of audio clips.

http://www.geocities.com/spanishradio
This is a good site for links to Spanish-language radio, newspapers and television stations.

http://abcnews.go.com/Technology/podcasting/
In the "Exclusiva" section you can listen to podcasts of headline news from the Spanish-speaking world.

http://podcast.net
At this sight you can find a directory of Spanish-language podcasts on a variety of topics.

Newspapers in Latin America

Argentina: El Clarín: http://www.clarin.com

Bolivia: El Diario: http://www.eldiario.net

Chile: El Mercurio: http://www.elmercurio.cl and La Tercera: http://www.latercera.cl

Colombia: El Tiempo: http://www.eltiempo.com

Costa Rica: La Nación: http://www.nacion.com

Cuba: Granma: http://www.granma.cubaweb.cu

La República Dominicana: Listín Diario: http://www.listin.com.do and Hoy: http://www.hoy.com.do

Ecuador: El Comercio: http://www.elcomercio.com

Guatemala: Prensa Libre: http://www.prensalibre.com

Honduras: La Prensa: http://www.laprensahn.com

México: El Heraldo de México: http://www.heraldo.com.mx and Reforma: http://www.reforma.com

Nicaragua: El Nuevo Diario: http://www.elnuevodiario.com.ni

Panamá: Critica: http://www.critica.com.pa

Paraguay: Diario ABC: http://www.abc.com.py

Perú: El Comerico: http://www.elcomercioperu.com.pe

Puerto Rico: El Nuevo Día: http://www.endi.com

Uruguay: El Observador: http://www.observa.com.uy

Venezuela: El Universal: http://www.eluniversal.com